Der besondere Vertreter
in der Aktiengesellschaft

Europäische Hochschulschriften Recht

European University Studies in Law

Publications Universitaires Européennes de Droit

Band/Volume 6132

Philipp Zeller

Der besondere Vertreter in der Aktiengesellschaft

PETER LANG

Bibliografische Information der Deutschen Nationalbibliothek
Die Deutsche Nationalbibliothek verzeichnet diese Publikation in der Deutschen Nationalbibliografie; detaillierte bibliografische Daten sind im Internet über http://dnb.d-nb.de abrufbar.

Zugl.: Köln, Univ., Diss., 2019

D 38
ISSN 0531-7312
ISBN 978-3-631-80051-5 (Print)
E-ISBN 978-3-631-80778-1 (E-PDF)
E-ISBN 978-3-631-80782-8 (EPUB)
E-ISBN 978-3-631-80783-5 (MOBI)
DOI 10.3726/b16385

Peter Lang – Berlin · Bern · Bruxelles · New York · Oxford · Warszawa · Wien

Diese Publikation wurde begutachtet.

www.peterlang.com

Für Ilka und Roland

Vorwort

An dieser Stelle möchte ich mich zunächst bei meiner Doktormutter, Frau Prof. Dr. *Barbara Dauner-Lieb*, für die Annahme und Betreuung des Promotionsvorhabens bedanken. Ferner danke ich Herrn Prof. Dr. *Martin Henssler* für seine unkomplizierte Art und die zügige Erstellung des Zweitgutachtens.

Mein besonderer Dank gilt Herrn Prof. Dr. *Hans-Ulrich Wilsing*, Herrn Dr. *Stefan Seitz*, Herrn Dr. *Marc Werner*, Herrn Dr. *Christian Deckenbrock*, Herrn *Thomas Dorando*, Herrn Dr. *Thomas Meyer* und Herrn Prof. Dr. Dr. h.c. (mult.) *Reinhard Zimmermann*. Sie alle haben mich im Laufe meiner juristischen Ausbildung auf unterschiedlichste Weise nachhaltig gefördert und mir so meine beruflichen Möglichkeiten eröffnet.

Schließlich und vor allem möchte ich mich von ganzem Herzen bei meinen Eltern *Ilka* und *Roland Zeller* sowie meinen Brüdern *David* und *Christopher Zeller* bedanken. Ihre vorbehaltlose Unterstützung in allen Lebensbereichen und der bedingungslose familiäre Rückhalt sind einzigartig und waren der Grundstein dafür, dass diese Arbeit entstehen konnte.

Köln, im Juli 2019
Philipp Zeller

Inhalt

Einleitung

Nach der Jahrtausendwende waren über mehrere Jahre die Möglichkeiten der Beschlussanfechtung das zentrale aktienrechtliche Thema.[1] Mit Beginn der Wirtschafts- und Bankenkrise im Jahre 2007 hat sich das Hauptaugenmerk jedoch zunehmend stärker auf die Organhaftung verlagert.[2] Zu sehr haben Manager wichtiger Wirtschaftsunternehmen und Banken ihren Gesellschaften und der Weltwirtschaft durch höchstspekulative oder kurzsichtige Entscheidungen geschadet.[3] Dabei wurde offenbar das eigene Interesse oftmals über das des Unternehmens gestellt. Die Nachhaltigkeit von unternehmerischen Strategien musste dabei fortlaufend dem Streben nach kurzfristigem Erfolg weichen. Am Ende waren es meistens die Aktionäre oder der Staat und damit auch mittelbar die Bürger, die Milliardensummen aufzubringen hatten, um die Gesellschaften und das Wirtschaftssystem vor dem Kollaps zu bewahren. Es verwundert daher nicht, dass eine schärfere Haftung von Geschäftsführern und Vorständen notwendig wurde. Politik[4] und Rechtsprechung waren gefordert, nicht nur Lösungswege für die Krise zu finden, sondern auch die Vorsorge gegen eine Wiederholung der selbigen zu leisten. Einer der Hauptansatzpunkte war die Verschärfung der Organhaftung und insbesondere deren Durchsetzung.[5] Es musste geklärt werden, ob die existierenden zivil- oder strafrechtlichen Regeln

---

1 So wurde etwa im Jahre 2005 das Gesetz für Unternehmensintegrität und Modernisierung des Anfechtungsrechts (UMAG) erlassen, siehe BGBl. I 2005/60, 2802 ff.

2 Mit einer Reform der Organhaftung befasste sich auch der 70. Deutsche Juristentag, vgl. dazu *Bachmann*, 70. DJT, http://www.djt.de/fileadmin/downloads/70/djt_70_Thesen_140804.pdf, 53–55.

3 Der wohl bekannteste Fall in Deutschland war nach der Insolvenz des US-Bankhauses *Lehman-Brothers*, das am 15.9.2008 Insolvenz beantragte, vgl. *Benders*, HB v. 2008, http://www.handelsblatt.com/unternehmen/banken/us-bankensektor-im-umbruch-lehman-brothers-muss-konkurs-beantragen/3021126.html, der, der seit 2009 verstaatlichten *Hypo Real Estate Holding*, siehe dazu *Dettmer/Kurbjuweit/Reiermann*, Der Spiegel v. 17.8.2009, http://www.spiegel.de/spiegel/print/d-66436856.html.

4 *Mai*, FTD v. 7.10.2008, http://www.ftd.de/politik/deutschland/: bei-versagen-manager-haftung-ist-kaum-durchsetzbar/422769.html.

5 Das Problem der mangelnden Haftungsdurchsetzung sehen auch *Langenbucher*, DStR 2005, 2083, 2084; *Semler*, AG 2005, 321, 321; *Trescher*, DB 1995, 661, 661; MüKo AktG-*Spindler*, § 93 Rn. 2 spricht hinsichtlich der Haftungsdurchsetzung sogar von der „Achillesferse der deutschen Corporate Governance".

zur Managerverantwortlichkeit auch die für die Krise ursächlichen Verhaltensweisen in ausreichendem Maße erfassten oder ob Anpassungsbedarf bestand.

Insofern kamen den Gerichtsprozessen im Fall der Hypo- und Vereinsbank AG[6] und der UniCredito S.p.A. [7], auf die im Laufe dieser Arbeit noch umfassend eingegangen wird, besondere Aufmerksamkeit zu. Hauptstreitpunkt des Großteils der geführten Verfahren war die bis *dato* nahezu unbekannte Figur des besonderen Vertreters nach § 147 Abs. 2 AktG. Beim besonderen Vertreter handelt es sich kurz gesagt um ein Rechtsinstitut, das unter den Voraussetzungen des § 147 AktG von den Aktionären eingesetzt werden kann, um Ersatzansprüche der Gesellschaft anstelle von Vorstand und Aufsichtsrat und auch gegen ebenjene geltend zu machen. Ein solches Vorgehen kann mitunter nötig sein, wenn die Organe beispielsweise aus einer über ein kollegiales Maß hinausgehenden persönlichen Beziehung diese nicht gegeneinander geltend machen oder machen wollen. Aus diesem Grund wird ein besonderer Vertreter im Sinne von § 147 Abs. 2 AktG auch oft als Sondervertreter der Gesellschaft bezeichnet.[8] Der Sondervertreter ist dementsprechend ebenfalls ein Instrument des Aktionärsschutzes, welches unter gewissen Umständen sogar von einer Anteilsminderheit bestellt werden kann. So wurde z.B. auch der Sondervertreter im oben erwähnten Fall der HVB/UniCredit von einer Aktionärsminderheit in der Hauptversammlung eingesetzt, um umfassende Ersatzansprüche der Gesellschaft anstelle der originär zuständigen Organe geltend zu machen.

Bis zu diesem Zeitpunkt war das seit 1884 bestehende Rechtsinstitut des Sondervertreters so gut wie nie in Erscheinung getreten.[9] Dementsprechend wurde es über Jahrzehnte kaum durch richterrechtliche Fortbildung geprägt.[10] In den Verfahren um den Fall der HVB/UniCredit musste binnen kürzester Zeit entsprechende Pionierarbeit geleistet werden. Es galt über Rechte und Pflichten sowie die Rechtsstellung des besonderen Vertreters zu entscheiden. In der Literatur entbrannte eine hitzige Diskussion[11] über die Beschlüsse und Urteile der Gerichte. Es wurde versucht, das Rechtsinstitut des besonderen Vertreters

---

6 Im Folgenden HVB.

7 Im Folgenden UniCredit.

8 Vgl. dazu ausführlich *Böbel*, Rechtsstellung, 44 f.

9 Nach *Verhoeven*, ZIP 2008, 245, 245 sei „ein Riese erwacht"; *Mock* spricht von einem langen „Schattendasein", AG 2009, 839, 839 und von einem „Dornröschenschlaf", DB 2008, 393, 393.

10 Vgl. dazu die Darstellung der älteren und jüngeren Rechtsprechung zum besonderen Vertreter im Folgenden unter A. III. und IV.

11 Vgl. dazu die umfassenden Darstellungen unter A,B,C und D.

genauer zu definieren, als dies vom Gesetzgeber im Rahmen des § 147 AktG geschehen war. Viele Rechtsgelehrte brachten zum Teil unterschiedlichste Überlegungen ein, um dem nahezu unbestimmten Rechtsinstitut Konturen zu verleihen. Viele sahen im Sondervertreter die Chance, die Manager- und Organhaftung auf eine neue Ebene zu heben. Es gab zumindest ein Einfallstor, mit dem selbst eine Aktionärsminderheit – unter Zuhilfenahme des Sondervertreters – gegen Organe der Gesellschaft vorgehen konnte. Manch einer wollte mit dem besonderen Vertreter sogar eine Art Staatsanwalt[12] mit umfassenden Rechten installieren.[13]

Bei einer Vielzahl der Überlegungen zu der Frage, mit welchen Rechten der besondere Vertreter auszustatten sei, um zukünftig als starkes Instrument zur Durchsetzung der Organhaftung zu dienen, wurde jedoch der Grundsatz der unternehmerischen Freiheit und übergeordneter Gesellschaftsinteressen nicht ausreichend berücksichtigt.[14] Aus diesem Grund wirken einzelne der Bestrebungen in der Fachliteratur, die das Ausmaß und die Art und Weise der Verfolgung untätiger Vorstände oder Aufsichtsräte bei organinternen Haftungsfragen betreffen oftmals übertrieben. Man könnte zwar sagen, dass diese Überlegungen den Umständen der Krise entsprechend seinerzeit gerechtfertigt waren. Allerdings wird sich im Laufe dieser Arbeit zeigen, dass sie oftmals weder dogmatisch noch methodisch noch wirtschaftlich noch aktionärsfreundlich waren. Eine Balance zwischen Aktionärsschutz und unternehmerischem Interesse muss jedoch bei der Verfolgung gesellschaftlicher Haftungsansprüche stets gewährleistet bleiben.

Zwar fand im einschlägigen Fall der HVB/UniCredit der Sondervertreter, genauso überraschend wie er in die Schlagzeilen geraten war, mit seiner Abberufung nach einem sogenannten *Squeeze-Out* der Aktionäre, die ihn ursprünglich bestellt hatten, sein jähes Ende. So wurde der einst von einer Aktionärsminderheit eingesetzte Sondervertreter von der bis zum *Squeeze-Out* stimmrechtslosen Mehrheitsgesellschafterin letztendlich doch aus dem Unternehmen entfernt. Allerdings erschienen die Zeiten vorüber, in denen Rechtsinstitute wie der besondere Vertreter lediglich eine Randerscheinung in der Rechtsprechung waren. Zurück blieben eine Menge interpretationsfähige Rechtsprechung und klärungsbedürftige Rechtsfragen zum besonderen Vertreter. Es bedarf daher

---

12 Das Bild eines „Staatsanwalts" bemüht *Verhoeven*, ZIP 2008, 245, 247.

13 So offensichtlich auch *Stallknecht*, Der besondere Vertreter, 294, 366 f.

14 Siehe zur Problematik eines Wegfalls der unternehmerischen Entscheidung über die Geltendmachung von Schadensersatzansprüchen auch unten E.II.2.c).

jetzt – mit einigem zeitlichen Abstand – einer genauen Analyse des Instituts des besonderen Vertreters.

Die nachfolgende Arbeit[15] soll sich deshalb zum einen mit der Entwicklung des Rechtsinstituts des besonderen Vertreters nach § 147 Abs. 2 AktG, insbesondere im Rahmen der richtungsweisenden HVB/UniCredit Rechtsprechung befassen. Zum anderen sollen die Entwicklung des Sondervertreters bewertet und etwaige Verbesserungs- und Reformvorschläge erarbeitet werden. Dementsprechend wird nach einer systematischen Einordnung des besonderen Vertreters in das Aktiengesetz (unter A.I), zunächst auf die historische Entwicklung des Instituts (unter A.II), die wichtigste Rechtsprechung (unter A.III) und anschließend vertieft auf die Hintergründe und Rechtsprechung im HVB/UniCredit-Fall eingegangen (unter A.IV). Im weiteren Verlauf der Untersuchung werden bedeutungsvolle Rechtsfragen von der Bestellung des besonderen Vertreters bis zur Beendigung seines Auftrags geklärt (unter B – G). In diesem Rahmen wird umfassend zur Rechtsstellung des besonderen Vertreters (unter D), zu den Inhalten seines Auftrags sowie zu seinen Rechten (unter E) und Pflichten Stellung genommen (unter F). Außerdem werden die wichtigsten prozessualen Fragen erörtert (unter E.II.4 und E.II.5) und es wird ein Blick auf die weitere Entwicklung des Rechtsinstituts geworfen (unter H).

Im Rahmen der eben benannten Themenkomplexe, die zur Definition des Rechtsinstituts beitragen, wird deutlich werden, dass der besondere Vertreter nicht als Institut des Aktionärsschutzes mit weitreichenden Befugnissen zu qualifizieren ist. Vielmehr handelt es sich beim besonderen Vertreter um ein prozessuales Instrument zur Geltendmachung von Ansprüchen, welche im Optimalfall von einer vorangegangenen Sonderprüfung ermittelt wurden. Es zeigt sich, dass nur so sowohl Aktionärs- als auch Gesellschaftsinteressen ausreichend gewahrt werden können.

15 In diese Arbeit sind auch Inhalte und Ergebnisse der im Jahr 2010 der juristischen Fakultät der Universität zu Köln vorgelegten Seminararbeit des Verfassers eingegangen.

A. Grundlagen

Bevor der für diese Arbeit grundlegende HVB/UniCredit-Komplex und dessen wichtigste Rechtsprechung vorgestellt werden (unter IV), muss der besondere Vertreter zunächst in die im Aktiengesetz vorgesehenen Haftungssystematik eingeordnet und die aktuelle Regelung des Sondervertreters (unter I) erläutert werden. Nur so kann die neben den übrigen gesetzlichen Haftungsregelungen bestehende Notwendigkeit des Instituts eines besonderen Vertreters im aktienrechtlichen Gefüge verdeutlicht werden. Anschließend wird auf die historische Entwicklung des Rechtsinstituts eingegangen (unter II), um einen unverzichtbaren Einblick zu geben, woher das Rechtsinstitut kommt und wie es sich bis zur Rechtsprechung im Fall der HVB/UniCredit beziehungsweise bis zum heutigen Tag gewandelt hat.

I. Aktuelle Einordnung des besonderen Vertreters in die Systematik des Aktiengesetzes

Um das Rechtsinstitut des besonderen Vertreters näher auszuleuchten, seien zunächst die neben den §§ 46 – 48 AktG und § 53 AktG bestehenden wichtigsten aktienrechtlichen Einrichtungen zur Verantwortlichkeit und Durchsetzung von Ersatzansprüchen im Zusammenhang mit dem besonderen Vertreter dargestellt: Vorstandsmitglieder, die bei der Geschäftsführung ihre Pflichten verletzen, haften, wenn der Gesellschaft daraus ein Schaden entsteht, nach § 93 Abs. 2 AktG. In gleicher Weise müssen die Mitglieder des Aufsichtsrats nach § 116 S. 1 iVm. § 93 Abs. 2 S. 1 AktG für eigene Pflichtverletzungen einstehen. Grundsätzlich obliegt dabei die Geltendmachung von Ersatzansprüchen gegen den Vorstand nach § 112 AktG dem Aufsichtsrat und gegen Aufsichtsratsmitglieder nach § 78 Abs. 1 AktG dem Vorstand.[16]

Bei diesen Konstellationen der gegenseitigen Geltendmachung von Ersatzansprüchen zwischen Vorstand und Aufsichtsrat kann es allerdings in der Praxis dazu kommen, dass vor allem in Unternehmen, in denen kein nachhaltiger personeller Wechsel innerhalb dieser Organe erfolgt, die Durchsetzung von Ansprüchen gefährdet ist. Grund hierfür ist die oftmals gute persönliche Beziehung der Amtswalter, die aufgrund der langjährigen Zusammenarbeit zwischen

---

16 *Theisen*, DBW 1993, 295, 300 sieht darin bereits einen „gesetzesimmanenten Konstruktionsmangel".

Vorstands- und Aufsichtsratsmitgliedern gewachsen ist. Ein über das kollegiale Maß hinausgehende freundschaftliche Verhältnis erhöht die Hemmschwelle, gegenseitig etwaige Ersatzansprüche der Gesellschaft geltend zu machen.[17] Doch auch ohne die Schwierigkeit einer persönlichen Hemmschwelle, gibt es Situationen, in denen Organmitglieder vor einer Durchsetzung von Ersatzansprüchen zurückschrecken. So müssen beispielsweise Organmitglieder, die Ersatzansprüche gegen ihre Kollegen geltend machen oft selbst damit rechnen, aus demselben Sachverhalt in Anspruch genommen zu werden. Dabei ist zum einen denkbar, dass ein Vorstand der eine Überwachungspflichtverletzung eines Aufsichtsratsmitglieds geltend machen möchte unter Umständen selbst eine Pflichtverletzung offenlegen müsste, um den Ersatzanspruch gegen das Aufsichtsratsmitglied darzulegen.[18] Zum anderen könnte es im umgekehrten Fall sein, dass sich ein Aufsichtsrat, der gegen eine Pflichtverletzung des Vorstands vorgeht, auf einmal selbst dem Vorwurf ausgesetzt sieht ersatzpflichtig zu sein, da er diesbezüglich eine eigene präventive Überwachungspflicht[19] verletzt hat.[20] Auch existenzielle Überlegungen können einer Haftungsdurchsetzung von Vorstandsmitgliedern gegen den Aufsichtsrat im Wege stehen. So wird sich ein Vorstandsmitglied wohl gut überlegen, ob es gegen einen Aufsichtsrat mit Personalkompetenzen bezüglich der Vorstandsmitglieder vorgehen soll.[21] Die Folge aus alldem ist ein Vertrauensverlust der Aktionäre hinsichtlich einer unvoreingenommenen Rechtsverfolgung im Unternehmen.[22]

Um auch in diesen Fällen eine angemessene und interessenkonfliktfreie Rechtsverfolgung zu gewährleisten, hat der Gesetzgeber mit § 147 Abs. 1 AktG die Möglichkeit geschaffen, dass Ersatzansprüche der Gesellschaft aus der Gründung gegen die nach den §§ 46 bis 48, 53 AktG verpflichteten Personen oder aus der Geschäftsführung gegen die Mitglieder des Vorstands und des Aufsichtsrats oder aus § 117 AktG geltend gemacht werden müssen, wenn es die Hauptversammlung dies mit einfacher Stimmenmehrheit beschließt. Der Beschluss

---

17 *Pelzer*, WM 1981, 346, 348 f., spricht von einer „Bisssperre"; *Rubner/Leuering*, NJW-Spezial 2014, 399, 399 sprechen von „Beißhemmung".

18 *Kling*, DZWIR 2005, 45, 53; *Thümmel*, DB 1999, 885, 887; *Trescher*, DB 1995, 661, 661.

19 MüKo AktG-*Habersack*, § 111 Rn. 39; Hüffer/Koch-*Koch*, § 111 AktG Rn. 13; *Lutter/Krieger/Verse*, Rechte und Pflichten des Aufsichtsrats, Rn. 94.

20 *Baums*, 63. DJT, 241; *Heermann*, AG 1998, 201, 201.

21 Dieses Problem sieht auch *Pelzer*, FS Hadding, 593, 593.

22 Zu diesen Interessenkonflikten MüKo AktG-*Arnold*, § 147 Rn. 58; Schmidt/Lutter-*Spindler*, § 147 AktG Rn. 13; *Westermann*, AG 2009, 237, 238; *Wilsing/Ogorek*, EWiR 2007, 611, 611.

ändert zwar zunächst nichts daran, dass Vorstand oder Aufsichtsrat Ersatzansprüche nach der aktienrechtlichen Kompetenzordnung weiterhin grundsätzlich selbst geltend zu machen haben. Die Hauptversammlung kann aber – quasi im Wege einer „Ersatzvornahme" – weiter gehend einen besonderen Vertreter nach § 147 Abs. 2 S. 1 AktG bestellen, der dann die Erfüllung von Ersatzansprüchen weitgehend unabhängig von den originär zuständigen Leitungsorganen einfordern muss.[23]

Daneben sieht das Aktiengesetz auch die Variante vor, dass Aktionäre, deren Anteile zusammen zehn Prozent beziehungsweise einen anteiligen Betrag von einer Millionen Euro des Grundkapitals erreichen, den Antrag stellen, gerichtlich einen besonderen Vertreter zu bestellen. Dem Antrag ist stattzugeben, wenn dem Gericht dies zu einer gehörigen Geltendmachung zweckmäßig erscheint (§ 147 Abs. 2 Satz 2 AktG).[24]

Des Weiteren können Aktionäre unter den Voraussetzungen des § 148 Abs. 1 AktG beantragen, zur Geltendmachung von Ersatzansprüchen im eigenen Namen gerichtlich zugelassen zu werden, sofern sie mit mindestens einem Prozent beziehungsweise einem anteiligen Betrag von 100.000 Euro am Grundkapital der Gesellschaft beteiligt sind. Darüber hinaus können auch Schadensersatzansprüche nach § 117 AktG gegenüber Dritten, die Organmitglieder zu gesellschaftsschädlichem Handeln veranlasst haben, im Zuge der Haftungsklage nach § 147 f. AktG geltend gemacht werden.

Im siebenten Unterabschnitt des ersten Buches des Aktiengesetzes findet man neben den Regelungen über den besonderen Vertreter auch das Rechtsinstitut des sogenannten Sonderprüfers (§§ 142 ff. AktG). Er kann nach § 142 Abs. 1 S. 1 AktG mit einfacher Stimmenmehrheit von der Hauptversammlung zur „Prüfung von Vorgängen bei der Gründung oder der Geschäftsführung, namentlich auch bei Maßnahmen der Kapitalbeschaffung und Kapitalherabsetzung", bestellt werden. Der Zweck dieses Instituts liegt vorgelagert im Bereich der Sachverhaltsaufbereitung hinsichtlich möglicher Organhaftungsansprüche.[25] Dem Sonderprüfer kommt insbesondere die Aufgabe der Ermittlung zu, ob in tatsächlicher Hinsicht die Voraussetzungen für Ersatzansprüche der Gesellschaft gegenüber ihren Gründern beziehungsweise Verwaltungsmitgliedern oder Dritten bestehen.[26]

---

23 Zur Bestellung durch die Hauptversammlung siehe unten B.II.1.

24 Zur Bestellung durch das Gericht siehe unten B.II.2.

25 Hüffer/Koch-*Koch*, § 142 AktG Rn. 1; KK AktG-*Rieckers/Vetter*, § 142 Rn. 2; MüKo AktG-*Arnold*, § 142 Rn. 5; Spindler/Stilz-*Mock*, § 142 AktG Rn. 1.

26 Hüffer/Koch-*Koch*, § 142 AktG Rn. 1; KK AktG-*Rieckers/Vetter*, § 142 Rn. 2; MüKo AktG-*Arnold*, § 142 Rn. 5; Spindler/Stilz-*Mock*, § 142 AktG Rn. 1.

Weitere Haftungstatbestände sowie Klagebefugnisse ergeben sich in Konzernsituationen: Im Vertragskonzern sind nach § 309 Abs. 2 S. 1 AktG die gesetzlichen Vertreter des herrschenden Unternehmens bei Pflichtverletzungen dem abhängigen Unternehmen zum Schadensersatz verpflichtet. Daneben haften auch die Organmitglieder der abhängigen Gesellschaft gemäß § 310 Abs. 1 AktG bei eigenen Pflichtverletzungen. Die Ersatzansprüche der abhängigen Gesellschaft können dabei von jedem Aktionär geltend gemacht werden (§ 309 Abs. 4 S. 1 AktG), allerdings kann insoweit nur Leistung an die Gesellschaft gefordert werden (§ 309 Abs. 4 S. 2 AktG). Im Gegensatz zu § 148 AktG bedarf es hier indessen keines festgelegten Beteiligungsbetrags oder eines Klagezulassungsverfahrens.

Im faktischen Konzern ist das herrschende Unternehmen dem abhängigen Unternehmen nach § 317 Abs. 1 AktG zum Schadensersatz verpflichtet, wenn es dem abhängigen Unternehmen Nachteile zugefügt hat und diese nicht bis zum Ende des Jahres ausgeglichen wurden. Gemäß § 317 Abs. 3 AktG haften die gesetzlichen Vertreter des herrschenden Unternehmens als Gesamtschuldner; aus § 318 Abs. 1 AktG folgt Entsprechendes für die Mitglieder des Vorstands des abhängigen Unternehmens, sofern sie sich selbst einer Pflichtverletzung schuldig gemacht haben. Auch im faktischen Konzern können die betreffenden Ersatzansprüche der Gesellschaft von jedem Aktionär als Leistung an die Gesellschaft nach §§ 317 Abs. 4, 318 Abs. 4 AktG iVm. § 309 Abs. 4 AktG eingefordert werden.

Somit steht bei einer abhängigen Gesellschaft jedem einzelnen Aktionär die Geltendmachung von Ersatzansprüchen sowohl gegen Verwaltungsmitglieder der eigenen Gesellschaft als auch gegen die gesetzlichen Vertreter des herrschenden Unternehmens und das herrschende Unternehmen selbst zu.

II. Historische Entwicklung des § 147 AktG und des besonderen Vertreters

Das Rechtsinstitut des besonderen Vertreters und damit auch die Möglichkeit der Erzwingung von Rechtsverfolgung kann auf eine lange Geschichte zurückblicken: § 147 AktG hat Vorläufer in Art. 223 ADHGB 1884[27] und den §§ 268–270 HGB 1900 sowie in den §§ 122–124 AktG 1937.[28] Die letzte größere

27 „Gesetz, betreffend die Kommanditgesellschaften auf Aktien und die Aktiengesellschaften. Vom 19. Juli 1884", RGBl. 1884, 123 ff., abgedruckt bei *Schubert/Hommelhoff*, Hundert Jahre modernes Aktienrecht, 560 ff.

28 Zur Entstehungsgeschichte der Norm GroßKomm. AktG-*Bezzenberger*, § 147 Rn. 1 ff.; MüKo AktG-*Arnold*, § 147 Rn. 5 ff.; *Schmidt*, NZG 2005, 796, 796.

Novellierung ist 2005 im Zuge des Gesetzes für Unternehmensintegrität und Modernisierung des Anfechtungsrechts (UMAG) erfolgt. Die kurze Darstellung der wichtigsten Entwicklungen der Norm vom Jahre 1884 bis heute verdeutlicht, wie der Gesetzgeber auf die gestiegene Anzahl der Aktiengesellschaften reagierte und der Problematik der Anspruchsverfolgung gerecht werden wollte.

1. Der Ursprung: Art. 223 ADHGB 1884

Im Zuge der großen Aktienrechtsreform von 1884 kam es in Art. 223ADHGB 1884[29] zu einer Neuregelung, die es von diesem Zeitpunkt an ermöglichen sollte, eine Rechtsverfolgung der Gesellschaft erzwingen zu können. Mit Art. 223 Abs. 1 ADHGB 1884 wurde eine Rechtsnorm geschaffen, mit der man die Gesellschaft verpflichten können sollte, Ansprüche wegen einer Pflichtverletzung bei der Gründung oder der Geschäftsführung geltend zu machen. Um diese Ansprüche überhaupt erheben zu können, wurde damals ein Beschluss der einfachen Mehrheit der Generalversammlung oder einer Minderheit, deren Anteile den fünften Teil des Grundkapitals darstellen, vorausgesetzt. Gleichzeitig wurde den Gesellschaftern in Art. 223 Abs. 2 S. 2 ADHGB 188 4 – ähnlich zu der heutigen Regelung in § 147 Abs. 2 S. 1 AktG –zusätzlich die Möglichkeit eröffnet, Personen zu bestimmen, die dann von Gericht zu Prozessbevollmächtigten der Gesellschaft ernannt werden konnten.

In der allgemeinen Begründung des Gesetzesentwurfs[30] zu Art. 223 ADHGB 1884 bezüglich der Rechtsverfolgung wurde vom Gesetzgeber angeführt, dass die Gründer beziehungsweise andere bei der Gründung beteiligte Personen sich nur gegenüber der Gesellschaft, nicht aber den Aktionären, in einer besonderen Verantwortlichkeit befänden.[31] Ebenso stünden auch, abgesehen von der Gründung, die Mitglieder des Vorstandes, des Aufsichtsrats und die Liquidatoren nur zur Gesellschaft, nicht dagegen zu den einzelnen Aktionären in rechtlicher Beziehung. Es könne aber dadurch, dass die Gesellschaft selbst die Verfolgung der ihr zustehenden Ansprüche gegen die bezeichneten

29 „Gesetz, betreffend die Kommanditgesellschaften auf Aktien und die Aktiengesellschaften. Vom 19. Juli 1884", RGBl. 1884, 123 ff., abgedruckt bei *Schubert/Hommelhoff*, Hundert Jahre modernes Aktienrecht, 560ff.

30 Vgl. Allgemeine Begründung zum Gesetzesentwurf des Gesetzes, betreffend die Kommanditgesellschaften auf Aktien und die Aktiengesellschaften vom 7.3.1884, 342, abgedruckt bei *Schubert/Hommelhoff*, Hundert Jahre modernes Aktienrecht, 469.

31 Diese besondere Verantwortlichkeit wurde in Art. 213a bis Art. 213c ADHGB 1884 geregelt.

Personen ablehnt, mittelbar die Interessen des einzelnen Aktionärs insoweit schädigen, als der Wert seines Anteilsrechts sich mindert, wenn der der Gesellschaft zugefügte Schaden unersetzt bliebe. Es sei nicht zu verkennen, dass es leicht zu einer Kollusion zu Gunsten Einzelner kommen und einer Schädigung der Gesellschaftsinteressen stattfinden könne, wenn die Entscheidung über die Verfolgung eines Anspruchs der Gesellschaft gegen die Gründer, die Mitglieder des Vorstands und Aufsichtsrats oder die Liquidatoren ausschließlich und endgültig in die Macht der Generalversammlung gelegt werde.[32] Diesem Problem sollte nach dem Gesetzesentwurf Rechnung getragen werden, indem eine Verfolgung der Ansprüche nicht nur durch Beschluss mit einfacher Mehrheit der Gesellschaftsversammlung, sondern auch durch eine zwanzigprozentige Minderheit eingeleitet werden kann. Um auch eine ordentliche prozessuale Durchführung der geltend zu machenden Ansprüche einer Minorität gewährleisten zu können, müsse es dieser darüber hinaus gestattet sein, Prozessbevollmächtigte in der Generalversammlung zu bezeichnen und deren Ernennung beim Handelsgericht zu beantragen. In jedem Fall geschehe aber die Prozessführung durch den Bevollmächtigten nur für die Gesellschaft und in Vertretung dieser.[33]

Neben der Herleitung der Notwendigkeit eines eigenen Verfolgungsrechts für die Aktionärsgesamtheit und auch Minderheitsaktionäre hat der Gesetzgeber damals schon ein strenges Reglement zur Rechtsverfolgung etabliert. In diesem Zusammenhang wurden die oben bereits erwähnten Quoren festgesetzt, welche für einen Verfolgungsbeschluss beziehungsweise die Benennung eines Sondervertreters für die prozessuale Durchsetzung der Ansprüche von Nöten waren. Darüber hinaus wurde normiert, dass die Minderheit, die den Rechtsstreit veranlasst hat, verpflichtet war, die der Gesellschaft durch den Prozess auferlegten Kosten zu erstatten.[34] Außerdem mussten Aktionäre, denen eine „bösliche" Handlungsweise vorgeworfen werden konnte, für Schäden, die dem Beklagten durch eine unbegründete Klage entstanden, aufkommen, was neben

32 Vgl. Allgemeine Begründung zum Gesetzesentwurf des Gesetzes, betreffend die Kommanditgesellschaften auf Aktien und die Aktiengesellschaften vom 7.3.1884, 343, abgedruckt bei *Schubert/Hommelhoff*, Hundert Jahre modernes Aktienrecht, 470.

33 Vgl. Allgemeine Begründung zum Gesetzesentwurf des Gesetzes, betreffend die Kommanditgesellschaften auf Aktien und die Aktiengesellschaften vom 7.3.1884, 343, abgedruckt bei *Schubert/Hommelhoff*, Hundert Jahre modernes Aktienrecht, 470.

34 Vgl. Allgemeine Begründung zum Gesetzesentwurf des Gesetzes, betreffend die Kommanditgesellschaften auf Aktien und die Aktiengesellschaften vom 7.3.1884, 343, abgedruckt bei *Schubert/Hommelhoff*, Hundert Jahre modernes Aktienrecht, 470.

vorsätzlichem auch bewusst fahrlässiges Handeln umfasste.[35] Zur Sicherung dieses Anspruchs konnte das Prozessgericht sogar eine Sicherheitsleistung anordnen.[36] Eine aktienrechtliche Einzelklagebefugnis im Sinne des heutigen § 148 AktG sah der damalige Gesetzgeber noch nicht vor.

2. Von den §§ 268–270 HGB 1900 bis zum AktG 1937[37]

Im Jahre 1900 wurden mit den §§ 268–270 HGB 1900 inhaltliche Änderungen an der bis *dato* neuen aktienrechtlichen Regelung vorgenommen. Allerdings kam es mehr zu einer Evolution statt zu einer Revolution. Lediglich das Quorum für ein Minderheitsverlangen wurde von dem ursprünglich benötigten zwanzigprozentigen auf einen jetzt zehnprozentigen Anteil am Grundkapital gesenkt. Außerdem wurde die Zustimmung über einen Verzicht oder Vergleich bezüglich der in Frage stehenden Ansprüche an einen mindestens neunzigprozentigen Aktienanteil geknüpft. Der Generalversammlung wurde weiterhin das Recht zugebilligt, besondere Prozessbevollmächtigte für die Geltendmachung der Ansprüche zu wählen. Diese wurden jedoch erstmalig als „besondere Vertreter“ bezeichnet.

In der Folgezeit kam es durch die Notverordnung 1931[38] und in § 122 Abs. 1 AktG 1937[39] lediglich zu weiteren Änderungen bezüglich der Höhe der zur Geltendmachung erforderlichen Mehrheit. So wurde diese weiter auf fünf Prozent der Gesamtaktienanteile gesenkt, sofern sich aus einem vorhergegangenen Sonderprüfungsbericht Tatsachen ergaben, die Ersatzansprüche begründeten.[40]

3. Die Normierung in § 147 im Aktiengesetz von 1965

Im AktG 1965 wurden die bis dahin gültigen Regelungen im bis heute bestehenden § 147 AktG zusammengefasst. Ziel war die Vereinfachung der Vorschrift

---

35 GroßKomm. AktG-*Bezzenberger*, § 147 Rn. 1; *Keyßner/Simon*, Art. 223 Anm. 5 mit Verweis auf Art. 213a Anm. 6.

36 Vgl. Allgemeine Begründung zum Gesetzesentwurf des Gesetzes, betreffend die Kommanditgesellschaften auf Aktien und die Aktiengesellschaften vom 7.3.1884, 343, abgedruckt bei *Schubert/Hommelhoff*, Hundert Jahre modernes Aktienrecht, 470.

37 Zur Entstehungsgeschichte auch *Rollin*, Die Aktionärsklage, 135 ff.; vgl. auch GroßKomm. AktG-*Bezzenberger*, § 147 Rn. 1; Spindler/Stilz-*Mock*, §147 AktG Rn. 3.

38 Verordnung des Reichspräsidenten über Aktienrecht, Bankenaufsicht und über eine Steueramnestie vom 19.9.1931, RGBl. I 1931, 493.

39 RGBl. I, 1937, 107.

40 Hierzu *Schlegelberger/Quassowski/Schmölder*, § 268, Rn. 2; GroßKomm. AktG-*Bezzenberger*, § 147 Rn. 1; MüKo AktG- *Arnold*, § 147 Rn. 6.

zur Geltendmachung der Ersatzansprüche gegen die Gründer und gegen die Mitglieder des Vorstands und des Aufsichtsrats, die bislang verteilt in §§ 122 bis 124 AktG 1937 enthalten waren.[41] Außerdem kam es zu einer Entzerrung der Vorschrift. So wurde die im Jahr 1900 eingeführte und in § 124 AktG 1937 geregelte Vergleichs- und Verzichtssperre für Ersatzansprüche nicht übernommen. Begründet wurde dies damit, dass insbesondere durch die §§ 50 S. 1 und 93 Abs. 4 S. 3 AktG 1965 hinreichender Schutz für die zur Minderheit gehörenden Aktionäre bestehe.[42]

Ebenso wurde in § 147 Abs. 4 AktG 1965 die Kostentragungspflicht der Minderheitsaktionäre[43] aufgenommen und erweitert. Bis zu dieser Änderung hatten diese im Fall einer völligen oder teilweisen Niederlage lediglich die Kosten der Gesellschaft zu tragen, die dieser aus dem Rechtsstreit entstanden waren. Nach der Neuregelung in § 147 Abs. 4 AktG 1965 musste die Minorität bei einem völligen Unterliegen auch die baren Auslagen, die Vergütung der besonderen Vertreter sowie die der Gesellschaft durch die Bestellung des Selbigen entstandenen Gerichtskosten erstatten. Darüber hinaus wurde das Quorum für das Klagerecht der Minorität wieder auf zehn Prozent angehoben.

Schließlich verlor die klagende Minderheit das Recht,[44] besondere Vertreter namentlich zu benennen, welche anschließend von einem Gericht bestellt werden sollten. Das Gericht war von nun an in seiner Auswahl frei. Eine Bindung des Gerichts an die von der Minderheit als besondere Vertreter bezeichneten Personen solle nicht mehr bestehen, da es sich nicht um einen Ersatzanspruch der Minorität, sondern um einen solchen der Gesellschaft handele.[45] Als Ausgleich wurde der Minderheit die Pflicht aus § 123 Abs. 3 AktG 1937 erlassen, welche bei vorsätzlichem oder grob fahrlässigem Handeln zu einer Schadensersatzpflicht der klagenden Aktionäre gegenüber dem Beklagten, im Falle einer unbegründeten Klage, führte. Ebenso wurde die in diesem Zusammenhang zu leistende Sicherheitsleistung aus § 123 Abs. 5 AktG 1937 aufgehoben.

---

41 Begr. RegE., BT-Drucks. 3/1915, 164, auch abgedruckt bei *Kropff*, AktG, Begr. RegE, 214ff.

42 Begr. RegE., BT-Drucks. 3/1915, 164, auch abgedruckt bei *Kropff*, AktG, Begr. RegE, 214, 216 dazu auch GroßKomm. AktG-*Bezzenberger*, § 147 Rn. 2.

43 Davor geregelt in § 123 Abs. 4 AktG 1937.

44 Zuerst geregelt in Art. 223 Abs 2 S. 2 ADHGB 1884.

45 Begr. RegE., BT-Drucks. 3/1915, 164, auch abgedruckt bei *Kropff*, AktG, Begr. RegE, 214, 216.

4. Das Gesetz zur Kontrolle und Transparenz im Unternehmensbereich (KonTraG)

Im Zuge des Gesetzes zur Kontrolle und Transparenz im Unternehmensbereich (KonTraG)[46] im Jahr 1998 kam es neben kleineren systematischen Änderungen innerhalb des § 147 AktG zur Ergänzung eines weiteren Absatzes.[47] Die bisherige Regelung, Ersatzansprüche geltend zu machen, wurde im neuen Absatz 3 des § 147 AktG 1998 um eine weitere, erleichterte Möglichkeit der Klageerzwingung ergänzt. Diese sah vor, dass das Gericht auf Antrag von Aktionären, deren Anteile zusammen den zwanzigsten Teil des Grundkapitals oder den Nennbetrag von einer Millionen Deutsche Mark erreichten, besondere Vertreter zu bestellen hatte, wenn Tatsachen vorlägen, die den dringenden Verdacht rechtfertigten, dass der Gesellschaft durch Unredlichkeiten oder grobe Verletzungen des Gesetzes oder der Satzung Schaden zugefügt wurde. Dabei hatte der gerichtlich bestellte Vertreter den Ersatzanspruch geltend zu machen, soweit nach seiner pflichtgemäßen Beurteilung die Rechtsverfolgung eine hinreichende Aussicht auf Erfolg bietet.

Nach Ansicht des Gesetzgebers[48] war diese Änderung überfällig, weil trotz der bestehenden, scharfen Haftung des Aufsichtsrats durch § 116, § 93 AktG 1998 und der damit einhergehenden Beweislastumkehr es nur selten zu Klagen gegen diese komme. Dadurch mangele es faktisch an einem Haftungsrisiko von Aufsichtsratsmitgliedern, was als Grund für eine unzureichende Kontrolleffizienz gesehen werden müsse.[49]

Der Gesetzgeber wollte aufgrund der ohnehin strikten Haftung der Aufsichtsräte aus § 116, § 93 AktG 1998 von einer weiteren Haftungsverschärfung durch das KonTraG absehen.[50] Dagegen dehnte er das Klageerzwingungsrecht zugunsten der Minderheit auf Fälle grober Pflichtverletzungen der Verwaltung aus.[51] Unter groben Pflichtverletzungen seien beispielsweise grobe Treuepflichtverletzungen zu verstehen.[52] Außerdem kam es zu einer Verringerung der Kostenlast

46 Gesetz zur Kontrolle und Transparenz im Unternehmensbereich (KonTraG) vom 27.4.1998, BGBl. I 1998/24, 786 ff.; RegE vom 22.11.1996, vgl. ZIP 1996, 2129 ff. und 2193 ff.; RegE vom 6.11.1997, vgl. ZIP 1997, 2059 ff. und 2100 ff.

47 Vgl. Gesetz zur Kontrolle und Transparenz im Unternehmensbereich (KonTraG) vom 27.4.1998, BGBl. I 1998/24, 786, 788.

48 Vgl. Begr. RegE, BT-Drucksache 13/9712, 21.

49 Vgl. Begr. RegE, BT-Drucksache 13/9712, 21.

50 Begr. RegE, BT-Drucksache 13/9712, 21.

51 § 147 Abs. 3 AktG 1998.

52 Begr. RegE, BT-Drucksache 13/9712, 21.

in § 147 Abs. 4 S. 1 AktG 1998. So hatte von nun an die Minderheit, die eine Geltendmachung des Ersatzanspruches verlangt hatte, bei völligen oder teilweisen Unterliegen der Gesellschaft im Rechtsstreit, dieser nur noch die Kosten zu erstatten, die das aus dem Rechtsstreit Erlangte überstiegen.

In der Praxis spielten die Änderungen durch das KonTraG jedoch keine Rolle. Einerseits war das Quorum zur außerordentlichen Geltendmachung von Ersatzansprüchen, trotz bereits mehrfach erfolgter Veränderungen, praktisch nicht erreichbar.[53] Andererseits musste zu dem niedriger bemessenen Minderheitsquorum jetzt die zusätzliche Voraussetzung des dringenden Verdachts einer groben Pflichtverletzung glaubhaft gemacht werden. Nur in diesem Fall wäre es auch einer Minderheit möglich gewesen, den besonderen Vertreter zu bestellen. Allerdings war es bereits damals höchst schwierig, diesen Verdacht hinreichend zu substantiieren, um ihn glaubhaft zu machen.[54] Folglich konnte zwar das Bestellungsquorum der Anteilsminderheit erreicht werden, für die Beschaffung notwendigen Tatsachen zur Durchsetzung der Ansprüche war allerdings immer noch eine Sonderprüfung von Nöten.[55] Für ebenjene Sonderprüfung gab es jedoch ein höheres Aktionärsquorum als das für die Bestellung des Sondervertreters. Da dieses Quorum für die Anteilsminderheit der Aktionäre zumeist nicht zu erreichen war, lief die Neuregelung durch das KonTraG entsprechend leer.

5. Vom Gesetz für Unternehmensintegrität und Modernisierung des Anfechtungsrechts (UMAG) bis heute

Nach kleineren Änderungen durch das Stückaktiengesetz[56] und der Währungsumstellung der in § 147 AktG festgelegten Quoren[57] im Wege des Euro-Einführungsgesetzes[58] kam es im Jahr 2005 zum Gesetz für Unternehmensintegrität und Modernisierung des Anfechtungsrechts (UMAG).[59] Im UMAG wurde das Klagerecht der Minderheitsaktionäre durch die Änderung des § 147 AktG 1998 und die Neueinführung der §§ 148 und 149 AktG 2005[60] revolutioniert. Hierdurch

53 MüKo AktG-*Arnold*, § 147 Rn. 9.

54 MüKo AktG-*Arnold*, § 147 Rn. 9.

55 GroßKomm. AktG-*Bezzenberger*, § 147 Rn. 11; MüKo AktG-*Arnold*, § 147 Rn. 9.

56 Art. 1 Nr. 16 StückAG vom 25.3.1998, BGBl. I 1998/19, 590, 591.

57 In § 147 Abs. 2 S. 2 AktG wurden die Wörter „zwei Millionen Deutsche Mark" durch „eine Millionen Euro" und in § 147 Abs. 3 S. 1 AktG die Wörter „eine Millionen Deutsche Mark" in „500.000 Euro" geändert.

58 Art. 3 § 1 Nr. 6 und 8 EuroEG vom 9.6.1998, BGBl. I 1998/34, 1242, 1244.

59 Änderung des § 147 AktG, vgl. BGBl. I 2005/60, 2804.

60 BGBl. I 2005/60, 2804 f.

würde laut Gesetzgeber einem nach dem KonTraG, insbesondere in den Jahren größerer Skandale an den Aktienmärkten[61], stattgefundenen Stimmungswandel Rechnung getragen.[62] Insbesondere solche Ersatzansprüche, die aus Treupflichtverletzungen (Unredlichkeiten) von Organmitgliedern herrühren, müssten künftig unter erleichterten Voraussetzungen verfolgt werden können.[63] Die Hindernisse, welche die bisherige Regelung der Durchsetzung von Ersatzansprüchen durch eine Minderheit in den Weg gestellt, und die falschen Anreize, die sie vermittelt habe, sollten soweit wie möglich beseitigt werden. Zugleich solle der Gefahr missbräuchlicher Klagen vorgebeugt werden.[64]Das Minderheitenrecht aus § 147 Abs. 1 S. 1 2. Alt. AktG 1998 zur Geltendmachung dcr Ersatzansprüche, gleich dem Recht der Hauptversammlung, entfiel. Systematisch wurde neben § 147 Abs. 4 AktG 1998 auch § 147 Abs. 3 AktG 1998 gestrichen und ging im neuen § 148 AktG 2005 auf. Dabei wurde gleichzeitig das bisher nötige Quorum für eine Minderheitenklage auf den einhundertsten Teil des Grundkapitals oder einen anteiligen Betrag von 100.000 Euro gesenkt.[65] Diese Änderung beinhaltete das Erfordernis, vor der Klage ein Klagezulassungsverfahren durchzuführen. Hierbei handelte es sich um eine Angleichung an die bereits bekannte Struktur eines zweistufigen Verfahrens, das durch § 142 AktG schon zur damaligen Praxis gehörte.[66] Die Möglichkeit eines zivilprozessualen Klagezulassungsverfahrens wurde ansonsten nur durch eine Verjährung des Ersatzanspruchs der Gesellschaft beschränkt.

Ziel des vorgeschalteten Klagezulassungsverfahrens war es, ein Erfolg versprechendes Klagebegehren durch eine Minorität einleiten zu können, ohne ihr dabei das Risiko einer drohenden Kostenlast aus dem nachfolgenden Klageverfahren aufzuerlegen.[67] Dadurch sollte außerdem aussichtslosen oder missbräuchlichen Klagebegehren von Beginn an entgegengetreten werden. Dies war auch der Grund, weshalb weiterhin an einem, wenn auch stark reduziertem Quorum für ein Klagezulassungsverfahren festgehalten wurde.[68]

---

61 Vgl. in diesem Zusammenhang ausführlich zur Aktienmarktentwicklung, *Frentz v.*, ManagerMag. v. 1.6.2003, http://www.manager-magazin.de/finanzen/artikel/0,2828,186368,00.html.

62 Vgl. RegE, BT-Drucksache 15/5092, 20.

63 RegE, BT-Drucksache 15/5092, 20.

64 RegE, BT-Drucksache 15/5092, 20.

65 § 148 Abs. 1 S. 1 AktG 2005.

66 RegE, BT-Drucksache 15/5092, 20.

67 RegE, BT-Drucksache 15/5092, 20.

68 RegE, BT-Drucksache 15/5092, 20.

Ebenso wie § 147 AktG hat die Aktionärsklage des § 148 AktG das Ziel, eine möglicherweise gefährdete Durchsetzung von Schadensersatzansprüchen zu erleichtern.[69] Trotz anfänglicher Befürchtungen, es könne durch diese Einzelklagebefugnis zu einem „Haftungstourismus"[70] kommen beziehungsweise das Klagezulassungsverfahren führe zu einem „Öffnen der Büchse der Pandora"[71], blieb eine Klageflut durch § 148 AktG aus.[72] Die praktische Bedeutungslosigkeit der Aktionärsklage lässt sich laut *Schmolke* überzeugend mit den fehlenden Anreizen des Aktionärs beziehungsweise der Aktionärsminderheit zur gerichtlichen Geltendmachung des Gesellschaftsanspruchs erklären: An einem Klageerfolg partizipiere der klagende Gesellschafter nur zu einem seiner Beteiligung entsprechenden Bruchteil. Dies und die strategische Überlegung, dass man ohne eigenes Zutun vom Tätigwerden eines anderen Aktionärs profitieren könne (Trittbrettfahrerproblem), veranlassten vor allem Kleinaktionäre von Publikumsgesellschaften zur Passivität. Die Kostenregelung in § 148 Abs. 6 AktG versuche diesem Kollektivhandlungsproblem durch eine Beschränkung des Kostenrisikos entgegenzusteuern, liefere aber keine positiven Anreize zum Tätigwerden.[73]

Im Rückblick auf die mangelhafte Aufarbeitung der Bankenkrise muss festgehalten werden, dass die Bestrebungen des Gesetzgebers zur verschärften Organhaftung durch das KonTraG und das UMAG nicht den gewünschten Effekt hatten.[74]

Bis auf kleinere Änderungen von prozessrechtlichen Begrifflichkeiten im Rahmen des Gesetzes zur Reform des Verfahrens in Familiensachen und in den Angelegenheiten der freiwilligen Gerichtsbarkeit vom 17.12.2008[75] hat § 147 AktG vom UMAG bis heute in gleicher Form Bestand.

---

69 Begr. RegE, BT-Drucksache 15/5092, 19 f.; *Schmolke*, ZGR 2011, 398, 401.

70 *Linnerz*, NZG 2004, 307, 307.

71 Siehe zu diesen Stimmen *Schmolke*, ZGR 2011, 398, 399; sowie *Seibert*, NZG 2007, 841, 841.

72 So *Schmolke*, ZGR 2011, 398, 399, der sogar von „totem Recht" (S. 441) spricht; *Siems*, ZVglRWiss 2005, 394 ging von vornherein nicht von einer Klageflut aus.

73 *Schmolke*, ZGR 2011, 398, 441.

74 So auch *Schneider*, ZIP 2013, 1985, 1985.

75 BGBl. I 2008/61, 2732.

III. Ältere Rechtsprechung zum besonderen Vertreter

Obwohl sich der Gesetzgeber – mit Blick auf die historische Entwicklung – der Problematik der ordentlichen Geltendmachung von Ersatzansprüchen schon frühzeitig bewusst war, gab es kaum praktische Anwendungsbeispiele der Regelungen zum besonderen Vertreter. Zu groß waren die vorgeschriebenen Hürden, einen solchen zur außerordentlichen Geltendmachung von Ersatzansprüchen zu bestellen.[76] Die höchstrichterliche Rechtsprechung wurde vor der Jahrhundertwende im Wesentlichen durch lediglich zwei Entscheidungen geprägt, auf die sich das Schrifttum schwerpunktmäßig berufen hat. Diese sollen daher im Folgenden kurz dargestellt werden.

1. Das erste höchstrichterliche Urteil: RG vom 4.11.1913

Dem Urteil des RG vom 4.11.1913[77] lag folgender Sachverhalt zugrunde: Die Hauptversammlung hatte mehrere besondere Vertreter (vom RG Sondervertreter genannt) bestellt, um einen Schadensersatzprozess gegen die Mitglieder des Aufsichtsrats wegen „fahrlässiger Geschäftsführung" zu führen. Diesen wurde durch den Vorstand die Einsichtnahme in Unterlagen der Gesellschaft verweigert. Die Sondervertreter klagten daraufhin in eigenem Namen auf Gestattung der Einsichtnahme gegen die durch den Vorstand vertretene Gesellschaft bis zum RG. Der Senat entschied, dass auch ohne eine ausdrückliche Bestimmung im damaligen § 268 HGB 1900 dem Sondervertreter gegen den Willen des Vorstands die Einsichtnahme in Dokumente der Gesellschaft, die für die Führung des Rechtsstreits unentbehrlich seien, gewährt werden müsse. Dem Gericht zufolge musste ein solches Einsichtsrecht nicht notwendigerweise dem Gesetz zu entnehmen sein, sondern begründete sich schon aus einem Grundsatz des Preußischen Landrechts, wonach galt: „wem die Gesetze ein Recht geben, dem bewilligen sie auch ein Mittel, ohne welche dasselbe nicht ausgeübt werden kann". Dieser Grundsatz sei so sehr Teil des allgemeinen Rechtsbewusstseins, dass er einer Hervorhebung durch eine gesetzliche Vorschrift nicht mehr bedürfe.[78]

In der Hauptstreitfrage des Verfahrens, wer von den Sondervertretern richtigerweise zu verklagen war, hatte das OLG Hamm als Berufungsinstanz entschieden, dass die Klage der Sondervertreter nicht in eigenem Namen gegen die Aktiengesellschaft, vertreten durch den Vorstand, hätte erhoben werden

---

76 Siehe dazu auch oben A.II.

77 RG, Urt. v. 4.11.1913 – Rep. II 297/13, RGZ 83, 248.

78 RG, Urt. v. 4.11.1913 – Rep. II 297/13, RGZ 83, 248.

dürfen.[79] Nach Ansicht des Senats hätte der Prozess durch die Sondervertreter im Namen der Gesellschaft gegen die Vorstandsmitglieder geführt werden müssen. Das RG löste die Problematik, indem es darauf abstellte, dass sich die von den Sondervertretern begehrten Unterlagen im Besitz der Gesellschaft befanden und sich deshalb eine Klage auf Einsicht allein gegen die Gesellschaft richten könne. Dementsprechend dürften die Sondervertreter mit ihrer Klage kraft ihres Amtes einen Anspruch gegen die Gesellschaft auf billige Unterstützung ihrer Tätigkeit, nämlich dem Führen eines Schadensersatzprozesses für die Gesellschaft, durchsetzen.[80]

Das Gericht sprach dem Sondervertreter damit bereits im Jahr 1913 eine Annexkompetenz zur Geltendmachung von Ersatzansprüchen in Form eines damit verbundenen Auskunfts- und Einsichtsrechts zu. Allerdings wurde dabei der Umfang des Auskunfts- und Prüfungsrechts nicht genau bestimmt. Der Sondervertreter habe dieses Recht im Zuge einer Auskunftsklage gegen die Gesellschaft, welche vom Vorstand vertreten wird, durchzusetzen. Das beinhalte allerdings auch, dass der Senat dem Sondervertreter kein weiteres Recht einräumte, von einzelnen Vorstands- oder Aufsichtsratsmitgliedern, Mitarbeitern der Gesellschaft oder sogar Dritten, die mit der Gesellschaft in Verbindung stehen, Auskunft zu verlangen. Solche Ansprüche seien vielmehr in einem einstweiligen Verfügungsverfahren gegen die betroffenen Personen durchzusetzen.[81] Entgegen einiger Meinungen in der Literatur hat das RG auch nicht mit aller Deutlichkeit eine Organstellung des besonderen Vertreters anerkannt.[82]

2. Das Urteil des BGH vom 18.12.1980

In dem vom BGH am 18.12.1980[83] entschiedenen Sachverhalt hatte die Hauptversammlung einer Aktiengesellschaft beschlossen, Ersatzansprüche gegen ehemalige Mitglieder ihres Vorstands und ihres Aufsichtsrats wegen Pflichtverletzung im Zusammenhang mit drei Kreditengagements geltend zu machen, und zu diesem Zweck zwei Rechtsanwälte zu besonderen Vertretern bestellt.[84] Wenig später wurde über das Vermögen der Aktiengesellschaft das Vergleichsverfahren und danach das Anschlusskonkursverfahren eröffnet. Nachdem der

79 Das Urteil des OLG Hamm ist – soweit ersichtlich – nicht veröffentlicht.
80 RG, Urt. v. 4.11.1913 – Rep. II 297/13, RGZ 83, 248.
81 RG, Urt. v. 4.11.1913 – Rep. II 297/13, RGZ 83, 248.
82 So aber *Verhoeven,* ZIP 2008, 245, 246.
83 BGH, Urt. v. 18.12.1980 – II ZR 140/79, ZIP 1981, 178–181.
84 BGH, Urt. v. 18.12.1980 – II ZR 140/79, ZIP 1981, 178, 179.

Konkursverwalter alle etwaigen Ansprüche der Gemeinschuldnerin gegen deren Organe mit dem Bemerken freigegeben hatte, dass diese Erklärung im Hinblick auf die Bestellung der besonderen Vertreter erfolge, verkaufte einer der besonderen Vertreter die freigegebenen Ansprüche weiter.[85]

Der II. Zivilsenat ließ die Wirksamkeit der Abtretung der Ansprüche daran scheitern, dass diese nicht von der Vertretungsmacht der besonderen Vertreter gedeckt gewesen sei.[86] Deren Vertretungsmacht erstrecke sich allein auf die Geltendmachung von Ersatzansprüchen, das heißt die gerichtliche und außergerichtliche Verfolgung dieser Ansprüche. Das Gericht sah die Vertretungsmacht des besonderen Vertreters ausdrücklich als abgespaltenen Teil der umfassenden Vorstandskompetenzen an.[87] Dennoch ging der Senat nicht auf die Frage ein, weshalb die Vertretungsmacht hinsichtlich der oben genannten Abtretung gleichwohl eingeschränkt sein sollte, obwohl der Verkauf ja ein durchaus wirkungsvolles Mittel zur Realisierung eines Vermögenswertes sein kann.

Aufgrund der Tatsache, dass die besonderen Vertreter die Ersatzansprüche erst nach deren Freigabe durch den Konkursverwalter verkauft hatten, hielt der BGH fest, dass sowohl die Vertretungsmacht der besonderen Vertreter als gesetzlichen Vertretern der Gesellschaft als auch die des Vorstands während der Dauer des Konkursverfahrens hinter das Verwaltungs- und Verfügungsrecht des Konkursverwalters zurückgetreten sei.[88] Sofort nach der Freigabe der Ersatzansprüche sei sie durch den Konkursverwalter jedoch wieder aktiviert worden.[89] Dabei ging der Senat von einer Vertretung der Gesellschaft durch die besonderen Vertreter als zuständige Organe aus, ohne dabei Genaueres über die Rechtsstellung des besonderen Vertreters zu sagen. Für den Vorrang des Konkursverwalters bei der Verwertung des Gesellschaftsvermögens war es ohne Bedeutung, ob der besondere Vertreter, der zur Geltendmachung von Ersatzansprüchen bestellt wurde, Organ ist oder nicht.

IV. Jüngere Rechtsprechung – Der Fall der HVB/UniCredit

Nachdem es, wie bereits gesehen, jahrzehntelang nur vereinzelt Rechtsprechung gegeben hatte, kam es in den letzten Jahren zu einer Vielzahl von Gerichtsverfahren. Grund hierfür war der für das Rechtsinstitut des besonderen Vertreters

85 BGH, Urt. v. 18.12.1980 – II ZR 140/79, ZIP 1981, 178, 179.
86 BGH, Urt. v. 18.12.1980 – II ZR 140/79, ZIP 1981, 178, 179.
87 BGH, Urt. v. 18.12.1980 – II ZR 140/79, ZIP 1981, 178, 179.
88 BGH, Urt. v. 18.12.1980 – II ZR 140/79, ZIP 1981, 178, 179.
89 BGH, Urt. v. 18.12.1980 – II ZR 140/79, ZIP 1981, 178, 179.

wohl bedeutendste Fall der HVB/UniCredit. Durch diesen Fallkomplex geriet die Figur des besonderen Vertreters enorm in den Fokus der Rechtsprechung. Der Mangel einer normierten Bestimmtheit des Rechtsinstituts des besonderen Vertreters ließ den beteiligten Parteien keine andere Wahl, als eine Vielzahl einzelner Rechtsfragen gerichtlich klären zu lassen. Dementsprechend zog der Fall der HVB/UniCredit viele Gerichtsentscheidungen nach sich, die das Institut des besonderen Vertreters – in bis *dato* nicht dagewesener Art und Weise – prägen sollten. Entsprechend vielfältig waren auch die Reaktionen des Schrifttums auf die jeweiligen Gerichtsentscheidungen.[90] Aufgrund der hohen Relevanz für die weitere Diskussion zum besonderen Vertreter in dieser Arbeit, wird im Folgenden zunächst der HVB/UniCredit-Sachverhalt genauer dargestellt und im Anschluss auf die in diesem Zusammenhang ergangenen Gerichtsentscheidungen und die entsprechenden Entwicklungen im Schrifttum eingegangen.

1. Der Sachverhalt in Sachen HVB/UniCredit

Am 12.6.2005 schloss die HVB mit der italienischen Bank UniCredit ein *Business-Combination-Agreement*, im Zuge dessen die UniCredit 95%-ige Mehrheitsaktionärin der HVB wurde.[91] 15 Monate später, am 12.9.2006, veräußerte die HVB ihre Anteile an der in Osteuropa sehr erfolgreichen Bank Austria Creditanstalt verhältnismäßig preiswert an den neuen Großaktionär UniCredit.[92] Der Vertrag über die Veräußerung wurde von der Hauptversammlung der HVB genehmigt[93] und schließlich mit Eintragung in das Handelsregister dinglich vollzogen.

---

90 Siehe insbesondere *Fabritius*, FS Gruson, 133–149; *Kling*, ZGR 2009, 190–230; *Mock*, DB 2008, 393–397; *Mock*, AG 2008, 839–850; *Verhoeven*, ZIP 2008, 245–255; *Westermann*, AG 2009, 237–247; *Wirth*, FS Hüffer, 1129–1151.

91 Vgl. Ad-hoc-Mitteilung der HVB vom 12.6.2005 nach § 15 WpHG, abzurufen unter http://www.dgap.de/http://www.dgap.de/dgap/News/adhoc/bay-hypovereinsbank-business- combination/?newsID = 51184dgap/News/adhoc/bay-hypovereinsbank-business-combination/?newsID = 51184 (letzter Abruf: 30.11.2016).

92 Vgl. Ad-hoc-Mitteilung der HVB vom 12.6.2005 nach § 15 WpHG, abzurufen unter http://www.dgap.de/dgap/News/adhoc/unicredit-group-beschliesst-weitere-schritte-zur-geplanten- neuordnung-des-konzerns/?newsID = 63306&print = 1 (letzter Abruf: 30.11.2016).

93 Für diese Genehmigung wurde nach § 119 Abs. 2 AktG am 25.10.2006 die Zustimmung der außerordentlichen Hauptversammlung eingeholt, vgl. Bericht des Vorstands der HVB, abzurufen unter https://investors.hypovereinsbank.de/export/sites/ir/binaries/downloads/de/65668_HVB08_Bericht_001-187.pdf, 3 (letzter Abruf 30.11.2016).

Am 26./27.6.2007 beschloss die Hauptversammlung der HVB einen sogenannten *Squeeze-Out* der Minderheitsaktionäre gemäß §§ 327a ff. AktG, welcher ebenfalls in das Handelsregister eingetragen wurde[94]. Im Rahmen dieser Hauptversammlung bestellten daraufhin die Minderheitsaktionäre[95] unter Abstimmungsausschluss der Mehrheitsaktionärin UniCredit gemäß § 136 Abs. 1 S. 1 Alt. 3 AktG[96] einen besonderen Vertreter nach § 147 Abs. 2 S. 1 AktG. Dieser sollte mögliche Schadensersatzansprüche der Gesellschaft und Minderheitsaktionäre sowohl gegen die Vorstände und Aufsichtsräte der HVB und der UniCredit als auch gegen die UniCredit selbst und ihre verbundenen Unternehmen geltend machen. Ersatzfähige Vermögensschäden der HVB und der Minderheitsaktionäre sahen diese sowohl durch die Veräußerung der Bank Austria Creditanstalt als auch durch das *Business-Combination-Agreement* als begründet an. Diese Ansprüche wurden in dem entsprechenden Versammlungsbeschluss auch genau bezeichnet.[97]

In der Folgezeit wurden dem besonderen Vertreter von den Organen der HVB lediglich einige wenige Sachverhaltsunterlagen zur Verfügung gestellt. Darüber hinausgehende Informationen und Materialien verweigerte ihm der Vorstand der HVB.[98] Zu den relevanten Unterlagen gehörten insbesondere Vorstands- und Aufsichtsratsprotokolle, Korrespondenz, Gutachten und Berichte im Zusammenhang mit dem Sachverhalt und eine Liste der mit dem Vorgang befassten Mitarbeiter.[99]

---

94 Vgl. das veröffentlichte Abstimmungsergebnis der 130. ordentlichen Hauptversammlung der HypoVereinsbank AG vom 26./27.6.2007, abrufbar unter: https://investors.hypovereinsbank.de /export/sites/ir/binaries/downloads/de/hv2007_abstimmungsergebnis.pdf (letzter Abruf: 10.8.2016); *Wirth*, FS Hüffer, 1129, 1130.

95 Vgl. das veröffentlichte Abstimmungsergebnis der 130. ordentlichen Hauptversammlung der HypoVereinsbank AG vom 26./27.6.2007, abrufbar unter: https://investors.hypovereinsbank.de /export/sites/ir/binaries/downloads/de/hv2007_abstimmungsergebnis.pdf (letzter Abruf: 10.8.2016); Laut *Wirth*, FS Hüffer, 1129, 1130, richtete sich das Minderheitsverlangen nach § 122 Abs. 2 AktG.

96 Dies war möglich, da sich Schadensersatzansprüche auch gegen die UniCredit selbst richteten. Vgl. dazu genauer unten B.III.

97 Vgl. das veröffentlichte Abstimmungsergebnis der 130. ordentlichen Hauptversammlung der HypoVereinsbank AG vom 26./27.6.2007, abrufbar unter: https://investors.hypovereinsbank.de /export/sites/ir/binaries/downloads/de/hv2007_abstimmungsergebnis.pdf (letzter Abruf: 10.8.2016); Nach *Wirth*, FS Hüffer, 1129, 1132 f. erhob der besondere Vertreter später unter anderem auch hilfsweise Klage auf Zahlung von Schadensersatz in Höhe von 13,9 Milliarden Euro.

98 LG München I, Urt. v. 6.9.2007 – 5 HK O 12570/07, ZIP 2007, 1809, 1812.

99 LG München I, Urt. v. 6.9.2007 – 5 HK O 12570/07, ZIP 2007, 1809, 1812.

2. Das Verfahren über die Rechte des besonderen Vertreters

Der besondere Vertreter beantragte als Reaktion auf das Verhalten der Geschäftsleitung im Wege des einstweiligen Rechtsschutzes ungehinderten und umfassenden Zugang zu Unterlagen und Räumlichkeiten, die Erteilung von Auskünften durch Vorstands- und Aufsichtsratsmitglieder sowie Mitarbeiter der Gesellschaft.

a) Das erstinstanzliche Urteil des LG München I

Das erstinstanzlich zuständige LG München I gab diesem Antrag auf Erlass einer einstweiligen Verfügung im Wesentlichen statt.[100] Die Kammer führte zur Begründung aus, dass sich der vorgebrachte Verfügungsanspruch zwingend aus dem allgemeinen Wesen des Instituts des besonderen Vertreters ergebe.[101] Der besondere Vertreter habe weitreichende Informationsrechte. Ihm müssten alle Unterlagen und Materialien, die für die Geltendmachung der Ansprüche von Bedeutung seien, auch ohne die Zustimmung des Vorstands zugänglich gemacht werden.[102] Ob eine solche Bedeutsamkeit gegeben ist, liegt nach dem Gericht in einem weiten Ermessensrahmen des besonderen Vertreters.[103] Des Weiteren stehe dem besonderen Vertreter ein Auskunftsrecht gegenüber dem Vorstand, dem Aufsichtsrat und den Mitarbeitern der Gesellschaft zu.[104]

Zur Rechtsstellung des besonderen Vertreters führte das LG München I aus, dieser sei gesetzlicher Vertreter der Gesellschaft, was die Belange des Beschlusses der Hauptversammlung hinsichtlich der geltend zu machenden Ersatzansprüche angehe.[105] Denn er nehme einen abgespaltenen Teil der umfassenden gesetzlichen Vertretungsmacht der Organe wahr.[106] Zwar sei der Beschluss der Hauptversammlung über die Berufung eines besonderen Vertreters nach §§ 243, 246 AktG angefochten worden. Hieraus folge allerdings kein Recht des Vorstands, die vom besonderen Vertreter verlangten Informationen zurückzuhalten. Die Erhebung der Anfechtungsklage habe grundsätzlich – sofern das Gesetz nicht ausdrücklich etwas anderes anordne – kein Umsetzungsverbot in

100 LG München I, Urt. v. 6.9.2007 – 5 HK O 12570/07, ZIP 2007, 1809–1816.
101 LG München I, Urt. v. 6.9.2007 – 5 HK O 12570/07, ZIP 2007, 1809, 1812.
102 LG München I, Urt. v. 6.9.2007 – 5 HK O 12570/07, ZIP 2007, 1809, 1812.
103 LG München I, Urt. v. 6.9.2007 – 5 HK O 12570/07, ZIP 2007, 1809, 1812.
104 LG München I, Urt. v. 6.9.2007 – 5 HK O 12570/07, ZIP 2007, 1809, 1815.
105 LG München I, Urt. v. 6.9.2007 – 5 HK O 12570/07, ZIP 2007, 1809, 1812.
106 LG München I, Urt. v. 6.9.2007 – 5 HK O 12570/07, ZIP 2007, 1809, 1812.

Bezug auf den Inhalt des angefochtenen Beschlusses zur Folge.[107] Die HVB legte gegen das Urteil Berufung beim OLG München[108] ein.

b) Das Berufungsurteil des OLG München

Das OLG München hat der Berufung der HVB gegen das erstinstanzliche Urteil des LG München I im Wesentlichen stattgegeben.[109] So hat das Gericht etwa die Organqualität des besonderen Vertreters innerhalb der Gesellschaft verneint.[110] Insbesondere folgte der Senat nicht der Ansicht des Verfügungsklägers, dass der besondere Vertreter im Rahmen seines Tätigkeitsbereichs an die Stelle des Vorstands trete und somit beispielsweise das Recht habe, ungehindert Räumlichkeiten zu betreten und von Mitarbeitern die Aushändigung von Unterlagen zu verlangen.[111] Bei der Stellung des besonderen Vertreters gelte es, zwischen der Vertretung der Gesellschaft zur prozessualen oder außerprozessualen Durchsetzung von Ersatzansprüchen nach außen und der dem Vorstand obliegenden Geschäftsführungsbefugnis im Innenverhältnis der Gesellschaft zu unterscheiden. Es sei § 147 AktG nicht zu entnehmen, dass dem besonderen Vertreter letztere Befugnisse – auch nur mittelbar – eingeräumt würden. [112]

Dem Verfügungskläger stünden Auskunfts- und Einsichtsrechte nur gegenüber der Gesellschaft zu, welche diese Ansprüche über ihren Vorstand zu erfüllen habe. Eine Direktionsbefugnis gegenüber der Belegschaft des Unternehmens sowie ein Anspruch auf ungehinderten Zugang zu den Räumlichkeiten der Gesellschaft, durch welche sich der besondere Vertreter wie ein Organmitglied benötigte Informationen unmittelbar selbst beschaffen könnte, seien dagegen nicht gegeben.[113]

Insgesamt müssen Auskunfts-, Einsichts- und Prüfungsrechte des besonderen Vertreters nach Ansicht des OLG München damit enger gefasst werden, als dies nach der Entscheidung der Vorinstanz der Fall sein sollte. Diese Rechte lägen nicht „im Ermessen des besonderen Vertreters“, sondern müssten unabdingbar zur Aufnahme seiner Arbeit sein und, sofern es sich um benötigte Unterlagen handele, einen bereits feststehenden und eindeutig unmittelbaren Bezug

---

107 LG München I, Urt. v. 6.9.2007 – 5 HK O 12570/07, ZIP 2007, 1809, 1814.
108 OLG München, Urt. v. 28.11.2007 – 7 U 4498/07, AG 2008, 172–176.
109 OLG München, Urt. v. 28.11.2007 – 7 U 4498/07, AG 2008, 172–176.
110 OLG München, Urt. v. 28.11.2007 – 7 U 4498/07, AG 2008, 172, 176.
111 OLG München, Urt. v. 28.11.2007 – 7 U 4498/07, AG 2008, 172–176.
112 OLG München, Urt. v. 28.11.2007 – 7 U 4498/07, AG 2008, 172–176.
113 OLG München, Urt. v. 28.11.2007 – 7 U 4498/07, AG 2008, 172–176.

zu den im Hauptversammlungsbeschluss genannten Sachverhaltskomplexen aufweisen. „Ermittlungsbefugnisse“, die beispielsweise den Rechten eines Sonderprüfers nach § 145 AktG gleichkämen, habe der besondere Vertreter nicht, da der Schwerpunkt der Aufgabe des besonderen Vertreters nicht – wie beim Sonderprüfer – in der Aufklärung noch unklarer Sachverhalte liege.[114] Die Prüfungsrechte des besonderen Vertreters begründeten sich vielmehr auf einer Annexkompetenz zu seiner Funktion, im Hauptversammlungsbeschluss genau bezeichnete Ansprüche geltend zu machen. Dies beinhalte, dass der Hauptversammlungsbeschluss die anspruchsbegründenden Sachverhalte hinreichend konkret bezeichnet.[115]

Außerdem erklärte der Senat die Bestellung des besonderen Vertreters zur Geltendmachung der Ansprüche von Minderheitsaktionären für unzulässig. Er habe stets allein die Ansprüche der Gesellschaft durchzusetzen.[116] Auch die im Hauptversammlungsbeschluss der HVB zur Geltendmachung bestimmten Ansprüche gegen die mit der Mehrheitsaktionärin UniCredit gemäß §§ 15 ff. AktG verbundenen Unternehmen seien nicht in Einklang mit § 147 AktG zu bringen.[117] Der Senat räumt dem besonderen Vertreter zwar über die Entscheidung des LG München I[118] hinaus die Möglichkeit ein, konzernrechtliche Ansprüche nach § 317 AktG geltend zu machen.[119] Die im Beschluss dagegen nur unpräzise aufgeführten „verbundenen Unternehmen“ stellten mit mehr als tausend umfassten Einzelunternehmen jedoch keine in § 147 Abs. 1 S. 1 AktG genannten potenziellen Anspruchsgegner oder juristische Personen dar, die die Verfügungsbeklagte (UniCredit) im Sinne der §§ 317, 318 AktG beherrschten.[120]

3. Die Beschlussmängelklage der UniCredit

Während in der oben genannten Entscheidung über die Rechte des besonderen Vertreters verhandelt wurde, lief bereits ein Anfechtungsverfahren[121] der UniCredit gegen den Hauptversammlungsbeschluss, der den besonderen Vertreter in sein Amt hob. Außerdem stand die Wirksamkeit des Beschlusses hinsichtlich

---

114 OLG München, Urt. v. 28.11.2007 – 7 U 4498/07, AG 2008, 172, 175.
115 OLG München, Urt. v. 28.11.2007 – 7 U 4498/07, AG 2008, 172, 175.
116 OLG München, Urt. v. 28.11.2007 – 7 U 4498/07, AG 2008, 172, 174.
117 OLG München, Urt. v. 28.11.2007 – 7 U 4498/07, AG 2008, 172, 174.
118 LG München I, Urt. v. 6.9.2007 – 5 HK O 12570/07, ZIP 2007, 1809–1816.
119 OLG München, Urt. v. 28.11.2007 – 7 U 4498/07, AG 2008, 172, 174.
120 OLG München, Urt. v. 28.11.2007 – 7 U 4498/07, AG 2008, 172, 174.
121 LG München I, Urt. v. 4.10.2007 – 5 HK O 12615/07, ZIP 2007, 2420–2426.

der damit verbundenen Möglichkeit der Geltendmachung von Ersatzansprüchen durch den besonderen Vertreter zur Debatte. Im Besonderen betraf dies einerseits die Geltendmachung von Ersatzansprüchen gegen den Vorstand und Aufsichtsrat der HVB und die mit dem Großaktionär verbundenen Unternehmen als solche, andererseits die zu stellenden Anforderungen an die Bestimmtheit dieser Ansprüche. Das LG München I wies die Klage der UniCredit erstinstanzlich noch ab. [122] Die zulässige Berufung[123] erwies sich teilweise als begründet.

a) Das Urteil des OLG München

Wie schon im einstweiligen Rechtsschutzverfahren[124] bestätigte der Senat auch hier, dass ein Beschluss nach § 147 AktG den Lebenssachverhalt, aus dem Ersatzansprüche hergeleitet werden, hinreichend konkret zu benennen habe.[125] Diesen Ansprüchen genüge der Beschluss jedoch nicht nur hinsichtlich der mit der UniCredit verbundenen Unternehmen nicht. Vielmehr treffe dies auch auf die Ansprüche hinsichtlich des *Business-Combination-Agreements* zwischen der HVB und der UniCredit zu. Bezüglich des *Business-Combination-Agreements* war das OLG nun anderer Meinung.[126] Hier war der Senat zu dem Schluss gekommen, dass im Hauptversammlungsbeschluss nicht im Ansatz zu erkennen sei, in welcher Weise der genannte Abschluss[127] des Vertrages über die Zusammenarbeit der Parteien zu Schäden der Beklagten geführt haben soll und von welcher Art diese sein sollen.[128] Eine genaue Bestimmung darüber, inwiefern die Annahme einer hier bestehenden Pflichtwidrigkeit gerechtfertigt sei und damit eine Ersatzpflicht bestehen könnte, sei jedoch erforderlich.[129] Der Auftrag des besonderen Vertreters müsse dadurch in nachprüfbarer Weise begrenzt werden. Andernfalls hätte der besondere Vertreter letztlich jegliche von dem *Business-Combination-Agreement* beeinflusste Geschäftshandlung, was aufgrund der Tragweite des Vertrages einen erheblichen Teil aller unternehmensleitenden

---

122 LG München I, Urt. v. 4.10.2007 - 5 HK O 12615/07, ZIP 2007, 2420–2426.
123 OLG München, Urt. v. 27.8.2008 - 7 U 5678/07, ZIP 2008, 1916–1922.
124 Vgl. dazu die Ausführungen zu OLG München, Urt. v. 28.11.2007 - 7 U 4498/07, AG 2008, 172–176, oben A.IV.2.b).
125 OLG München, Urt. v. 27.8.2008 - 7 U 5678/07, ZIP 2008, 1916, 1921.
126 OLG München, Urt. v. 27.8.2008 - 7 U 5678/07, ZIP 2008, 1916, 1921.
127 Vgl. hierzu den Beschluss der Hauptversammlung unter lit. d) bei OLG München, Urt. v. 27.8.2008 - 7 U 5678/07, ZIP 2008, 1915, 1916.
128 OLG München, Urt. v. 27.8.2008 - 7 U 5678/07, ZIP 2008, 1916, 1921.
129 OLG München, Urt. v. 27.8.2008 - 7 U 5678/07, ZIP 2008, 1916, 1921.

Entscheidungen darstellen könne, daraufhin zu überprüfen, ob hieraus ein anspruchsbegründender Schaden entstanden sei.[130]

Das OLG stellte außerdem fest, dass die unzulässige Erstreckung des Beschlusses nach § 147 Abs. 1 AktG und des Mandats des besonderen Vertreters auf die verbundenen Unternehmen sowie die unzureichende Bestimmtheit des Sachverhalts hinsichtlich des *Business-Combination-Agreements* nicht zu einer Gesamtnichtigkeit des Bestellungsbeschlusses führen.[131] Vielmehr sei in entsprechender Anwendung des § 139 BGB davon auszugehen, dass der Beschluss nur bezüglich dieser mangelhaften Teile unwirksam sei. Daran ändere auch die einheitliche Beschlussfassung bezogen auf die geltend zu machenden Ansprüche gegen verschiedene Anspruchsgegner nichts.[132] Eine Teilnichtigkeit komme nämlich auch und gerade dann in Betracht, wenn mehrere Beschlussgegenstände, über die auch getrennt hätte abgestimmt werden können, zu einem Beschluss zusammengefasst wurden.[133]

Des Weiteren hat der Senat noch versucht einige Grundsatzfragen zu beantworten, welche die Rolle des besonderen Vertreters insgesamt und dessen einzelne Befugnisse genauer definieren sollten. So hat das OLG dem Sondervertreter auch die Kompetenz für die Geltendmachung konzernrechtlicher Ansprüche nach §§ 317, 318 AktG zugesprochen. Der Senat begründet dies unter anderem mit der nahezu identischen Zielrichtung der Haftungstatbestände des in § 147 AktG ausdrücklich genannten § 117 AktG und des § 317 AktG.[134]

Außerdem wurde festgehalten, dass es sich bei dem Sondervertreter nach § 147 Abs. 2 AktG nicht nur um einen Verfahrensbevollmächtigten ohne eigene Prüfungsbefugnisse handle.[135] Dabei sei lediglich das „ob" der Geltendmachung von Ersatzansprüchen gegen genauer bestimmte Personen durch die Hauptversammlung bindend für den Vertreter. Demgegenüber könne der besondere Vertreter hinsichtlich des „wie" der Geltendmachung, sofern ihm die Hauptversammlung hierzu keine Vorgaben macht, grundsätzlich in der ihm geeignet erscheinenden Weise vorgehen.[136] Der Senat ging in seiner Bestimmung der genauen Rechtsstellung des besonderen Vertreters sogar so weit, ihn nicht als außen stehenden Dritten anzusehen. Vielmehr trete er in Bezug auf die

---

130 OLG München, Urt. v. 27.8.2008 – 7 U 5678/07, ZIP 2008, 1916, 1921.
131 OLG München, Urt. v. 27.8.2008 – 7 U 5678/07, ZIP 2008, 1916, 1922.
132 OLG München, Urt. v. 27.8.2008 – 7 U 5678/07, ZIP 2008, 1916, 1922.
133 OLG München, Urt. v. 27.8.2008 – 7 U 5678/07, ZIP 2008, 1916, 1922.
134 OLG München, Urt. v. 27.8.2008 – 7 U 5678/07, ZIP 2008, 1916, 1918 f.
135 OLG München, Urt. v. 27.8.2008 – 7 U 5678/07, ZIP 2008, 1916, 1920.
136 OLG München, Urt. v. 27.8.2008 – 7 U 5678/07, ZIP 2008, 1916, 1920.

Geltendmachung von Ersatzansprüchen an die Stelle des Vorstands oder des Aufsichtsrats und habe daher zumindest eine organähnliche Stellung.[137]

b) Der Beschluss des BGH

Infolge dieses Urteils beschäftigte sich auch der Bundesgerichtshof[138] mit der Frage nach der organähnlichen Stellung des besonderen Vertreters. Bei der Prüfung, ob die Grundsätze der fehlerhaften Bestellung von Organen der Aktiengesellschaft auch auf den besonderen Vertreter anwendbar seien, attestierte ihm der Senat sogar Organqualität im Rahmen seines Aufgabenkreises.[139]

4. Das Verfahren zu den Befugnissen des besonderen Vertreters in einer Hauptversammlung

Vor der Hauptversammlung am 29./30.7.2008 versuchte der besondere Vertreter kurzfristig ein Teilnahme-, Frage-, Rede- und Berichtsrecht zu erstreiten[140]. Nach Ansicht der Kammer des Landgerichts standen dem Sondervertreter Teilnahme-, Rede- und Fragerechte jedoch nicht zu, da diese Tätigkeiten keine eigenständigen Gegenstände der Tagesordnung seien.[141] Diesbezüglich fehle somit schon ein Verfügungsanspruch.[142] Hinsichtlich des Rechts, auf der Hauptversammlung Fragen der Aktionäre zu seiner Tätigkeit zu beantworten, komme zudem noch hinzu, dass das Fragerecht der Aktionäre seine Grundlage in der Vorschrift des § 131 Abs. 1 S. 1 AktG habe.[143] Danach sei jedem Aktionär auf Verlangen in der Hauptversammlung vom Vorstand Auskunft zu geben über Angelegenheiten der Gesellschaft, soweit sie zur sachgemäßen Beurteilung des Gegenstands der Tagesordnung erforderlich seien.[144] Dem Wortlaut und der Wertung dieser Norm werde allgemein entnommen, dass der Vorstand auch dann auskunftspflichtiges Organ sei, wenn es beispielsweise um Angelegenheiten des Aufsichtsrats gehe und damit nicht um Bereiche, die originär in die Zuständigkeit des Vorstandes fielen.[145] Dann aber widerspräche es der Wertung

---

137 OLG München, Urt. v. 27.8.2008 - 7 U 5678/07, ZIP 2008, 1916, 1920.

138 BGH, Beschl. v. 27.9.2011 - II ZR 225/08, AG 2011, 875–876.

139 BGH, Beschl. v. 27.9.2011 - II ZR 225/08, AG 2011, 875, 876.

140 LG München I, Beschl. v. 28.7.2008 - 5 HK O 12504/08, AG 2008, 794–796 mit Anmerkung *Jänig*, WuB II A. § 147 AktG 1.09.

141 LG München I, Beschl. v. 28.7.2008 - 5 HK O 12504/08, AG 2008, 794, 795 f.

142 LG München I, Beschl. v. 28.7.2008 - 5 HK O 12504/08, AG 2008, 794, 795 f.

143 LG München I, Beschl. v. 28.7.2008 - 5 HK O 12504/08, AG 2008, 794, 796.

144 LG München I, Beschl. v. 28.7.2008 - 5 HK O 12504/08, AG 2008, 794, 796.

145 LG München I, Beschl. v. 28.7.2008 - 5 HK O 12504/08, AG 2008, 794, 796.

dieser Vorschrift, wenn der besondere Vertreter entsprechende Fragen beantworten würde, die einen Bezug zu seiner Tätigkeit hätten.[146] Die Auskunftserteilung über die bisherige Entwicklung der Geltendmachung der Ersatzansprüche obliege somit dem Vorstand im Rahmen des § 131 AktG. Einer Berichtspflicht fehle es somit an jederlei Rechtsgrundlage.[147]

5. Die Urteile zu besonderen prozessualen Fragestellungen

In einem weiteren Beschwerdeverfahren hatte das OLG München[148] über die Nebeninterventionsbefugnis des besonderen Vertreters zu entscheiden. Im Anfechtungsverfahren gegen die Zustimmungsbeschlüsse der Hauptversammlung[149] bezüglich des Verkaufs der Bank Austria an die UniCredit hatte sich der Sondervertreter als Nebenintervenient gemäß § 66 ZPO angeschlossen[150]. Dabei wurde im Schriftsatz des Klagenden klargestellt, dass dieser weder als natürliche Person dem Rechtsstreit beitreten noch den Beitritt für die von ihm vertretene Gesellschaft, also die Beklagte HVB, erklären wolle. Der Beitritt solle vielmehr durch den besonderen Vertreter als Organ der Gesellschaft erfolgen.[151]

Bereits in der ersten Instanz vor dem LG München I[152] wurde eine Nebenintervention des besonderen Vertreters für nicht statthaft

---

146 LG München I, Beschl. v. 28.7.2008 – 5 HK O 12504/08, AG 2008, 794, 796.

147 LG München I, Beschl. v. 28.7.2008 – 5 HK O 12504/08, AG 2008, 794, 796.

148 OLG München, Beschl. v. 7.10.2008 – 7 W 1034/08, AG 2009, 119–121; vorangehend: LG München I, Urt. v. 31.1.2008 – 5 HK O 19782/06, abzurufen unter http://betriebs-berater.ruw.de/wirtschaftsrecht/urteile/Hauptversammlungsbeschluesse-der-Hypovereinsbank-nichtig--Business-Combination-Agreement-als-Beherrschungsvertrag-zustimmungspflichtig-15659 (letzter Abruf: 05.12.2016).

149 Dem Kaufvertrag vom 12.9.2006 zwischen der HVB als Verkäuferin und der UniCredit als Käuferin der Aktien (113.989.900 Aktien) der Bank Austria wurde auf einer außerordentlichen Hauptversammlung am 25.10.2006 durch die Hauptversammlung zugestimmt.

150 Auch bezüglich des „Squeez-Out-Beschlusses" der ordentlichen Hauptversammlung vom 26./27.10.2006, trat der Sondervertreter der Anfechtungsklage einiger Minderheitsaktionäre bei. Vgl. hierzu LG München I, Urt. v. 28.8.2008 – 5 HK O 12861/07, ZIP 2008, 2124 (Leitsatz), sowie nachgehend OLG München, Beschl. v. 27.8.2009 – 7 U 4696/08 (soweit ersichtlich, nicht veröffentlicht).

151 Vgl. dazu den Verweis des OLG München, Beschl. v. 7.10.2008 – 7 W 1034/08, AG 2009, 119–121 auf den Schriftsatz vom 22.2.2008.

152 LG München I, Urt. v. 31.1.2008 – 5 HK O 19782/06, abzurufen unter http://betriebs-berater.ruw.de/wirtschaftsrecht/urteile/Hauptversammlungsbeschluesse-der-Hypovereinsbank-nichtig--Business-Combination-Agreement-als-Beherrschungsvertrag-zustimmungspflichtig-15659 (letzter Abruf: 05.12.2016).

erachtet.[153] Nach der Argumentation der Kammer kann die Möglichkeit eines Beitritts nicht von vornherein als unzulässig angesehen werden; insoweit komme es nicht darauf an, ob der Sondervertreter tatsächlich als „Dritter" anzusehen ist oder nicht.[154] Allerdings könne im vorliegenden Fall ein rechtliches Interesse nicht angenommen werden. Hierfür sei nämlich stets erforderlich, dass sich das rechtliche Interesse auf die Entscheidung des Streitgegenstandes beziehe. Ein rechtliches Interesse des besonderen Vertreters lasse sich unter Berücksichtigung des Streitgegenstandes nur bejahen, wenn die Entscheidung über die Anfechtungsklage Auswirkungen auf die Geltendmachung der Ersatzansprüche habe.[155] Dies sei hier jedoch nicht der Fall.[156]

Das OLG München[157] ging in dem Beschluss, der auf die sofortige Beschwerde des Sondervertreters erging, noch weiter. Durch fehlende Relevanz des Prozessergebnisses, bezogen auf die Stellung als besonderer Vertreter, also beispielsweise auf seine Informationsrechte, mangele es am rechtlichen Interesse im Sinne des § 66 ZPO.[158] Außerdem sei der Sondervertreter nicht nach § 50 ZPO parteifähig. Dies sei unabhängig von der Frage, ob der besondere Vertreter ein Organ der Gesellschaft ist oder nicht.[159] Die vorwiegend begriffsjuristische Argumentation

153 LG München I, Urt. v. 31.1.2008 – 5 HK O 19782/06, abzurufen unter http://betriebs-berater.ruw.de/wirtschaftsrecht/urteile/Hauptversammlungsbeschluesse-der-Hypovereinsbank-nichtig--Business-Combination-Agreement-als-Beherrschungsvertrag-zustimmungspflichtig-15659 (letzter Abruf: 05.12.2016), vgl. unter E.I. des Urteils.

154 LG München I, Urt. v. 31.1.2008 – 5 HK O 19782/06, abzurufen unter http://betriebs-berater.ruw.de/wirtschaftsrecht/urteile/Hauptversammlungsbeschluesse-der-Hypovereinsbank-nichtig--Business-Combination-Agreement-als-Beherrschungsvertrag-zustimmungspflichtig-15659 (letzter Abruf: 05.12.2016), vgl. unter E.I. des Urteils.

155 LG München I, Urt. v. 31.1.2008 – 5 HK O 19782/06, abzurufen unter http://betriebs-berater.ruw.de/wirtschaftsrecht/urteile/Hauptversammlungsbeschluesse-der-Hypovereinsbank-nichtig--Business-Combination-Agreement-als-Beherrschungsvertrag-zustimmungspflichtig-15659 (letzter Abruf: 05.12.2016), vgl. unter E.I. des Urteils.

156 LG München I, Urt. v. 31.1.2008 – 5 HK O 19782/06, abzurufen unter http://betriebs-berater.ruw.de/wirtschaftsrecht/urteile/Hauptversammlungsbeschluesse-der-Hypovereinsbank-nichtig--Business-Combination-Agreement-als-Beherrschungsvertrag-zustimmungspflichtig-15659 (letzter Abruf: 05.12.2016), vgl. unter E.I. des Urteils.

157 OLG München, Beschl. v. 7.10.2008 – 7 W 1034/08, AG 2009, 119–121.

158 OLG München, Beschl. v. 7.10.2008 – 7 W 1034/08, AG 2009, 119, 121.

159 OLG München, Beschl. v. 7.10.2008 – 7 W 1034/08, AG 2009, 119, 121.

über seine Organstellung in der Literatur sei wenig fruchtbar. Aus einer Bezeichnung als Organ könne weder eine Parteifähigkeit abgeleitet noch eine Aussage über den Umfang seiner Kompetenzen gemacht werden.[160] Eine analoge Anwendung des § 245 Nr. 4 AktG sei ebenfalls nicht gerechtfertigt. Hiergegen spreche nicht nur der Ausnahmecharakter der Bestimmung, es fehle auch an einer vergleichbaren Interessenlage.[161]

V. Zwischenergebnis

Der Überblick über die umfangreiche Rechtsprechung zum HVB/UniCredit-Fall verdeutlicht die Fülle an diskussionswürdigen Rechtsfragen zum Rechtsinstitut des besonderen Vertreters. Gerade die Notwendigkeit einer eindeutigeren Bestimmung in Bezug auf den Sondervertreter, sprich seiner Rechtsstellung, Rechte und Pflichten, war nach den Entscheidungen in Sachen HVB/UniCredit enorm. In der Folgezeit kam es zu einer Welle an Lösungsversuchen im Schrifttum.[162] Dabei wurden die unterschiedlichsten Meinungen vertreten, die im Rahmen dieser Arbeit im Einzelnen noch genauer dargestellt werden. Viele dieser Meinungen waren jedoch sehr punktuell auf einzelne Probleme im Zusammenhang mit dem besonderen Vertreter konzentriert. Aus diesem Grund fehlte lange eine ganzheitliche Stimmigkeit in der Gesamtbetrachtung der Literatur.[163] Dem soll im Folgenden weiter entgegengewirkt werden. Am Ende sollen die wichtigsten Rechtsfragen zum besonderen Vertreter geklärt und besonders die in den Urteilen zur HVB/UniCredit aufgetauchten und damit praktisch höchst relevanten Probleme zum Sondervertreter gelöst sein.

---

160 OLG München, Beschl. v. 7.10.2008 – 7 W 1034/08, AG 2009, 119, 121.

161 OLG München, Beschl. v. 7.10.2008 – 7 W 1034/08, AG 2009, 119, 121.

162 Vgl. dazu die umfassenden Darstellungen unter D,E,F und G.

163 Nach *Böbel* haben sich kürzlich lediglich *Humrich* und *Stallknecht* umfassend mit dem besonderen Vertreter befasst.

B. Die Bestellung des besonderen Vertreters

Der Bestellungsvorgang an sich ist einer der wenigen Dinge, die in § 147 AktG geregelt sind. Gleichzeitig begründet er die Grundlage zur Geltendmachung von Ersatzansprüchen durch einen besonderen Vertreter. Doch trotz der gesetzlichen Regelungen kann es auch hier zu größeren Problemen kommen. Wie durch den HVB/UniCredit-Komplex deutlich wurde, können insbesondere mögliche Stimmverbote den besonderen Vertreter zu einem starken Instrument der Minderheitsaktionäre machen.

I. Der Bestellungsvorgang im Überblick

Nach § 147 Abs. 2 AktG kann der besondere Vertreter entweder durch die Hauptversammlung (§ 147 Abs. 2 S. 1 AktG) oder gerichtlich (§ 147 Abs. 2 S. 2 AktG) bestellt werden. Aufgrund der Historie des besonderen Vertreters spielt die gerichtliche Bestellung dabei eine eher untergeordnete Rolle.[164] Obwohl der Gesetzgeber diese Art der Bestellung zum Schutze der Aktionärsminderheit vorgesehen hat, spricht schon die verschwindend geringe Zahl an bekannten Anwendungsfällen für sich.[165] Die Minderheitsaktionäre haben sich vielmehr im Wege der Bestellung durch die Hauptversammlung, unter Zuhilfenahme anderer aktienrechtlicher Regelungen, wie die Einzelklagebefugnis nach § 148 AktG oder Stimmverbote, Gehör verschafft. In diesem Zusammenhang werden insbesondere die Stimmverbote nach einem Überblick über die Bestellungsoptionen für einen besonderen Vertreter und der Einzelklagebefugnis von Aktionären im Rahmen der Anspruchsverfolgung genauer erörtert.[166]

II. Einzelheiten

1. Bestellung durch die Hauptversammlung (§ 147 Abs. 2 S. 1 AktG)

Besondere Vertreter können nach § 147 Abs. 2 S. 1 AktG durch Beschluss der Hauptversammlung mit einer einfachen Mehrheit nach § 133 Abs. 1 AktG

164 Vgl. dazu die Ausführungen unter A.II., die verdeutlichen, dass das Erfordernis eines zu hohen Quorums und die drohende Kostenlast zumeist zu hohe Hindernisse für Aktionärsminderheiten darstellten.

165 Zu den wenigen relevanten Fällen vgl. A.III.

166 Siehe unten B.III.

bestellt werden. Der Vorstand beziehungsweise Aufsichtsrat kann bei einem offensichtlichen Interessenskonflikt zwischen den Organen verpflichtet sein, der Hauptversammlung Gelegenheit zur Bestellung eines besonderen Vertreters zu geben.[167] Dadurch wird eine effektive und neutrale Durchsetzung von Ersatzansprüchen durch eine unabhängige Person gewährleistet.[168] Organwalter oder Aktionäre, gegen die sich die Rechtsverfolgung des besonderen Vertreters richten soll, unterliegen dabei in der Hauptversammlung einem Stimmverbot nach § 136 Abs. 1 S. 1 Alt. 3 AktG.[169] Bei der Bestellung eines Sonderprüfers nach § 142 AktG als vergleichbarem Bestellungsvorgang[170] ist dies beispielsweise – jedenfalls im Grundsatz[171] – anders.[172] Der als besonderer Vertreter zu Wählende darf hingegen, sofern er Aktionär ist, mitstimmen.[173] Dabei muss es sich bei der Person des besonderen Vertreters aber nicht um einen Aktionär handeln.[174] Es kann jede natürliche unbeschränkt geschäftsfähige Person[175] als besonderer Vertreter bestellt werden.[176] Auch können mehrere Personen als Sondervertreter bestellt werden,[177] worauf schon die im Plural ausgearbeitete Formulierung des § 147 Abs. 2 S. 1 AktG hinweist.[178] In dem Beschluss muss die für das Amt des besonderen Vertreters in Aussicht genommene Person bezeichnet werden.[179]

Die Bestellung kann zusammen mit dem Beschluss über die Geltendmachung der Ersatzansprüche nach § 147 Abs. 1 S. 1 AktG erfolgen, wobei dann

---

167 RG, Urt. v. 15.10.1926 – II 584/25, RGZ 114, 396, 399; Schmidt/Lutter-*Spindler*, § 147 AktG Rn. 13; *Hueck*, FS Bötticher, 197, 201.

168 RG, Urt. v. 15.10.1926 – II 584/25, RGZ 114, 396, 399; Schmidt/Lutter-*Spindler*, § 147 AktG Rn. 13; *Hueck*, FS Bötticher, 197, 201.

169 Schmidt/Lutter-*Spindler*, § 147 AktG Rn. 14; Spindler/Stilz-*Mock*, § 147 AktG Rn. 41; Hüffer/Koch-*Koch*, § 147 AktG Rn. 6; *Böbel*, Rechtsstellung, 75.

170 Mehr zum Sonderprüfer vgl. E.II.2.

171 Vgl. zu Ausnahmen bei Entlastungsbeschlüssen und bestimmten Rechtsstreitigkeiten § 142 Abs. 1 S. 2 AktG.

172 Zu den Unterschieden zum Sonderprüfer mehr unter E.II.2.

173 MüKo AktG-*Arnold*, § 147 Rn. 90; Hüffer/Koch-*Koch*, § 147 AktG Rn. 7.

174 Bürgers/Körber-*Holzborn/Jänig*, § 147 AktG Rn. 11; Hüffer/Koch-*Koch*, § 147 AktG Rn. 6.

175 Nach *Böbel*, Rechtsstellung, 82, dürfen Betreute im Sinne der §§ 76 Abs. 3 S. 2 Nr. 1, 100 Abs. 1 S. 2 AktG keine besonderen Vertreter sein.

176 Zur Person des besonderen Vertreters siehe auch unten B.II.3.

177 Hüffer/Koch-*Koch*, § 147 AktG Rn. 6; Schmidt/Lutter-*Spindler*, § 147 AktG Rn. 22.

178 Vgl. dazu ausführlich *Böbel*, Rechtsstellung, 80; *Ritter/Ritter*, AktG 1937, § 122 Nr. 6 b.

179 Großkomm. AktG-*Bezzenberger*, § 147 Rn. 43; Schmidt/Lutter-*Spindler*, § 147 AktG Rn. 14.

die Ankündigung der Beschlussfassung über die Geltendmachung in der Tagesordnung genügt.[180] Zweckmäßigerweise wird man indessen die Bestellung des besonderen Vertreters stets in die Tagesordnung aufnehmen.[181]

Die Bestellung bedarf der Annahme der jeweiligen Person, zu welcher jedoch auch für Aktionäre keine Pflicht besteht.[182]

2. Bestellung durch das Gericht (§ 147 Abs. 2 S. 2 AktG)

Hat die Hauptversammlung nach § 147 Abs. 1 S. 1 AktG mit einfacher Mehrheit die Geltendmachung von Ersatzansprüchen beschlossen, kann auch das Gericht unter den Voraussetzungen des § 147 Abs. 2 S. 2 AktG einen besonderen Vertreter bestellen.[183] Die Bestellung erfolgt hier gemäß § 147 Abs. 2 S. 2 AktG auf Antrag einer Aktionärsminderheit, deren Anteile zusammen den zehnten Teil des Grundkapitals oder den anteiligen Betrag von einer Million Euro erreichen. Der Antrag ist unzulässig, wenn das Quorum nicht erreicht wird.[184]

Diese Art der Bestellung ist dann von Bedeutung, wenn ein Wechsel des im Hauptversammlungsbeschluss benannten Sondervertreters vorgenommen werden soll oder eine Minderheit im Sinne des § 147 Abs. 2 S. 2 AktG andere als die nach den §§ 78, 112 AktG zur Geltendmachung berufene Personen bestellen möchte. Formell ist der Antrag der Aktionärsminderheit schriftlich oder zur Niederschrift der Geschäftsstelle zu stellen (§ 25 Abs. 1 FamFG).[185] Er ist nicht fristgebunden.[186] Lediglich das gesetzliche Quorum muss erreicht und nachgewiesen werden.[187] Materiell-rechtlich muss der Wechsel des von der Hauptversammlung bestellten besonderen Vertreters dem Gericht für eine gehörige Geltendmachung zweckmäßig erscheinen. Ob dies der Fall ist, entscheidet das Gericht nach pflichtgemäßem Ermessen[188] im Verfahren der freiwilligen Gerichtsbarkeit.[189]

---

180 Großkomm. AktG-*Bezzenberger*, § 147 Rn. 42; MüKo AktG-*Arnold*, § 147 Rn. 87.

181 Großkomm. AktG-*Bezzenberger*, § 147 Rn. 42; Bürgers/Körber-*Holzborn/Jänig*, § 147 AktG Rn. 10; MüKo AktG-*Arnold*, § 147 Rn. 87.

182 KK AktG-*Rieckers/Vetter*, § 147 Rn. 438; Bürgers/Körber-*Holzborn/Jänig*, § 147 AktG Rn. 11; Hüffer/Koch-*Koch*, §147 AktG Rn. 6.

183 Schmidt/Lutter-*Spindler*, § 147 AktG Rn. 15; Hüffer/Koch-*Koch*, § 147 AktG Rn. 8.

184 Schmidt/Lutter-*Spindler*, § 147 AktG Rn. 16; Hüffer/Koch-*Koch*, § 147 AktG Rn. 9; *Böbel*, Rechtsstellung, 152.

185 MüKo AktG-*Arnold*, § 147 Rn. 94.

186 Schmidt/Lutter-*Spindler*, § 147 AktG Rn. 16; MüKo AktG-*Arnold*, § 147 Rn. 94.

187 MüKo AktG-*Arnold*, § 147 Rn. 94.

188 MüKo AktG-*Arnold*, § 147 Rn. 97.

189 GroßKomm. AktG-*Bezzenberger*, § 147 Rn. 47; Schmidt/Lutter-*Spindler*, § 147 AktG Rn. 17; *Westermann*, AG 2009, 237, 239; zum Verfahren Bumiller/Harders/

Dabei wird nicht über mögliche Erfolgsaussichten der Klage, sondern lediglich darüber entschieden, ob ein Sachverhalt vorliegt, bei dem eine ordentliche Geltendmachung eher von einem besonderen Vertreter als von einem ursprünglich dafür zuständigen Organ erreicht werden kann.[190]

3. Person des besonderen Vertreters

Zur Auswahl des besonderen Vertreters gibt es keine gesetzlichen Vorgaben. Wie bereits angedeutet,[191] besteht Einigkeit darin, dass die Hauptversammlung, entsprechend den Anforderungen für Verwaltungsmitglieder (§§ 76 Abs. 3 S. 1, 100 Abs. 1 S. 1 AktG) jede unbeschränkt geschäftsfähige[192], natürliche Person bestimmen kann.[193] Eine juristische Person kommt als besonderer Vertreter nicht in Betracht.[194]

Grundsätzlich ist es möglich, auch ehemalige Vorstands- oder Aufsichtsratsmitglieder als Sondervertreter zu bestellen, wenn der Hauptversammlung dies sinnvoll erscheint.[195] Dies wird jedoch in der Regel nicht der Fall sein, da bei diesen eine erhöhte Gefahr der Befangenheit gegeben sein wird.[196] Es wird sogar die Möglichkeit, amtierende Mitglieder des Vorstands beziehungsweise des Aufsichtsrats als Sondervertreter zu bestellen, in Erwägung gezogen.[197] Hiergegen

---

Schwamp-*Bumiller/Harders*, § 375 FamFG Rn. 20; Haußleiter-*Schemmann*, § 375 FamFG Rn. 9; FamFG/Keidel-*Heinemann* § 375 Rn. 56.

190 KG Berlin, Beschl. v. 18.11.2004 – 1 W 185/04, AG 2005, 246, 247; OLG Frankfurt a.M., Beschl. v. 9.10.2003 – 20 W 487/02, AG 2004, 104, 105; GroßKomm. AktG-*Bezzenberger*, § 147 Rn. 46; FamFG/Keidel-*Heinemann* § 375 Rn. 56; MüKo FamFG-*Krafka*, § 375 Rn. 49; *Kling*, ZGR 2009, 190, 195; Schmidt/Lutter-*Spindler*, § 147 AktG Rn. 18; *Westermann*, AG 2009, 237, 239.

191 Siehe oben B.II.1.

192 MüKo AktG-*Arnold*, § 147 Rn. 59; nach *Böbel*, Rechtsstellung, 82, dürfen Betreute im Sinne der §§ 76 Abs. 3 S. 2 Nr. 1, 100 Abs. 1 S. 2 AktG keine besonderen Vertreter sein.

193 Bürgers/Körber-*Holzborn/Jänig*, § 147 AktG Rn. 11; GroßKomm. AktG-*Bezzenberger*, § 147 Rn. 43; MüKo AktG-*Arnold*, § 147 Rn. 59; Schmidt/Lutter-*Spindler*, § 147 AktG Rn. 22; Spindler/Stilz-*Mock*, § 147 AktG Rn. 72; *Verhoeven*, ZIP 2008, 245, 248.

194 Schmidt/Lutter-*Spindler*, § 147 AktG Rn. 22; Spindler/Stilz-*Mock*, § 147 AktG Rn. 72; a.A. *Verhoeven*, ZIP 2008, 245, 248; MüKo AktG-*Arnold*, § 147 Rn. 59.

195 Spindler/Stilz-*Mock*, § 147 AktG Rn. 72.

196 Spindler/Stilz-*Mock*, § 147 AktG Rn. 72; im Grundsatz sieht dieses Problem auch MüKo AktG-*Arnold*, § 147 Rn. 59.

197 Bürgers/Körber-*Holzborn/Jänig*, § 147 AktG Rn. 11; GroßKomm. AktG-*Bezzenberger*, § 147 Rn. 43; MüKo AktG-*Arnold*, § 147 Rn. 59; Schmidt/Lutter-*Spindler*, § 147 AktG Rn. 22; Hommelhoff/Hopt/v. Werder-*Bork*, HCG, 760.

spricht jedoch der Zweck der Regelung aus § 105 Abs. 1 AktG, nach der eine Zugehörigkeit zu Vorstand *und* Aufsichtsrat nicht vereinbar sind. Dies wäre zumindest faktisch bei einer Anspruchsverfolgung, zum Beispiel durch Aufsichtsratsmitglieder als Sondervertreter, der Fall. Hierbei könnten diese bei der Anspruchsverfolgung als Sondervertreter auch Vorstandsmitglieder „ersetzen" und faktisch wie ein Vorstandsmitglied tätig werden. Darüber hinaus erscheint auch hier höchst fraglich, ob ein amtierendes Organmitglied, dem eigentlich gerade die Geltendmachungskompetenzen genommen werden soll, die richtige Besetzung für die Position des besonderen Vertreters ist.

Es ist auch möglich, jedoch nicht zwingend, dass die Person, die als Sondervertreter bestellt werden soll, selbst Aktionär ist.[198] Wie auch jede andere Person ist der Aktionär nicht verpflichtet, die Position als besonderer Vertreter anzunehmen.[199] Handelt es sich bei dem zu bestellenden Aktionär jedoch um eine nach § 147 Abs. 1 AktG in Anspruch zu nehmende Person, ist diese freilich nicht als Sondervertreter zugelassen. Es empfiehlt sich, aufgrund der hohen Wahrscheinlichkeit einer klageweisen Geltendmachung der Ansprüche durch den Sondervertreter, eine fachlich geeignete Person zu bestellen.[200]

III. Stimmverbote und einheitliche Beschlussfassung beim Bestellungsvorgang als taktisches Mittel von Aktionärsminderheiten

Die für die zwingende Durchsetzung möglicher Ersatzansprüche nach § 147 Abs. 1 S. 1 AktG und der Bestellung eines besonderen Vertreters nach § 147 Abs. 2 S. 1 AktG benötigte einfache Stimmmehrheit, ist für Aktionärsminderheiten naturgemäß nur schwer zu erreichen, wenn dem Hauptaktionär nicht an einer Verfolgung von etwaigen Ansprüchen gelegen ist. Gerade beim Bestellungsvorgang des besonderen Vertreters können Stimmverbote für Minderheiten daher von besonderer Relevanz sein. [201] Stimmverbote können dabei zu einem

198 Bürgers/Körber-*Holzborn/Jänig*, § 147 AktG Rn. 11; GroßKomm. AktG-*Bezzenberger*, § 147 Rn. 43; MüKo AktG-*Arnold*, § 147 Rn. 59; Schmidt/Lutter-*Spindler*, § 147 AktG Rn. 22.

199 Bürgers/Körber-*Holzborn/Jänig*, § 147 AktG Rn. 11; GroßKomm. AktG-*Bezzenberger*, § 147 Rn. 43.

200 Bürgers/Körber-*Holzborn/Jänig*, § 147 AktG Rn. 11; MüKo AktG-*Arnold*, § 147 Rn. 59; Schmidt/Lutter-*Spindler*, § 147 AktG Rn. 22.

201 OLG München, Urt. v. 28.11.2007 – 7 U 4498/07, AG 2008, 172, 173 f.; LG München I, Urt. v. 4.10.2007 – 5 HK O 12615/07, ZIP 2007, 2420, 2423; *Nietsch*, ZGR 2011, 589, 602.

taktischen Mittel werden, um eigene Interessen im Rahmen des § 147 AktG auch gegen den Willen einer überragenden Aktionärsmehrheit durchzusetzen.

Der Fall der HVB/UniCredit hat beispielslos gezeigt, in welcher Form sich eine Aktionärsminderheit die Regelungen zu Stimmverboten nach § 136 AktG zu Nutzen machen können.[202] Durch die geschickte Verknüpfung der Regelung des § 136 AktG mit einer Blockabstimmung über mehrere Beschlüsse in der Hauptversammlung und dem Recht aus § 147 AktG[203] wurde letztgenannte Norm zum schlagkräftigen Instrument[204] einer Aktionärsminderheit.[205]

Inwiefern ein solches Manöver im Rahmen des § 147 AktG zulässig ist, soll im Folgenden am Beispiel der Rechtsprechung zur HVB/UniCredit genauer untersucht werden.

1. Die gerichtliche Entscheidung zur Beschlussfassung im Fall der HVB/UniCredit

Das zuständige OLG München[206] hat das „taktische Manöver" der Minderheitsaktionäre[207] – wie auch bereits die Vorinstanz[208] – gebilligt.[209] Dabei hat der Senat ausgeführt, dass der einheitliche Beschluss nicht etwa in rechtsmissbräuchlicher Weise herbeigeführt worden sei.[210] Ein Rechtsmissbrauch ergebe sich insbesondere nicht daraus, dass über die Geltendmachung von Ersatzansprüchen gegen verschiedene Anspruchsgegner in einem Abstimmungsvorgang entschieden worden und die UniCredit damit auch insoweit von der Abstimmung ausgeschlossen gewesen sei, als es um Ansprüche gegen Vorstand und Aufsichtsrat der HVB ging.[211] Das Stimmverbot nach § 136 Abs. 1 S. 1 Alt. 3 AktG bezwecke die Neutralisierung von Sonderinteressen eines Aktionärs, die ihrer Art nach typischerweise dazu führen, dass sich die Stimmabgabe nicht am Gesellschaftsinteresse,

---

202 Zum Sachverhalt vgl. oben A.IV.1.

203 Der Beschluss über die Geltendmachung von Ersatzansprüchen richtete sich sowohl gegen die Gesellschaftsorgane, als auch gegen den Mehrheitsaktionär, der dadurch von der Abstimmung ausgeschlossen war.

204 *Kropff*, FS Bezzenberger, 233, 248 f. spricht sogar von einer scharfen Waffe und einem scharfen Schwert.

205 *Verhoeven*, ZIP 2008, 245, 245 spricht vom „Clou" des Falls.

206 OLG München, Urt. v. 28.11.2007 – 7 U 4498/07, AG 2008, 172, 173 f.

207 *Verhoeven*, ZIP 2008, 245, 245 spricht von einem „Clou".

208 LG München I, Urt. v. 6.9.2007 – 5 HK O 12570/07, ZIP 2007, 1809, 1813 f.

209 OLG München, Urt. v. 28.11.2007 – 7 U 4498/07, AG 2008, 172, 173 f.

210 OLG München, Urt. v. 28.11.2007 – 7 U 4498/07, AG 2008, 172, 173 f.

211 OLG München, Urt. v. 28.11.2007 – 7 U 4498/07, AG 2008, 172, 173 f.

sondern am Eigeninteresse des Abstimmenden orientiere.[212] Dieser Normzweck komme aber ebenfalls zum Tragen, wenn wegen desselben Sachverhalts Ansprüche nicht nur gegen den Aktionär, sondern auch gegen Vorstand und Aufsichtsrat im Raum stünden.[213] Auch hier liege es nahe, dass der Aktionär im Eigeninteresse die Inanspruchnahme des Vorstands und/oder des Aufsichtsrats blockiere, weil sich mit der Durchsetzung solcher Ansprüche, etwa aufgrund der im Rahmen eines Rechtsstreits gewonnenen Erkenntnisse, mittelbar auch seine Rechtsposition verschlechtern könnte.[214]

2. Reichweite des Stimmverbots nach § 136 Abs. 1 S. 1, 3. Alt. AktG

Nach § 136 Abs. 1 S. 1, 3. Alt. AktG kann niemand für sich oder einen anderen das Stimmrecht ausüben, wenn darüber Beschluss gefasst wird, ob die Gesellschaft gegen ihn einen Anspruch geltend machen soll. Anders als beispielsweise § 142 Abs. 1 S. 2 AktG für den Fall des Sonderprüfers regelt § 147 Abs. 2 S. 1 AktG kein besonderes Stimmverbot für die Bestellung des besonderen Vertreters. Einigkeit besteht aber darüber, dass § 136 Abs. 1 S. 1, 3. Alt. AktG als allgemeiner Verbotstatbestand auch für den Sondervertreter anzuwenden ist.[215] Laut § 136 Abs. 1 S. 1, 3. Alt. AktG ist es dem Aktionär, gegen den sich der Anspruch richtet, verboten, selbst über eine Geltendmachung (etwa durch einen besonderen Vertreter) mitzustimmen.[216] Hierbei spielt es keine Rolle, ob der Aktionär in diesem Fall eine Hauptgesellschaft im Sinne von § 320 AktG, ein herrschendes Unternehmen nach §§ 17, 18 AktG oder gar Hauptaktionär nach § 327a AktG ist.

Zweifellos irrelevant ist es, ob bei der in § 136 Abs. 1 S. 1, 3. Alt. AktG beschriebenen Geltendmachung von Ansprüchen diese auch tatsächlich bestehen oder

---

212 OLG München, Urt. v. 28.11.2007 – 7 U 4498/07, AG 2008, 172, 173 f.; so auch Hüffer/Koch-*Koch*, § 136 AktG Rn. 1 m.w.N.

213 OLG München, Urt. v. 28.11.2007 – 7 U 4498/07, AG 2008, 172, 173 f.

214 OLG München, Urt. v. 28.11.2007 – 7 U 4498/07, AG 2008, 172, 173 f.; der Senat verwies ergänzend darauf, dass die Beschlussgegenstände auch deshalb zu einer einheitlichen Abstimmung hätten zusammengefasst werden können, weil kein anwesender Aktionär Widerspruch gegen dieses Vorgehen erhoben habe; vgl. auch BGH, Urt. v. 21.7.2003 – II ZR 109/02, ZIP 2003, 1788, 1789 mit Anm. *Radlmayr*, EWiR 2003, 1113, 1113 sowie LG München I, Urt. v. 15.4.2004 – 5 HKO 10813/03, ZIP 2004, 853, 854 mit Anm. *Just*, EWiR 2004, 521–522.

215 Hüffer/Koch-*Koch*, § 147 AktG Rn. 6; *Hüffer*, ZHR 2010, 642, 649; Hölters-*Hirschmann*, §147 AktG Rn. 5; MüKo AktG-*Arnold*, § 147 Rn. 90.

216 BGH, Urt. v. 20.1.1986 – II ZR 73/85, MDR 1986, 562, 563 (GmbH); *Hüffer*, ZHR 2010, 642, 649.

Aussicht auf Erfolg haben.[217] Zu beachten ist dabei jedoch, dass die Ansprüche im Geltendmachungsbeschluss zumindest hinreichend bestimmt worden sein müssen beziehungsweise nicht offensichtlich unbegründet sein dürfen.[218]

Zweifelhaft ist jedoch die Reichweite des Stimmverbots in den Sachverhalten, in denen sich die Ansprüche gegen den Vorstand oder Aufsichtsrat und gleichzeitig den Hauptaktionär richten.[219] Nach dem Wortlaut des § 136 Abs. 1 S. 1, 3. Alt. AktG besteht das Stimmrechtsverbot grundsätzlich nur insoweit, als darüber Beschluss gefasst wird, ob die Gesellschaft gegen einen betroffenen „Aktionär" einen Anspruch geltend machen soll. Dies könnte dafür sprechen, dass das Stimmverbot eben nicht die Ansprüche gegen andere Personen, beispielsweise den Vorstand oder Aufsichtsrat, erfasst.

Richtigerweise sind Stimmverbote schon wegen ihrer einschneidenden Wirkungen auf ein wesentliches Mitgliedschaftsrecht des Aktionärs eng auszulegen. Haben die verschiedenen Ansprüche, die geltend gemacht werden sollen, nichts miteinander zu tun, kann unter dem Deckmantel[220] einer gemeinsamen Beschlussfassung nicht die Stimmabgabe unliebsamer Aktionäre ausgeschlossen werden.[221] Besteht dagegen ein Zusammenhang, erstreckt sich ein Stimmverbot auch auf parallele Ansprüche. § 136 Abs. 1 AktG möchte der Gefahr vorbeugen, dass ein Aktionär bei einem Widerstreit zwischen Interessen der Gesellschaft und konkurrierenden persönlichen Interessen sein Stimmrecht zum Nachteil der Gesellschaft ausübt.[222] Eine solche von § 136 AktG bekämpfte Interessenkollision liegt aber auch vor, wenn das Schicksal des einen Anspruchs (gegen Vorstand und Aufsichtsrat) Auswirkungen auf das Schicksal des dem Stimmverbot unterliegenden Aktionärs hat.[223] Insoweit ist zu bedenken, dass die vom Hauptversammlungsbeschluss erfassten Organe und Aktionäre grundsätzlich gesamtschuldnerisch für ihre Pflichtverletzungen haften würden.[224] Aus dem

---

217 So auch *Nietsch*, ZGR 2011, 589, 603.

218 OLG München, Urt. v. 28.11.2007 – 7 U 4498/07, AG 2008, 172, 172. Siehe auch unten E.II.3.a).

219 Um eine Vergleichbare Konstellation handelt es sich, wenn es sich bei dem Aktionär um ein Mitglied des Vorstands oder Aufsichtsrats handelt. Vgl. hierzu auch OLG Hamm, Urt. v. 1.9.2010 – I-8 U 118/09, AG 2011, 90–92.

220 So MüKo AktG-*Arnold*, § 136 Rn. 15.

221 MüKo AktG-*Arnold*, § 136 Rn. 15; Spindler/Stilz-*Rieckers*, § 136 AktG Rn. 14.

222 BGH, Urt. v. 9.12.1968 – II ZR 57/67, NJW 1969, 841, 844.

223 Vgl. zur Problematik der Interessenskollision (hier bei einer Abstimmung zu § 142 AktG) auch OLG Hamm, Urt. v. 1.9.2010 – I-8 U 118/09, AG 2011, 90–92.

224 MüKo AktG-*Habersack*, § 116 Rn. 73.

Umstand, dass mehrere eine Leistung schulden (§§ 421 ff. BGB), folgt, dass jeder Schuldner zur Bewirkung der ganzen Leistung verpflichtet ist und dass bis zur Bewirkung der ganzen Leistung sämtliche Schuldner verpflichtet bleiben.[225] Angesichts dieser gesamtschuldnerischen Haftung hatte beispielsweise im HVB/UniCredit-Komplex die Geltendmachung von Ansprüchen gegen Vorstand und Aufsichtsrat der HVB auch unmittelbare Auswirkungen auf die Haftung der UniCredit als Aktionärin. Dies zeigt sich auch daran, dass bereits die Prüfung der Ansprüche gegen Vorstand und Aufsichtsrat nachteilige Beweisergebnisse für die Aktionärin UniCredit mit sich brachte.

In der Literatur finden sich zwar – soweit ersichtlich – zu der hier zu diskutierenden Frage keine ausdrücklichen Stellungnahmen. Für die vergleichbare Konstellation der Geltendmachung von Ansprüchen gegenüber mehreren Aktionären wird jedoch festgehalten, dass bei unterschiedlichen Ansprüchen eine getrennte Abstimmung zu erfolgen habe, die jeweils von der beschlussbegründenden Anspruchserhebung nicht betroffenen Aktionäre also mitstimmen dürfen. Handele es sich allerdings um ein und denselben Sachverhalt, unterlägen die Aktionäre auch bei einer getrennten Beschlussfassung dem Stimmverbot nach § 136 AktG bezüglich der Ansprüche gegen die anderen Aktionäre. Dementsprechend dürfe weder in der getrennten noch in der einheitlichen Beschlussfassung ein von ihm betroffener Aktionär mitwirken.[226] Dieser Vergleich unterstreicht, dass das Stimmverbot des § 136 Abs. 1 S. 1, 3. Alt. AktG auch die anderen geltend gemachten Ansprüche erfassen muss.

3. Zulässigkeit einer einheitlichen Abstimmung im Falle von Stimmverboten

Erörterungswürdig ist weiterhin, ob eine einheitliche Abstimmung (Blockabstimmung) über die Geltendmachung von Ansprüchen nicht nur gegen den Vorstand und Aufsichtsrat, sondern gleichzeitig auch gegen einen Hauptaktionär zulässig ist, um ein Stimmverbot des Aktionärs nach § 136 AktG auch auf die Geltendmachung von Ersatzansprüchen gegen den Vorstand und Aufsichtsrat auszudehnen.

Sinn und Zweck einer Blockabstimmung in der Hauptversammlung ist grundsätzlich die Straffung des Verfahrens bei zusammengehörigen

225 So auch LG München I, Urt. v. 4.10.2007 – 5 HK O 12615/07, ZIP 2007, 2420, 2423.

226 GroßKomm. AktG-*Grundmann*, § 136 Rn. 37; *Lochner/Beneke*, ZIP 2015, 2010, 2013; MüKo AktG-*Arnold*, § 136 Rn. 15; Spindler/Stilz-*Rieckers*, § 136 AktG Rn. 14; Hachenburg-*Schmidt*, § 47 GmbHG, Anm. 25b.

Beschlussgegenständen.[227] Allein das Argument des LG München I[228] und des OLG München[229], die Zusammenfassung der Abstimmungen als zulässig zu erachten, weil kein anwesender Aktionär Widerspruch gegen dieses Vorgehen erhoben habe, erscheint hierbei zu kurzsichtig. Vielmehr hätte nach der hier vertretenen Auffassung auch eine Einzelabstimmung bezüglich des Stimmverbots des Aktionärs keine anderweitige Auswirkung. Abzustellen ist bezüglich Stimmverboten bei gemeinsamen Beschlüssen nämlich nicht auf formelle Gesichtspunkte. Allein die Trennung von Abstimmungen bedeutet nicht zugleich, dass auch kein einheitlicher Beschlussgegenstand vorliegt. Vielmehr ist relevant, ob es sich materiell um eine gemeinsame Verfehlung von Vorstand/Aufsichtsrat und einem Aktionär handelt.[230] Im Falle des Bestellungsbeschlusses eines besonderen Vertreters wird es dementsprechend zu keiner Beschränkung des Stimmverbots allein durch die Herbeiführung einer Einzelabstimmung kommen.[231]

Besteht also ein Stimmverbot eines Aktionärs, müssten dessen Stimmen bei der Beschlussfassung über Ansprüche gegen Vorstand und Aufsichtsrat auch zwingend außen vor bleiben. Dabei spielt es letztlich keine Rolle, ob eine getrennte oder einheitliche Beschlussfassung erfolgt.

Im konkreten Fall der HVB/UniCredit bedeutet dies, dass auch bei einer getrennten Beschlussfassung wegen der Auswirkungen für die UniCredit das Stimmverbot für beide Abstimmungsvorgänge bestanden hätte. Dem OLG München ist daher zwar darin zuzustimmen, dass die einheitliche Beschlussfassung – im zu entscheidenden Fall – zulässig gewesen ist. Nicht überzeugend ist jedoch die Feststellung des Senats, dass dieser Weg lediglich als „nicht rechtsmissbräuchlich“ anzusehen war. Angesichts der Reichweite des Stimmverbots hätte nach der hier vertretenen Auffassung auch eine getrennte Abstimmung für die UniCredit keine Vorteile mit sich gebracht.

Da Stimmverbote – wie soeben dargestellt – bei einer Blockabstimmung keine Einschränkungen erfahren, ist im Sinne einer ökonomischen Vorgehensweise eine einheitliche Beschlussfassung weiterhin geboten.

---

227 *Nietsch*, ZGR 2011, 589, 605.

228 LG München I, Urt. v. 6.9.2007 – 5 HK O 12570/07, ZIP 2007, 1809, 1813.

229 OLG München, Urt. v. 28.11.2007 – 7 U 4498/07, AG 2008, 172, 173; ähnlich auch BGH, Urt. v. 21.7.2003 – II ZR 109/02, AG 2003, 625, 626.

230 BGH, Urt. v. 20.1.1986 – II ZR 73/85, MDR 1986, 562, 563 (GmbH); *Nietsch*, ZGR 2011, 589, 606; so auch *Verhoeven*, ZIP 2008, 245, 252. Anders wohl *Zöllner*, Schranken mitgliedschaftlicher Stimmrechtsmacht, 219.

231 So auch *Nietsch*, ZGR 2011, 589, 606; so wohl auch *Hüffer*, ZHR 2010, 642, 650.

C. Anstellung und Vergütung des besonderen Vertreters

Die Anstellung des besonderen Vertreters erfolgt in Form eines auf eine Dienstleistung gerichteten entgeltlichen Geschäftsbesorgungsvertrags (vgl. § 675 BGB) mit der Gesellschaft.[232] Der Annahme *Böbels*,[233] ein Vertragsverhältnis zwischen der Gesellschaft und dem besonderen Vertreter sei nicht nur überflüssig, sondern sogar unpassend, ist nicht zu folgen. Gegen *Böbels* Ansicht spricht, dass es im Aktiengesetz an jedweder Regelung über die Rechtsstellung der als Sondervertreter berufenen Person fehlt. Spezifische Regelungen zum Verhältnis zwischen beschäftigtem Sondervertreter und Gesellschaft, wie beispielsweise über die Vergütung des besonderen Vertreters, die über die wesentlichen Merkmale eines Bestellungsbeschlusses hinausgehen, bedürfen jedoch einer nachvollziehbaren Grundlage. Selbst wenn diese Regelungen nicht explizit in einem Anstellungsvertrag festgehalten würden, hätte die grundsätzliche Annahme eines Vertragsverhältnisses dennoch den Vorteil, dass diese Regelungen aus dem einschlägigen hypothetisch vorliegenden Vertragstyp, analog nachzuvollziehen wären.[234]

I. Angebot der Gesellschaft/Beginn des schuldrechtlichen Vertragsverhältnisses

Nach der überwiegenden Meinung im Schrifttum liegt im Bestellungsbeschluss der Hauptversammlung auch ein Angebot der Gesellschaft auf Abschluss eines Anstellungsvertrags des Sondervertreters.[235] Diese Auffassung beinhaltet, dass die Hauptversammlung die Willenserklärung für die Aktiengesellschaft abgibt.

---

232 Von der Grundlage eines Vertrages, der sich nach § 675 BGB, bestimmt auch ausgehend: GroßKomm. AktG-*Bezzenberger*, §147 Rn. 54; Heidel-*Lochner*, § 147 AktG Rn. 25; *Humrich*, Der besondere Vertreter, 136; MüKo AktG-*Arnold*, § 147 Rn. 86; Schmidt/Lutter-*Spindler*, § 147 AktG Rn. 23.

233 *Böbel*, Rechtsstellung, 67 ff.; zweifelnd auch *Schürnbrand*, Organschaft im Recht der privaten Verbände, 345.

234 *Schürnband*, Organschaft im Recht der privaten Verbände, 345.

235 GroßKomm. AktG-*Bezzenberger*, §147 Rn. 54; MüKo AktG-*Arnold*, § 147 Rn. 86; Heidel-*Lochner*, § 147 AktG Rn. 25; *Humrich*, Der besondere Vertreter, 136; Spindler/Stilz-*Mock*, § 147 AktG Rn. 46; a.A. *Böbel*, Rechtsstellung, 67 ff., der ein Vertragsverhältnis für überflüssig und unpassend hält; sowie *Schürnbrand*, Organschaft im Recht der privaten Verbände, 345, der an einem Geschäftsbesorgungsverhältnis zweifelt.

Dies entspricht dem allgemeinen Grundsatz der Bestellungs- und Anstellungskompetenz, der auf einem funktionalen Gleichlauf von Bestellung und Anstellung beruht.[236] Grundsätzlich ist zwar der Vorstand nach § 78 Abs. 1 S. 1 AktG zur Vertretung der Gesellschaft nach außen vorgesehen. Dennoch streitet für die Annahme einer in diesem Falle bestehenden Vertretungsmacht der Hauptversammlung der Umstand, dass in § 147 Abs. 2 S 1 AktG ähnlich wie im Falle des Sonderprüfers in § 142 Abs. 1 S 1 AktG ausschließlich von der Bestellung die Rede ist und dort eine entsprechende Annexkompetenz der Hauptversammlung zum Abschluss eines Prüfungsvertrags mit einem Sonderprüfer anerkannt ist.[237]

Die üblichen Vertretungsorgane können allerdings eine Botenfunktion ausfüllen, sofern die als besonderer Vertreter auserkorene Person z.B. erst nach der Hauptversammlung seine Willenserklärung zur Annahme des Angebots abgeben kann.[238] Eine eigene Willenserklärung durch beispielsweise den Vorstand ist in § 147 Abs. 2 AktG nicht vorgesehen. [239] Anders wäre auch der mit dem Rechtsinstitut des besonderen Vertreters verfolgte Zweck, Aktionären unabhängig von den Verwaltungsorganen die Geltendmachung von Ersatzansprüchen gegen über den selbigen einzuräumen, verfehlt.[240]

II. Annahme durch den besonderen Vertreter

Nach der hier vertretenen Ansicht kommt mit der Annahme des Angebots durch den Sondervertreter der Geschäftsbesorgungsvertrag zwischen beiden Parteien und damit die Anstellung zustande.[241] Die Annahme kann wie eben dargestellt, direkt von einer bei dem Beschluss anwesenden Person gegenüber der Hauptversammlung erfolgen. Daneben ist auch die Annahme in der Folgezeit auf die

---

236 BGHZ, 113, 237, 241 ff.; *Schmidt*, GesR, 14 III 2b; *Humrich*, Der besondere Vertreter, 135.

237 Großkomm AktG-*Mülbert*, Vor §§ 118–147 Rn. 22 m.w.N.; *Humrich*, Der besondere Vertreter, 135.

238 *Humrich*, Der besondere Vertreter, 136;

239 Ähnliche Überlegungen finden sich – allerdings im Falle des Sonderprüfers bei Hüffer/Koch-*Koch*, § 142 AktG Rn. 11.

240 So auch *Humrich*, Der besondere Vertreter, 135.

241 GroßKomm. AktG-*Bezzenberger*, §147 Rn. 54; MüKo AktG-*Arnold*, § 147 Rn. 86; Heidel-*Lochner*, § 147 AktG Rn. 25; Spindler/Stilz-*Mock*, § 147 AktG Rn. 74; a.A. *Böbel*, Rechtsstellung, 67 ff., der ein Vertragsverhältnis für überflüssig und unpassend hält; sowie *Schürnbrand*, Organschaft im Recht der privaten Verbände, 345, der an einem Geschäftsbesorgungsverhältnis zweifelt.

Versammlung auf dem Wege der Botenschaft oder gegenüber einem Vertreter möglich.

III. Inhalt: Essentialia Negotii

Der Inhalt des Geschäftsbesorgungsvertrags ergibt sich zum einen aus dem Bestellungsbeschluss und zum anderen aus den gesetzlichen Regelungen.[242] Grundsätzlich muss der Bestellungsbeschluss so bestimmt wie möglich sein, was selbstverständlich die *essentialia negotii* des Geschäftsbesorgungsvertrags miteinschließt. Bezüglich der näheren Bestimmung von Vertragskonditionen hat die Hauptversammlung aufgrund ihrer außerordentlichen Vertretungsmacht auch die Möglichkeit, diese auf den Vorstand oder Dritte zu übertragen.[243] Dies kann unter Umständen konkludent erfolgen, sofern der Hauptversammlungsbeschluss nicht alle für den Vertragsabschluss benötigten Einzelheiten umfasst.

Zur Ausfertigung des Vertrags ist grundsätzlich der Vorstand gemäß § 83 Abs. 2 AktG verpflichtet. Allerdings ist auch diese Befugnis durch die Hauptversammlung auf andere Personen übertragbar. Das gleiche gilt kongruent für einen gerichtlichen Beschluss nach § 147 Abs. 2 S. 2 AktG.

Die vertragswesentlichen Bestandteile sind im Falle des besonderen Vertreters in seinem Geschäftsbesorgungsvertrag erstens die genaue Bestimmung der Vertragsparteien, insbesondere der Person, die das Rechtsinstitut ausfüllen soll. Zweiter wesentlicher Bestandteil ist die Höhe der Vergütung des Walters des Instituts. Drittens muss die Dauer des schuldrechtlichen Vertragsverhältnisses zwischen der Gesellschaft und der Person des Sondervertreters bestimmbar sein, viertens die geschuldete Tätigkeit des besonderen Vertreters.

1. Vertragsparteien

Die Person, die das Rechtsinstitut des besonderen Vertreters im Sinne von § 147 Abs. 2 S. 1 AktG besetzen soll, muss als Vertragspartei genau wie die Gesellschaft exakt benannt sein. Hierin liegt auch die wichtigste Kompetenz der Hauptversammlung beziehungsweise der Aktionärsminderheit. Schließlich soll die benannte Person als außerordentlicher „Rechtsdurchsetzer" tätig werden. Der Geschäftsbesorgungsvertrag ist demnach mit der durch den Bestellungsbeschluss der Hauptversammlung oder durch gerichtlichen Beschluss berufenen

---

242 So auch MüKo AktG-*Arnold*, § 147 Rn. 86; Spindler/Stilz-*Mock*, § 147 AktG Rn. 74.

243 So auch bezüglich der vergleichbaren Problematik beim Sonderprüfer Hüffer/Koch-*Koch*, § 142 AktG Rn. 11.

Person zu schließen. Der Vertrag kommt zwischen der Gesellschaft und der Person des Sondervertreters zustande.

2. Vergütung

Im Falle einer Bestellung durch die Hauptversammlung kann die Vergütung den bereits gemachten Ausführungen entsprechend im Bestellungsbeschluss geregelt werden.[244] Die Vergütung ist in ihrer Höhe an der individuellen Qualifikation der Person, welche als Sondervertreter fungiert und am Umfang ihrer Tätigkeit zu bemessen (vgl. §§ 675, 612 Abs. 1 und 2 BGB).[245] Bei der Bemessung der Höhe der Vergütung kann § 113 Abs. 1 S. 3 AktG analog herangezogen werden.[246]

Durch § 147 Abs. 2 S. 5 AktG wird bestimmt, dass der besondere Vertreter im Falle einer gerichtlichen Bestellung von der Gesellschaft Ersatz angemessener barer Auslagen und eine Vergütung für seine Tätigkeit verlangen darf. Die Auslagen und Höhe der Vergütung werden gemäß § 147 Abs. 2 S. 6 AktG vom Gericht festgesetzt. Gegen die gerichtliche Entscheidung über die Festsetzung von Auslagen und Vergütung des Sondervertreters ist nach § 147 Abs. 2 S. 7 AktG die Beschwerde zulässig;[247] die Rechtsbeschwerde danach jedoch ausgeschlossen.[248] Der Festsetzungsbeschluss des bestellenden Gerichts beziehungsweise die Entscheidung des Beschwerdegerichts ist rechtskräftig und gemäß § 147 Abs. 2 S. 8 AktG im Wege der Zwangsvollstreckung nach der Zivilprozessordnung gegen die Gesellschaft vollstreckbar.

Nach herrschender Meinung kann der besondere Vertreter bei Beendigung der Bestellung grundsätzlich für die bis dahin erbrachten Leistungen auch eine entsprechende Vergütung verlangen.[249] Dies treffe allerdings nicht für den Fall zu, dass er die Abberufung selbst durch schuldhaftes oder vertragswidriges Handeln hervorgerufen habe.[250]

---

244 Explizit auch *Verhoeven*, ZIP 2008, 244, 255.

245 GroßKomm. AktG-*Bezzenberger*, §147 Rn. 63; Heidel-*Lochner*, § 147 AktG Rn. 26; Schmidt/Lutter-*Spindler*, § 147 AktG Rn. 38.

246 *Böbel*, Rechtsstellung, 94 ff.; Spindler/Stilz-*Mock*, § 147 AktG Rn. 126; a.A. *Verhoeven*, ZIP 2008, 244, 249.

247 Vgl. auch LG Mainz, Beschl. v. 8.4.2005 – 12 HKT 3/05 (soweit ersichtlich, nicht veröffentlicht).

248 Vgl. aber KG Berlin, Beschl. v. 18.11.2004 – 1 W 185/04, AG 2005, 246–247.

249 GroßKomm. AktG-*Bezzenberger*, § 147 Rn. 61; MüKo AktG-*Arnold*, § 147 Rn. 102; Spindler/Stilz-*Mock*, § 147 AktG Rn. 110 f.

250 GroßKomm. AktG-*Bezzenberger*, § 147 Rn. 61; Spindler/Stilz-*Mock*, § 147 AktG Rn. 110 f.

3. Dauer

Während sich die Vergütung des Sondervertreters teilweise aus dem Gesetz beziehungsweise aus den marktüblichen Grundsätzen der Vergütung eines fachlich kompetenten Amtswalters ergibt, ist hinsichtlich der Dauer des Anstellungsvertrags keine Regelung ersichtlich. Erörterungswürdig erscheint insbesondere das Schicksal des Anstellungsvertrags der Person, die als besonderer Vertreter tätig war. Laut herrschender Lehre wird, ohne dabei genauer auf Gründe dafür einzugehen, sowohl durch den Widerruf als auch durch eine Nichtigkeitserklärung der Bestellung zugleich das Geschäftsbesorgungsverhältnis beendet.[251] Dabei spricht lediglich *Bezzenberger* von einer im Bestellungsbeschluss liegenden rechtlichen Grundlage für das schuldrechtliche Vertragsverhältnis zwischen Gesellschaft und der das Rechtsinstitut ausfüllenden Person und liefert damit eine Begründung für seine These.[252]

Bayer und *Lieder* haben, wenngleich sie im Ergebnis der herrschenden Lehre zustimmen, eine andere Herleitung als *Bezzenberger*[253] für das oftmals gleichzeitige Ende von Bestellungs- und Anstellungsverhältnis.[254] So seien Bestellungs- und Anstellungsverhältnis für den besonderen Vertreter grundsätzlich streng voneinander zu trennen (Trennungsprinzip). Darüber hinaus sei auch die Fehlerhaftigkeit der beiden Rechtsverhältnisse unabhängig voneinander zu bestimmen (Abstraktionsprinzip).[255] Der praktische Regelfall, dass der Anstellungsvertrag das Schicksal des Bestellungsverhältnisses teilt, beruhe nicht auf der Verbindung beider Rechtsverhältnisse, sondern auf dem Prinzip der Fehleridentität, das für den besonderen Vertreter ebenso gelte wie für Geschäftsleiter. Anzunehmen sei Fehleridentität typischerweise, wenn der Bestellungsakt und das Angebot über den Abschluss des Anstellungsvertrags in einem einheitlichen – wenngleich unwirksamen – Beschluss zusammengefasst seien.[256]

Gehe man nach diesen Grundsätzen von der Unwirksamkeit des Anstellungsverhältnisses aus, fände auch für den Sondervertreter die Lehre vom fehlerhaften Anstellungsverhältnis Anwendung. Dies habe zur Folge, dass nicht etwa die Vorschriften über die Geschäftsführung ohne Auftrag gelten, sondern der

---

251 GroßKomm. AktG-*Bezzenberger*, § 147 Rn. 61; MüKo AktG-*Arnold*, § 147 Rn. 102; Schmidt/Lutter-*Spindler*, § 147 AktG Rn. 39; Spindler/Stilz-*Mock*, § 147 AktG Rn. 113.

252 GroßKomm. AktG-*Bezzenberger*, § 147 Rn. 60.

253 GroßKomm. AktG-*Bezzenberger*, § 147 Rn. 60.

254 *Bayer/Lieder*, NZG 2012, 1, 9.

255 *Bayer/Lieder*, NZG 2012, 1, 9.

256 *Bayer/Lieder*, NZG 2012, 1, 9.

Sondervertreter seine vertraglichen Pflichten so lange erfüllen müsse, wie ihm die Rechte aus dem Anstellungsverhältnis zustünden. Insbesondere müsse er sich also nicht mit einem Aufwendungsersatzanspruch nach §§ 683 S. 1, 670 BGB begnügen, sondern könne bis zur Beendigung die vertragliche geschuldete Vergütung verlangen. Dies sei wertungsmäßig schon deshalb angezeigt, weil er für diese Zeit auch den vertraglichen (und organschaftlichen) Pflichten unterliege und für Pflichtverstöße verantwortlich sei.[257]

Missbräuchlichen Beschlüssen, durch die besondere Vertreter eingesetzt werden und trotz späterer Aufhebung der Beschlussfassung dazu (hohe) Vergütungen gegenüber der Gesellschaft geltend machen, könne durch Maßnahmen des einstweiligen Rechtsschutzes entgegengewirkt werden.[258] Man könne also darauf vertrauen, dass zu Unrecht erfolgte Bestellungen von Sondervertretern durch Maßnahmen des einstweiligen Rechtsschutzes bis zur Entscheidung über die Hauptsache kurzfristig suspendiert würden.[259]

Bayer und *Lieder* verfolgen mit ihrer Argumentation des Trennungs- und Abstraktionsprinzips den richtigen Ansatz. Die Bestellung als Rechtsinstitut der Aktiengesellschaft und die Anstellung bei der Gesellschaft gilt es tunlichst zu unterscheiden. Zumindest sollte beides nicht so voneinander abhängig gemacht werden, dass mit der Abberufung des besonderen Vertreters im Sinne von § 147 Abs. 2 AktG auch der Anstellungsvertrag automatisch gekündigt wird.

Richtigerweise gehen Abberufung und Kündigung in der Praxis zwar zumeist Hand in Hand einher. Von einer Abberufung allerdings pauschal das Schicksal des Anstellungsvertrages abzuleiten, erscheint jedoch gewagt. Durch diese These setzt sich die überwiegende Mehrheit des Schrifttums über die grundlegenden Regeln und Prinzipien hinweg, die im Aktienrecht grundsätzlich für An- und Bestellung bestehen.[260] Hierzu zählen auch das Trennungs- und Abstraktionsprinzip. Die Ausführungen von *Bayer* und *Lieder* überzeugen bezüglich der Anwendung dieser Prinzipien auf den Sondervertreter. Das gesellschaftliche Rechtsinstitut aus § 147 Abs. 2 AktG muss deutlich von dem schuldrechtlichen Rechtsverhältnis der einzelnen Person getrennt behandelt werden. Es handelt sich um zwei grundverschiedene Rechtsverhältnisse, die sich gegenseitig zunächst nicht abbedingen können.

---

257 *Bayer/Lieder*, NZG 2012, 1, 9.

258 *Bayer/Lieder*, NZG 2012, 1, 9.

259 *Bayer/Lieder*, NZG 2012, 1, 9.

260 Vgl. hierzu für den Vorstand der Aktiengesellschaft Henssler/Strohn-*Dauner-Lieb*, § 84 Rn. 14; Hüffer/Koch-*Koch*, § 84 AktG Rn. 2; Spindler/Stilz-*Fleischer*, § 84 AktG Rn. 7; Schmidt/Lutter-*Seibt*, § 84 AktG Rn. 5.

Dabei darf freilich nicht außer Acht gelassen werden, dass die Person, welche die Funktion des besonderen Vertreters ausfüllt, im Bestellungsbeschluss genau zu bezeichnen ist.[261] Das Institut des Sondervertreters nach § 147 Abs. 2 AktG bleibt – anders als im Falle eines Organs der Gesellschaft[262] – nicht automatisch aufrechterhalten, sofern es zu einem personellen Wechsel kommt.[263] Dies würde eigentlich im Sinne der überwiegenden Literatur für eine quasi automatisch gleichzeitige Beendigung des Anstellungs- und Bestellungsverhältnisses und gegen eine getrennte Betrachtung sprechen. Sollte es allerdings zu einem Wechsel in der Person des Sondervertreters kommen müssen, weswegen die Bestellung bis zu einem neuen Bestellungsbeschluss aufgehoben würde, müsste sich mit der Kündigung des Anstellungsvertrags im Umkehrschluss auch die Bestellung aufheben lassen. Dies wäre ein klarer Verstoß gegen das aktienrechtliche Reglement, wonach zumindest ein Widerruf der Hauptversammlung oder ein gerichtlicher Beschluss für das Ende einer Bestellung vorliegen muss.[264]

Ein gleichzeitiges wenn auch unabhängiges Ende von Bestellung und Anstellung im Sinne der überwiegenden Auffassung des Schrifttums lässt sich aber aufgrund praktischer Erwägungen durchaus logisch begründen. Der Grund liegt in der vertraglichen Ausgestaltung des Geschäftsbesorgungsvertrages hinsichtlich der Dauer des Vertragsverhältnisses. Eine unbefristete Anstellung für den besonderen Vertreter erscheint aufgrund seines zeitlich begrenzten Erscheinens im Gefüge der Aktiengesellschaft abwegig. Es bestünde die abstrakte Gefahr, dass der besondere Vertreter alle Ansprüche durchgesetzt haben könnte und erst von einer ordentlichen Hauptversammlung deutlich später aus seinem Anstellungsvertrag entlassen werden würde. Folge wäre zumindest, dass die Vergütung in der Zwischenzeit ohne echte Gegenleistung weiter geschuldet wäre. Diesem Szenarium gilt es aus ökonomischen Gründen in der Praxis freilich vorzubeugen.

Denkbar wäre eine den Regelungen für Geschäftsleitungsorgane nachempfundene Lösung. Hier würde der Anstellungsvertrag des Sondervertreters zeitlich befristet werden.[265] Allerdings ist die zeitliche Dauer einer dem Auftrag entsprechenden Geltendmachung von Ersatzansprüchen durch den besonderen

---

261 Schmidt/Lutter-*Spindler*, § 147 AktG Rn. 14; *Wirth/Pospiech*, DB 2008, 2471, 2474; MüKo AktG-*Arnold*, § 147 Rn. 88.

262 Vgl. hierzu *Wolff*, Organschaft und Juristische Person, Bd. 2, 229 (dort insbesondere Fn 2).

263 So auch *Wirth/Pospiech*, DB 2008, 2471, 2474; a.A. MüKo AktG-*Arnold*, § 147 Rn. 67; *Kling*, ZGR 2009, 190, 213; siehe auch D.II.4.

264 Vgl. unten G.

265 Vgl. z.B. im Falle des Vorstands der Aktiengesellschaft § 84 Abs. 1 AktG.

Vertreter von vornherein nicht genau bestimmbar. Der Vertreter könnte im schlimmsten Fall seine Anstellung kurz vor Fertigstellung seiner Arbeit verlieren. Bei Vorstand und Aufsichtsrat stellt dies kein Problem dar, da in beiden Fällen durchaus spontan eine flexible vertragliche Lösung durch das jeweils zuständige Organ herbeigeführt werden könnte. Auch können entsprechende Aufgaben oftmals auch ohne größere Zäsuren von anderen Mitgliedern übernommen werden. Beim besonderen Vertreter nach § 147 Abs. 2 AktG bedürfte es in einem solchen Fall einer weitaus schwierigeren Vorgehensweise. Ein neuer Anstellungsvertrag müsste, wie bereits gesehen, Inhalt eines Hauptversammlungsbeschlusses oder eines gerichtlichen Beschlusses sein, welcher verständlicherweise nicht kurzfristig erfolgen kann. Den Geschäftsleitungsorganen fehlt es hier für eine schnelle Lösung an der nötigen Befugnis. Darüber hinaus ist es kaum vorstellbar, dass diese ein großes Interesse an der Aufrechterhaltung und Funktionstüchtigkeit des Instituts des Sondervertreters hätten. Wie bereits gesehen, sind gerade Vorstände und Aufsichtsräte Ziel einer Anspruchsverfolgung durch den besonderen Vertreter und somit naturgemäß nicht an dessen Unterstützung interessiert.

Sinnvoll wäre dementsprechend eine im Geschäftsbesorgungsvertrag festgelegte Zweckgebundenheit der Dauer des Schuldverhältnisses. Wird der Vertrag an den Zweck des § 147 AktG gekoppelt, endet die Geschäftsbesorgung mit der Durchsetzung der Ersatzansprüche automatisch. Möglich ausstehende Kostenfestsetzungsbeschlüsse, Wartezeiten auf letztinstanzliche Urteile oder ähnliche an die Durchsetzung geknüpfte zeitlich unabhängige Drittfaktoren fielen somit nicht zu Lasten der Aktiengesellschaft in die Vergütung des Sondervertreters.

In der Praxis wird der Anstellungsvertrag in der Regel wohl in Abhängigkeit vom Bestellungsbeschluss gestellt werden müssen. So wird im Geschäftsbesorgungsvertrag hinsichtlich der Dauer des schuldrechtlichen Verhältnisses eine zweckgebundene Vereinbarung festgeschrieben werden, welche den Anstellungsvertrag zeitlich begrenzt. Logischerweise wird diese zeitliche Grenze dort vereinbart werden, wo die Bestellung ihr Ende findet.[266] Daraus folgt weiterhin, dass dies, wie beispielsweise bei einer erfolgreichen Anfechtungs- oder Nichtigkeitsklage gegen den Bestellungsbeschluss, unter Umständen auch *ex tunc* wirken kann und so parallel ein fehlerhaftes Anstellungsverhältnis begründen würde. Hier muss jedoch wie bei der Geschäftsleitung auch die Lehre vom

266 Zur Beendigung der Bestellung siehe unten G.

faktischen Arbeitsverhältnis gelten.[267] Eine Vergütung des besonderen Vertreters hat dementsprechend je nach bis dahin geleisteten Diensten zu erfolgen.[268]

Einen dogmatischen Rückgriff auf die Konstruktion einer Fehleridentität, wie es *Bayer* und *Lieder* annehmen, bedarf es aufgrund der praktischen Lösung des zweckgebundenen Anstellungsvertrags somit nicht zwingend. Ein weitergehendes Interesse der Gesellschaft, den Vertrag mit dem besonderen Vertreter über den Zeitpunkt der Beendigung des Bestellungsverhältnisses hinaus zu schließen, ist nicht ersichtlich.

4. Geschuldete Tätigkeit des besonderen Vertreters

Freilich ist auch die vom besonderen Vertreter geschuldete Tätigkeit Vertragsbestandteil. Hier kann allerdings einfach auf die im Bestellungsbeschluss bezeichneten und geltend zu machenden Ersatzansprüche verwiesen werden.[269]

---

267 Vgl. zur Lehre vom faktischen Arbeitsverhältnis auch BAG, Urt. v. 5.12.1957 - 1 AZR 594/56, NJW 1958, 516–517; BAG, Urt. v. 14.1.1987 - 5 AZR 166/85, NVwZ 1988, 966–967; Däubler ArbR-*Kreuder*, § 611 BGB Rn. 219; ErfK-*Preis*, § 611 BGB Rn. 145; Tschöpe-*Wisskirchen/Bissels*, 1. Teil, C., Rn. 271 f.; *Walker*, JA 1985, 138, 147 f.; a.A. *Beuthien*, RdA 1969, 161, 161 ff.

268 Auflistungen der möglichen Auslagen eines besonderen Vertreters finden sich bei *Verhoeven*, ZIP 2008, 245, 249; sowie *Westermann*, AG 2009, 237, 247.

269 Siehe dazu E.II.3.a).

D. Rechtsstellung des besonderen Vertreters / Organ der Gesellschaft?

Von größter Bedeutung ist auch die Rechtsstellung des besonderen Vertreters. Hierbei stellt sich insbesondere die Frage, ob der besondere Vertreter ein Organ der Aktiengesellschaft ist oder nicht. Im Jahr 2011 hat sich der BGH[270] nach langen Diskussionen in Rechtsprechung und Schrifttum zu einer möglichen Organstellung geäußert. Der BGH attestierte dem besonderen Vertreter eine Organqualität im Rahmen seines Auftrags und hielt an dieser Ansicht auch in seinen Folgeentscheidungen fest.[271] Dabei ging der BGH bis heute nicht zufriedenstellend auf die Gründe für diese Beurteilung ein. Er verwies seinerzeit lediglich auf die Rechtsprechung des RG[272] und die im Zusammenhang mit dem HVB/UniCredit-Komplex stehende Literatur.[273] Das jedoch sowohl die Rechtsprechung des RG, als auch ein Großteil der Literatur selbst nur wenig überzeugend argumentierten, blieb somit unberücksichtigt.

Es scheint, als sollte der anhaltenden Diskussion ein abruptes Ende beschert werden. Trotz oder gerade aufgrund dieser höchstrichterlichen Entscheidung bleibt das Thema der Organstellung des Sondervertreters nicht weniger kontrovers. Zu klären gilt es, ob der BGH mit seiner jüngsten Entscheidung zur Organstellung nicht nur einen gordischen Knoten zerschlagen, sondern auch eine dem Rechtsinstitut des besonderen Vertreters gerecht werdende Entscheidung gefällt hat.

I. Orientierung am Stellvertretungsrecht der §§ 164 ff. BGB?

Eine Orientierung zur Bestimmung der Rechtsstellung des Sondervertreters am Stellvertretungsrecht der §§ 164 ff. BGB ist von vornherein verfehlt. Trotz der Bezeichnung als „besonderer Vertreter" darf nicht von einer Vertretung im Sinne der Stellvertretung nach § 164 ff. BGB oder gar einem gesetzlichen

---

270 BGH, Beschl. v. 27.9.2011 – II ZR 225/08, AG 2011, 875, 876.

271 BGH, Beschl. v. 27.9.2011 – II ZR 225/08, AG 2011, 875, 876; ebenso BGH, Urt. v. 18.6.2013 – II ZA 4/12, AG 20113, 634, 634; BGH, Urt. v. 28.4.2015 – II ZB 19/14, AG 2015, 564, 565.

272 Siehe oben A.III.1.

273 Vgl. hierzu die herangezogenen Nachweise des Gerichts in BGH, Beschl. v. 27.9.2011 – II ZR 225/08, AG 2011, 875 ff.

Vertreter der Aktiengesellschaft gemäß § 78 AktG ausgegangen werden. Erfasst werden durch die § 164 ff. BGB nur Handlungen für eine Person beziehungsweise durch § 78 AktG eine Gesellschaft im Außenverhältnis zu Dritten. Die Position innerhalb des Verbandes zu anderen Gesellschaftsorganen ist durch diese Art der Stellvertretung nicht erfasst.[274] Die Orientierung am Recht der Stellvertretung wäre rechtsdogmatisch einseitig und ist dementsprechend nicht heranzuziehen.[275]

II. Alternative Ansätze

Neben dem ungenügenden Versuch einer Herleitung der Rechtsstellung des Sondervertreters aus dem Stellvertretungsrecht der §§ 164 ff. BGB bieten insbesondere Rechtsprechung und Literatur eine Fülle an vielversprechenden Herleitungsansätzen.

1. Frühere Rechtsprechung und Literatur

Erstmals hat sich das Reichsgericht mit dieser Materie auseinandergesetzt.[276] Dessen II. Zivilsenat hat damals die Organstellung neben der gesetzlichen Vertretungsbefugnis des besonderen Vertreters zur Geltendmachung von Ersatzansprüchen im Namen der Gesellschaft nicht ausdrücklich bejaht. Er hat, wie bereits dargestellt, dem Sondervertreter lediglich gewisse Annexkompetenzen zur Geltendmachung von Ersatzansprüchen zugesprochen.[277] Dennoch wurde im Folgenden von der Literatur eine Organstellung des besonderen Vertreters in die zugegebenermaßen sehr großzügigen Ausführungen des RG bezüglich der Rechte des besonderen Vertreters hineininterpretiert.[278] Es entwickelte sich nicht nur eine herrschende Meinung im Schrifttum,[279] sondern auch der BGH[280]

274 So auch *Kling*, ZGR 2009, 190, 209.

275 *Schürnbrand*, Organschaft im Recht der privaten Verbände, 21; *Kling*, ZGR 2009, 190, 209.

276 RG, Urt. v. 4.11.1913 – Rep. II 297/13, RGZ 83, 248.

277 RG, Urt. v. 4.11.1913 – Rep. II 297/13, RGZ 83, 248.

278 So auch *Verhoeven*, ZIP 2008, 245, 246.

279 GroßKomm. AktG-*Bezzenberger*, § 147 Rn. 52; Hommelhoff/Hopt/v.Werder-*Bork*, HCG, 762; Schmidt/Lutter-*Spindler*, § 147 AktG Rn. 23; Spindler/Stilz-*Mock*, § 147 AktG Rn. 91; KK AktG-*Rieckers/Vetter*, § 147 Rn. 515; MüKo AktG-*Arnold*, § 147 Rn. 67; Heidel-*Lochner*, § 147 AktG Rn. 24; *Dauner-Lieb/Winnen*, FS Kanzleiter, 119, 131; a.A. lediglich *Teichmann*, FS Mühl, 663, 679, der den besonderen Vertreter als Prozessstandschafter einordnet.

280 BGH, Urt. v. 18.12.1980 – II ZR 140/79, ZIP 1981, 178.

schloss sich der Ansicht an und ging von einer Organstellung des besonderen Vertreters aus.[281] Erst kürzlich hat der BGH[282] aufs Neue ausdrücklich an dieser Entscheidung festgehalten. Der Senat hat damit wiederum bestätigt, dass der besondere Vertreter seiner Meinung nach im Rahmen seines Aufgabenkreises Organqualität besitzt.

2. Ablehnende Auffassung des OLG München

Der BGH blieb sich mit seinen Entscheidungen zur Organstellung des Sondervertreters treu. Jedoch wurde dieser strikten Auffassung in der übrigen Rechtsprechung nicht ohne Weiteres zu jeder Zeit gefolgt. Mit dem OLG München[283] hat erstmals ein Gericht die Frage einer Organstellung des besonderen Vertreters verneint und damit entgegen der herrschenden Meinung in der Literatur und der vorhergehenden Gerichtsurteile entschieden. Der Senat führt dazu aus, dass nach § 147 AktG der besondere Vertreter lediglich bestellt sei, um die Gesellschaft bei der prozessualen und außerprozessualen Durchsetzung von Ersatzansprüchen zu vertreten. Von einer solchen Vertretung nach außen hin seien Geschäftsführungsbefugnisse wie zum Beispiel Leitungs-, Direktions-, Hausrechte etc. im Innenverhältnis der Gesellschaft zu unterscheiden. Solche Befugnisse seien dem besonderen Vertreter weder durch § 147 AktG gegeben noch seien sie mittelbar aus dem Bestehen einer Vertretungsmacht zu erschließen. Dies beinhalte, dass der besondere Vertreter sich keineswegs Informationen selbst beschaffen könne, weil er im Rahmen seines Tätigkeitsbereichs an die Stelle des Vorstands trete, und er somit beispielsweise das Recht habe, ungehindert Geschäftsräume zu betreten und von Mitarbeitern die Aushändigung von Unterlagen zu verlangen. Wenn man dem besonderen Vertreter innerhalb der Gesellschaft eine dem Vorstand ähnliche Organstellung zubillige, würde dies zudem zu schwerwiegenden Eingriffen in die Struktur und Organisation der Gesellschaft führen und wäre mit erheblichen praktischen Schwierigkeiten verbunden.[284] So wäre es etwa Mitarbeitern der jeweiligen Gesellschaft nicht zuzumuten, zu entscheiden, ob sie im Streitfall der Weisung des Vorstands oder der des besonderen Vertreters zu folgen haben. Ebenso könnten zum Beispiel gravierende Konflikte mit innerhalb der Gesellschaft bestehenden Berichtsstrukturen, mit betriebsverfassungsrechtlichen Rechten der Arbeitnehmerschaft oder mit Sicherheitsaspekten entstehen.

---

281 BGH, Urt. v. 18.12.1980 – II ZR 140/79, ZIP 1981, 178, 179.
282 BGH, Urt. v. 28.4.2015 – II ZB 19/14, AG 2015, 564, 565.
283 OLG München, Urt. v. 28.11.2007 – 7 U 4498/07, AG 2008, 172–176.
284 OLG München; Urt. v. 28.11.2007 – 7 U 4498/07, AG 2008, 172, 176.

Insgesamt wäre ein innerhalb des Unternehmens neben der Unternehmensleitung für einen bestimmten Tätigkeitsbereich agierender weiterer „Vorstand" ein Fremdkörper.[285]

3. Rezeption in der jüngeren Literatur

In der jüngeren Literatur wurde gerade diesem Urteil des OLG München teilweise vehement widersprochen.[286] Hier tat sich zunächst *Verhoeven*[287] hervor. Er sieht in der Entscheidung des Senats über die Rechtsstellung des besonderen Vertreters eine Aushöhlung des Instituts bis zur Bedeutungslosigkeit. Er vertritt entgegen dem Senat die Ansicht, das Gericht hätte dem besonderen Vertreter durch die Bejahung einer Organstellung im Sinne eines Vorstands- oder Aufsichtsratsmitglieds umfassende Rechte einräumen können, um dadurch beispielsweise Auskunfts- und Ermittlungsrechte aus ihrer Organstellung zu erlangen, die zwingend notwendig gewesen wären, um Sachverhalte aufzuklären. Dies wäre wiederum erforderlich, um die gegebenen Ersatzansprüche auch wirklich durchsetzen zu können.[288]

Verhoeven macht unmissverständlich klar, dass er mit dem besonderen Vertreter ein zusätzliches Organ mit umfassenden Rechten installiert wissen möchte. Dieses Rechtsinstitut sollte seiner Meinung nach sogar mit Ermittlungsrechten wie ein Staatsanwalt ausgestattet sein.[289] Über die Forderung nach umfassenden Ermittlungsrechten versucht *Verhoeven* eine Parallele zwischen Vorstand/Aufsichtsrat sowie dem Sondervertreter herzustellen und quasi in einer Art Analogie den besonderen Vertreter zu einem gleichwertigen Rechtsinstitut respektive einem Organ emporzuheben. Dabei geht er in seiner Argumentation hauptsächlich auf die vom OLG München verwehrten Rechte für den Sondervertreter ein.[290] Aber auch zur explizit auf die Organstellung des besonderen Vertreters gerichteten Argumentation des OLG München äußert er sich. So kritisiert er den Standpunkt des Gerichts, ein Sondervertreter als Organ wäre ein Fremdkörper und würde zu schwerwiegenden Eingriffen in die Struktur und Organisation der Gesellschaft mit der Gefahr erheblicher praktischen Schwierigkeiten

---

285 OLG München; Urt. v. 28.11.2007 – 7 U 4498/07, AG 2008, 172, 176.

286 *Mock*, DB 2008, 393, 395 und *Verhoeven* ZIP 2008, 245, 246 mit ablehnenden Urteilsanmerkungen; dem OLG München zustimmend *Wirth/Pospiech*, DB 2008, 2471, 2475.

287 *Verhoeven*, ZIP 2008, 245, 255.

288 *Verhoeven*, ZIP 2008, 245, 246.

289 *Verhoeven*, ZIP 2008, 245, 246.

290 Vgl. hierzu *Verhoeven*, ZIP 2008, 245, 246 f.

führen, indem er darauf hinweist, dass dies auch bei anderen Organen der Fall sein könne. Denn auch wenn ein Aufsichtsrat seine Ermittlungstätigkeit wegen Ersatzansprüchen gegen einen Vorstand ernst nehme und wie ein Staatsanwalt ermittle, könne von einer vertrauensvollen Zusammenarbeit nicht mehr die Rede sein. Dies bringe allein der Umstand mit sich, dass Ersatzansprüche gegen den Vorstände und Aufsichtsratsmitglieder durchzusetzen seien und habe nichts mit dem Institut des Sondervertreters zu tun. Sicher sei ein Sondervertreter ein „Fremdkörper" im Unternehmen, dies beruhe aber allein auf seiner Aufgabe. Ermittle der Aufsichtsrat, sei das nicht anders, zumal von der internen Struktur der Gesellschaft her selbst die Mitglieder des Aufsichtsrats außenstehende Dritte seien, jedenfalls solange sie nicht aus dem Vorstand in den Aufsichtsrat übergewechselt seien.[291] Deshalb seien diese Bedenken des Senats keine Argumente, dem Sondervertreter auch gesellschaftsintern die Organrechte abzusprechen, wie sie einem ermittelnden Aufsichtsrat zustehen.[292]

Mock[293] schließt sich *Verhoevens* Meinung an und sieht durch das Urteil des OLG München dem besonderen Vertreter jegliche Möglichkeit genommen, Ersatzansprüche durchzusetzen.[294] Dabei stellt zwar auch *Mock* seine Argumentation diesbezüglich zunächst auf die aus einer fehlenden Organstellung mangelnden Ermittlungsrechte des Sondervertreters ab.[295] Im Weiteren widerspricht er jedoch auch der Begründung des OLG München hinsichtlich der Unvereinbarkeit einer Organstellung des besonderen Vertreters mit der Systematik der Aktiengesellschaft. So sei die Annahme der Möglichkeit der Bestellung eines Vertreters der Gesellschaft durch die Hauptversammlung und nicht die Annahme einer Organstellung des besonderen Vertreters ein Fremdkörper in der Organisationsverfassung der Aktiengesellschaft. Die Organisationsverfassung der Aktiengesellschaft sei gerade davon geprägt, dass die Hauptversammlung weder das oberste Organ der Gesellschaft sei noch die Gesellschaft nach außen hin vertreten könne. Genau dies geschehe aber, wenn es sich bei dem besonderen Vertreter lediglich um einen Vertreter zur prozessualen und außerprozessualen Durchsetzung der Ersatzansprüche handele. Die Organstellung des besonderen Vertreters füge sich hingegen in das organisationsrechtliche Konzept der Aktiengesellschaft ein, indem die Hauptversammlung lediglich die Kompetenz zur

---

291 Hierzu weist er darauf hin, dass der Corporate Governance Kodex genau dies verhindern will.

292 *Verhoeven*, ZIP 2008, 245, 247 f.

293 *Mock*, DB 2008, 393, 395 f.

294 *Mock*, DB 2008, 393, 395.

295 *Mock*, DB 2008, 393, 395.

Bestellung der Mitglieder eines anderen Prüfungs- und Überwachungsorgans habe (vgl. § 119 Abs. 1 AktG). Anderenfalls müsse man konsequenterweise auch ein Weisungsrecht der Hauptversammlung gegenüber dem besonderen Vertreter annehmen, was aber der Zielsetzung einer unabhängigen Geltendmachung von Ersatzansprüchen im Interesse der Gesellschaft gerade zuwiderliefe und im Übrigen auch vom OLG München selbst abgelehnt werde.[296]

Kling[297] qualifiziert den besonderen Vertreter ebenfalls als Organ der Gesellschaft und begründet dies ähnlich wie *Mock*. Auch nach *Kling* wird die Einordnung als gesetzlicher Vertreter der Gesellschaft, die das Außenverhältnis zu Dritten zutreffend kennzeichne, dem besonderen Vertreter mit Blick auf das Innenrecht der Aktiengesellschaft nicht gerecht.[298] Schließlich bezeichne man ungeachtet der gesetzlichen Vertretungsregeln in den §§ 78, 112 AktG Vorstand und Aufsichtsrat nicht nur als gesetzliche Vertreter, sondern eben auch ganz richtig als Gesellschaftsorgane. Der Sondervertreter sei im Außenverhältnis gesetzlicher Vertreter der Aktiengesellschaft, soweit er Ersatzansprüche der Gesellschaft geltend mache. Er sei aber auch Gesellschaftsorgan, weil er im Rahmen seines gesellschaftsinternen Zuständigkeitsbereichs die normalerweise für die Geltendmachung von Ersatzansprüchen zuständigen Organe – also Vorstand und Aufsichtsrat – verdränge. Dem besonderen Vertreter könne die Organstellung insbesondere nicht mit Blick auf seine Weisungsabhängigkeit von der Hauptversammlung abgesprochen werden. Denn die Weisungsfreiheit sei ganz allgemein kein Merkmal der Organstellung. Dies zeige die Stellung des Geschäftsführers der GmbH, der unstreitig Organ sei, obgleich er den Weisungen der Gesellschaft unterliege.[299]

Kling[300] legt seiner gesamten Argumentation die Lehre der modernen Organtheorie von *Wolff*[301] zugrunde, womit er die umfangreichen Ausführungen von *Böbel*[302] ergänzt. *Böbel*[303] führte bereits aus, dass *Wolff* in seiner grundlegenden Arbeit „Organschaft und Juristische Person" die Auseinandersetzung zwischen

---

296 *Mock*, DB 2008, 393, 395 f.

297 *Kling* ZGR 2009, 190, 212.

298 *Kling* verweist dabei darauf, dass ihm dies im Außenverhältnis natürlich nicht die Stellung als gesetzlicher Vertreter im Sinne des § 51 Abs. 1 ZPO nehme.

299 *Kling*, ZGR 2009, 190, 212.

300 Zum Organbegriff: *Kling*, ZGR 2009, 190, 209–211.

301 Im Einzelnen dazu näher *Wolff*, Organschaft und Juristische Person, Bd. 2, 224 ff.

302 Vgl. hierzu besonders *Böbel*, Rechtsstellung, 129 ff.

303 *Böbel*, Rechtsstellung, 131 ff.

organischen und anorganischen Theorien aufgegriffen und analysiert habe.[304] Die entstandene Unschärfe des Organbegriffs habe *Wolff* beseitigt, indem er den Begriff des „Organs" um den des „Organwalters" ergänzte: Unter „Organ" verstehe er – an die anorganischen Theorien anknüpfend – den von einer Organisation begründeten und eingerichteten Kompetenz- oder Zuständigkeitskomplex, als „Organwalter" bezeichne er diejenige(n) physische(n) Person(en), die die im Organ zusammengefassten Kompetenzen für den Personenverband wahrnehme beziehungsweise wahrnehmen.[305] Die von *Wolff* verwendete Terminologie sowie die hinter ihr stehende Unterscheidung hätten sich zwischenzeitlich im öffentlichen Recht durchgesetzt, seien aber – wie er ausdrücklich betone – Ausdruck eines alle juristischen Personen, also auch die des Privatrechts, einbeziehenden Konzeptes.[306]

Im Unterschied zu den Vertretern der organischen wie anorganischen Theorien sehe *Wolff* die Organschaft rechtstheoretisch nicht als Gegensatz zur Vertretung im herkömmlichen Sinne. Er begreife vielmehr Organschaft, gewillkürte Stellvertretung und – die zwischen beiden einzuordnende – gesetzliche Vertretung nur als spezielle Unterformen einer Vertretung im weiteren Sinne. Unter diesem Oberbegriff seien seiner Ansicht nach alle drei Zurechnungsformen zusammenzufassen, weil sie – rechtstheoretisch – alle dieselbe Grundstruktur aufweisen: Bei allen sei zu unterscheiden zwischen der jeweils handelnden natürlichen Person – dem Organwalter bzw. (Stell-)Vertreter –, dem von der handelnden Person wahrgenommenen Amt – dem durch Organisationsform bzw. Gesetz bzw. Rechtsgeschäft begründeten Kompetenzkomplex – und dem von der handelnden Person verschiedenen Zurechnungsendpunkt des Handelns – der „vertretenen" juristischen bzw. natürlichen Person.[307]

Das maßgebende Unterscheidungsmerkmal der drei Zurechnungsformen liegt seiner Ansicht nach in der „Quelle der Vertretungsbefugnis" des Handelnden: Gewillkürte Stellvertretung liege vor, wenn die Vertretungsbefugnis auf ein Rechtsgeschäft nach Maßgabe der „Allgemeinen Rechtsordnung" zurückzuführen sei, gesetzliche Vertretung sei gegeben, wenn die Vertretungsbefugnis auf Gesetz oder behördliche Bestellung (Eltern, Vormund etc.) zurückzuführen sei, und um organschaftliche Vertretung schließlich handele es sich, wenn die

---

304 Vgl. zu „organischen und anorganischen Theorien" *Böbel*, Rechtsstellung, 129 ff. m.w.N.

305 *Böbel*, Rechtsstellung, 132.

306 *Böbel*, Rechtsstellung, 132.

307 *Böbel*, Rechtsstellung, 132.

Vertretungsbefugnis des Handelnden auf die „Organisation" eines Personenverbandes – also dessen Satzung einschließlich der ergänzenden, zwingenden gesetzlichen Vorschriften – zurückzuführen sei.[308] *Böbel*[309] verweist in diesem Zusammenhang weiter auf die Ausführungen von *Wolff*: „Ob jemand, der Angelegenheiten der Personenvereinigung nach außen wahrnimmt, deren Organ oder deren Stellvertreter ist, entscheidet sich vielmehr danach, ob seine Vertretungsbefugnis durch die objektive Organisation, oder ob sie durch rechtsgeschäftliche Einzelakte nur nach Maßgabe der „Allgemeinen Rechtsordnung" begründet wird."

Laut *Böbel*[310] lehnt *Wolff* Einschränkungen dieses Oberbegriffs ab: Nach *Wolffs* Auffassung sei lediglich innerhalb der Kategorie „Organ" zwischen verschiedenen Arten zu unterscheiden. Unterscheidungsmerkmale könnten etwa sein die Vertretungsbefugnis i.e.S., – so dass zwischen nach außen vertretungsbefugten und bloß geschäftsführungsbefugten Organen unterscheiden werden könne –, die Erforderlichkeit eines Organs – normativ notwendige Organe, wie zum Beispiel Vorstand oder Mitgliederversammlung und „erlässliche" Organe –, und schließlich die Verfassungsunmittelbarkeit eines Organs – die Kompetenzen unmittelbarer Organe beruhen allein auf der Verfassung, die mittelbarer Organe könnten (auch) durch unmittelbare Organe begründet werden und dem Umfang nach von diesen abhängig sein.[311]

Nach *Böbel*[312] sind auf Grundlage des soeben dargestellten weiten Organbegriffs besondere Vertreter als Organ der Aktiengesellschaft zu qualifizieren: Die Verfassung jeder Aktiengesellschaft zwingend ergänzende Bestimmung des § 147 Abs. 3 S. 1 AktG a.F.[313] begründe – zur Geltendmachung bestimmter Ersatzansprüche – einen gesonderten Zuständigkeitskomplex, auf dessen Grundlage die jeweiligen Organwalter für die juristische Person „Aktiengesellschaft" Handlungsfähigkeit ausüben. Dieses Ergebnis finde seine Bestätigung auch darin, dass das Gesetz besondere Vertreter in § 147 Abs. 3 S. 2 AktG a.F. in einem Atemzug – und damit in einer die prinzipielle Gleichstellung nahelegenden Art und Weise – anspreche mit den – nach allgemeiner Ansicht als solchen zu qualifizierenden – Gesellschaftsorganen Vorstand und Aufsichtsrat. Die vom

308 *Böbel*, Rechtsstellung, 132.
309 *Böbel*, Rechtsstellung, 132 f. mit Verweis auf *Wolff*, Organschaft und Juristische Person, Bd. 2, 242.
310 *Böbel*, Rechtsstellung, 133.
311 *Böbel*, Rechtsstellung, 133.
312 *Böbel*, Rechtsstellung, 133 f.
313 Entspricht heute § 147 Abs. 2 S. 1 AktG.

Gesetzgeber verwendete Bezeichnung der betreffenden Organwalter als Vertreter stehe der Qualifikation der Sondervertreter als Gesellschaftsorgan nicht entgegen. Auch der Umstand, dass die Bestellung von Sondervertretern vom Gesetz nicht zwingend vorgesehen, sondern ins Ermessen der Hauptversammlung, also eines anderen Gesellschaftsorgans, gelegt sei, zwinge ebenso wenig zu einem anderen Ergebnis wie die angenommene Weisungsbefugnis der Hauptversammlung gegenüber den Sondervertretern. Versuche man unter Verwendung der von *Wolff* aufgezeigten Kriterien eine nähere Klassifizierung des Gesellschaftsorgans „besonderer Vertreter", sei dieser zu beschreiben als außerordentliches, beschränkt vertretungsbefugtes, verfassungsunmittelbares, fakultatives, Vorstand und Aufsichtsrat prinzipiell gleichgeordnetes, der Hauptversammlung gegenüber untergeordnetes und von ihr weisungsabhängiges Organ der juristischen Person Aktiengesellschaft.[314]

Einen ähnlichen Ansatz verfolgt auch *Humrich*, der eine Organstellung auf Grundlage eines vertretungsrechtlichen Zurechnungsmechanismus in Form einer organschaftlichen Vertretung begründet.[315] Er führt dazu aus, dass es sich um eine organschaftliche Vertretung handle, wenn der Sondervertreter die Handlungsfähigkeit der Gesellschaft mit Blick auf die Geltendmachung der Ersatzansprüche begründe.[316] Dem liegt seine Annahme zugrunde, dass wenn eine gesetzlich bestimmte Wirkungseinheit die Fähigkeit des Verbandes begründet, im Außenverhältnis zu handeln, dieses Handeln nicht vertretungsrechtlich, sondern organschaftlich zuzurechnen sei.[317] Dabei begründe laut *Humrich* sowohl die Entwicklungsgeschichte als auch die Systematik die Annahme einer Verdrängung des Vorstands beziehungsweise Aufsichtsrats.[318] Schon die Begründung zum Entwurf eines Handelsgesetzbuchs für das Deutsche Reich von 1895 führte, so *Humrich*, ausdrücklich aus, dass im Falle der Bestellung eines Sondervertreters das zuständige Geschäftsleitungsorgan von der Vertretung ausgeschlossen sei.[319] Zudem nenne § 147 Abs. 2 S. 2 AktG den durch die Hauptversammlung bestellten Sondervertreter als zur Vertretung berufene Person gleichrangig neben Vorstand und Aufsichtsrat. Hieraus sei zu schließen,

314 *Böbel*, Rechtsstellung, 134.
315 *Humrich*, Der besondere Vertreter, 112 ff.
316 *Humrich*, Der besondere Vertreter, 113.
317 *Humrich*, Der besondere Vertreter, 113.
318 *Humrich*, Der besondere Vertreter, 113.
319 *Humrich*, Der besondere Vertreter, 113.

dass der besondere Vertreter das zuständige Geschäftsleitungsorgan insoweit ersetzt.[320]

Auch *Stallknecht*[321] spricht dem Sondervertreter eine Organstellung zu. Dabei knüpft er ähnlich wie *Böbel*,[322] an den Organbegriff von *Wolff*[323] an, wobei er dabei von einem „institutionellen Organbegriff" spricht.[324] Sowohl die funktionelle, als auch die institutionelle Komponente seien laut *Stallknecht* dabei erfüllt.[325] Für Letzteres spreche, dass selbst wenn der besondere Vertreter hinsichtlich des Umfangs seiner Tätigkeit von den Anordnungen der Hauptversammlung im Geltendmachungsbeschluss abhängig und nicht eigenverantwortlich tätig sei, so nehme er die Geltendmachungsaufgabe doch im organisatorischen Sinne selbst wahr, weil neben ihm andere Stellen im Verband nicht zuständig seien.[326] Damit sei der Sondervertreter innerhalb des Verbands selbstständig im entscheidenden organisatorischen Sinne.[327] Sein Amt sei darüber hinaus, auch von der Person des jeweiligen Amtswalters verselbstständigt, was bereits vor allem daran deutlich würde, dass das Amt unbesetzt nach einer Amtsniederlegung fortbestehen könne.[328] Die funktionelle Komponente[329] sei jedenfalls erfüllt, wenn der Einrichtung Aufgaben zugewiesen seien, die die Bildung oder Umsetzung des Verbandswillens beinhalten.[330] Die dem Sondervertreter zugewiesene Aufgabe der Geltendmachung der Ersatzansprüche begründe gerade eine Zuständigkeit innerhalb der Gesellschaft für die Dauer des Bestehens seines Amtes und diene der Wahrnehmung einer wesentlichen „Aufgabe" der Gesellschaft; nämlich der Realisierung ihrer Forderungen.[331] Dies sei als Begründung von Handlungsfähigkeit für die ansonsten handlungsunfähige Gesellschaft zu verstehen.[332] Hierbei setze der besondere Vertreter auch gerade den Willen der Aktiengesellschaft

320 *Humrich*, Der besondere Vertreter, 113.
321 *Stallknecht*, Der besondere Vertreter, 233 ff.
322 *Böbel*, Rechtsstellung, 131.
323 *Wolff*, Organschaft und Juristische Person, Bd. 2, 294 f.
324 *Stallknecht*, Der besondere Vertreter, 233; so auch *Schürnbrand*, Organschaft im Recht der privaten Verbände, 43 f.; *Kling*, ZGR 2009, 190, 210.
325 *Stallknecht*, Der besondere Vertreter, 236.
326 *Stallknecht*, Der besondere Vertreter, 235 f.
327 *Stallknecht*, Der besondere Vertreter, 236.
328 *Stallknecht*, Der besondere Vertreter, 236.
329 Ausführlich dazu *Schürnbrand*, Organschaft im Recht der privaten Verbände, 68 ff.
330 *Stallknecht*, Der besondere Vertreter, 236; der sich hier auf *Schürnbrand*, Organschaft im Recht der privaten Verbände, 68.
331 *Stallknecht*, Der besondere Vertreter, 236.
332 *Stallknecht*, Der besondere Vertreter, 236.

um, den die Hauptversammlung zuvor durch die Fassung des Geltendmachungsbeschlusses gebildet habe.[333] *Stallknecht* sieht im Vorliegen des institutionellen Organbegriffs beim Sondervertreter auch die des rein funktionellen Organbegriffs nach *Flume*[334] erfüllt.[335]

An vielen weiteren Stellen in der Literatur wird die Organstellung des Sondervertreters bejaht.[336] Nicht zu vernachlässigen ist trotz dieser herrschenden Ansicht die Gegenseite, die einer Organschaft ähnlich dem OLG München ablehnend gegenübersteht. So haben sich *Wirth* und *Pospiech*[337] im Ergebnis auf die Seite des OLG München gestellt, wenngleich sie die Begründung des Senats nicht in jeder Hinsicht teilen. So zweifeln sie nicht an einer durch den Hauptversammlungsbeschluss entstehenden Vertretungsbefugnis des Sondervertreters nach außen, sind jedoch im Gegensatz zur landläufigen Meinung[338] anderer Meinung bezüglich einer daraus ableitbaren Organstellung.[339] Dies macht, laut *Wirth* und *Pospiech,* das Beispiel des Organs Hauptversammlung deutlich, der – grundsätzlich – keinerlei Vertretungsmacht für die Aktiengesellschaft nach außen zukomme, die aber dennoch – ungeachtet dieses Mangels – unbestreitbar Organqualität habe. Der Schluss von der gesetzlich vorgesehenen und durch das Organ Hauptversammlung im Einzelfall begründeten Vertretungsmacht auf die Organqualität erscheine damit vorschnell. Jedenfalls zeige ein Blick auf das Organ Hauptversammlung, dass die Vertretungsbefugnis nach außen keineswegs charakteristisch oder kennzeichnend für ein Organ sei.[340] Dies verdeutliche auch das Beispiel des § 184 Abs. 1 S. 1 AktG. Danach haben Vorstand und der Vorsitzende des Aufsichtsrates den Beschluss über die Erhöhung des Grundkapitals zur Eintragung in das Handelsregister anzumelden. In Abweichung der generellen Normen der §§ 83 Abs. 2 AktG und 181 Abs. 1 S. 1 AktG habe also

333 *Stallknecht*, Der besondere Vertreter, 236.

334 *Flume*, Die juristische Person, 377.

335 *Stallknecht*, Der besondere Vertreter, 236.

336 GroßKomm. AktG-*Bezzenberger*, § 147 Rn. 52; Heidel-*Lochner*, § 147 AktG Rn. 24; MüKo AktG-*Arnold*, § 147 Rn. 67; Spindler/Stilz-*Mock*, § 147 AktG Rn. 91; Schmidt/Lutter-*Spindler*, § 147 AktG Rn. 23; *Böbel*, Rechtsstellung, 133 f.; *Semler*, AG 2005, 321, 330; *Schürnbrand*, Organschaft im Recht der privaten Verbände, 31; *Lochner*, Der Aufsichtsrat 2008, 58, 58 spricht von einem Sonderorgan.

337 *Wirth/Pospiech*, DB 2008, 2471, 2475.

338 So etwa GroßKomm. AktG-*Bezzenberger*, § 147 Rn. 52; MüKo AktG-*Arnold*, § 147 Rn. 67.

339 *Wirth/Pospiech*, DB 2008, 2471, 2473 f.

340 *Wirth/Pospiech*, DB 2008, 2471–2473 f.

hier neben dem Vorstand der Vorsitzende des Aufsichtsrats die Pflicht, bei der Durchführung eines Hauptversammlungsbeschlusses nach außen gegenüber dem Registergericht mitzuwirken. Dabei werde, abgesehen von einer Mindermeinung, aus dieser Vorschrift gleichfalls nicht der Schluss gezogen, dass der Aufsichtsratsvorsitzende hierdurch zum eigenständigen Organ der Aktiengesellschaft aufsteige. Auch der Umweg über die Vertretung des Organs Aufsichtsrat durch den Aufsichtsratsvorsitzenden im Rahmen der Handelsregisteranmeldung sei versagt, da der Aufsichtsratsvorsitzende hierbei eine Wissenserklärung abgebe, die einer Stellvertretung nicht zugänglich sei.[341]

Damit ist nach *Wirth* und *Pospiech* als Zwischenergebnis festzuhalten, dass es sowohl Organe gebe, die keine Vertretungsbefugnis für die juristische Person nach außen haben (Bsp. Hauptversammlung), als auch Vertretungsbefugnisse und Pflichten, die nicht dazu führen, dass der Verpflichtete (Bsp. Aufsichtsratsvorsitzender) darüber eigenständige Organqualität erlange.[342] Des Weiteren äußern sich *Wirth* und *Pospiech* zum Versuch eine Organstellung des besonderen Vertreters unter Zuhilfenahme der Einteilung von *Wolff* [343]abzuleiten, ablehnend. Laut *Wirth* und *Pospiech* kämen so naheliegend eine Subsumtion des besonderen Vertreters unter den *Wolff*'schen Organbegriff aufgrund seiner Vertretungsmacht für die AG zunächst scheine, Zweifel auf, wenn man die von *Wolff* im Vorfeld hierzu vorgenommene Differenzierung zwischen Organ und Organwalter beachte.[344] So seien Organe nach *Wolff* „Einrichtungen, nicht identisch mit Personen, durch die sie selbst gebildet werden, vielmehr losgelöst von diesen, daher sich selbst gleichbleibenden (sic!) trotz des Wechsels der sie bildenden Personen, objektiviert".[345] Bei der Rechtsfigur des besonderen Vertreters findet aber nach der Ansicht von *Wirth* und *Pospiech* gerade dies nicht statt. So bestehe der besondere Vertreter nicht – ungeachtet des Wechsels der ihn bildenden Person – fort, vielmehr sei er namentlich im Beschluss zu bezeichnen und ein Wegfall der bestellten Person hätte den Wegfall des besonderen Vertreters zur Folge.[346]

---

341 *Wirth/Pospiech*, DB 2008, 2471, 2473.

342 *Wirth/Pospiech*, DB 2008, 2471, 2473.

343 Ausführlich dazu *Wolff*, Organschaft und Juristische Person, Bd. 1 und Organschaft und Juristische Person, Bd. 2.

344 *Wirth/Pospiech*, DB 2008, 2471, 2473. Zur Unterscheidung zwischen Organ und Organwalter ausführlich *Wolff*, Organschaft und Juristische Person, Bd. 2, 229.

345 *Wolff*, Organschaft und Juristische Person, Bd. 2, 229 (in Fn. 2) m.w.N.

346 *Wirth/Pospiech*, DB 2008, 2471, 2473.

4. Stellungnahme

Entgegen dem hier vertretenen Ansatz wird im Schrifttum die Frage nach der Rechts-beziehungsweise Organstellung des Sondervertreters oftmals mit der Erörterung der Befugnisse desselben verbunden. Dabei sollte gerade diese Verknüpfung tunlichst vermieden werden. Vielmehr sollte die Frage nach einer möglichen Organstellung unabhängig von gerichtlich bestimmten Rechten des besonderen Vertreters begutachtet und nicht von diesen abgeleitet werden. Umgekehrt macht man es sich ebenso zu leicht, wenn man mögliche Rechte des besonderen Vertreters lediglich aus einer Organstellung herleiten möchte.[347]

Aus diesem Grund ist insbesondere die Herangehensweise von *Kling*, *Böbel* und *Stallknecht* zu loben. Alle versuchen zuerst auf Grundlage einer vom besonderen Vertreter unabhängigen Organtheorie eine Organqualität herzuleiten. Dabei stützen sie ihre Argumentation auf die moderne Organtheorie von *Wolff*. Wie jedoch von *Wirth* und *Pospiech* festgestellt wird, ist eine Subsumtion des Sondervertreters unter die Lehre von *Wolff* zweifelhaft. Richtigerweise argumentieren beide gegen die Anwendung der *Wolff'schen* Regel damit, dass es sich beim besonderen Vertreter gerade nicht um eine Einrichtung im Sinne eines Organs handelt, die unabhängig vom Organwalter besteht. Ähnlich wie ein Abschlussprüfer handelt es sich beim Sondervertreter vielmehr um eine temporär bestellte und in seinem Aufgabenbereich begrenzt befugte Institution. Beide haben damit auch nach dem *Wolff'schen* Organbegriff gerade keine Organqualität.

Mit einem ähnlichen Ansatz lässt sich im Übrigen die Auffassung von *Humrich* entkräften, die Organstellung des besonderen Vertreters sei durch die organschaftliche Vertretung der für die Geltendmachung der Ersatzansprüche zuständigen Geschäftsleitungsorgane begründet. Denn, wie von *Wirth und Pospiech* zutreffender Weise festgestellt wird, vertritt auch ein Aufsichtsratsvorsitzender die Gesellschaft nach § 184 Abs. 1 S. 1 AktG unmittelbar, ohne dabei selbst Organ zu sein.[348] Zwar gibt *Humrich* hierzu zu bedenken, dass auch insoweit ein organschaftlicher Zurechnungsmechanismus nicht in Frage stehe, da die Zurechnung über das Organ des Aufsichtsrats erfolge und der Aufsichtsratsvorsitzende in diesem Fall als Repräsentant des Aufsichtsrats tätig sei.[349] Allerdings ist dieser Fall insofern nicht im Sinne von *Humrich* vergleichbar, als dass es anders als bei einem Aufsichtsratsvorsitzenden, nur schwerlich zu

---

347 So auch *Mock*, ZHR 2017, 688, 710, sowie *Humrich*, Der besondere Vertreter, 117, der jedenfalls im Ergebnis eine Herleitung von Rechten aus seiner Organstellung ablehnt.

348 *Wirth/Pospiech*, DB2008, 2471, 2474.

349 *Humrich*, Der besondere Vertreter, 113.

argumentieren sein dürfte, dass der Sondervertreter im Rahmen seines Auftrags ebenfalls zugleich Mitglied desjenigen Organs der Geschäftsleitung ist, welches er im Rahmen seines Auftrags repräsentiert beziehungsweise vertritt.

Geht man zutreffend von einer Herleitung einer Organstellung über die allgemeine Lehre zur Organschaft aus, müssen dazu jedoch auch andere Ansätze als die von *Wolff* berücksichtigt werden.[350] Denn nicht nur nach der Lehre von *Wolff* ist eine Organstellung des besonderen Vertreters abzulehnen. So ist der Sondervertreter auch nicht unter die Organkriterien von *Schmidt*[351] zu subsumieren. Dieser unterteilt Organe danach, ob es einen Willen für die Gesellschaft bildet, es Leitung übernimmt oder es beaufsichtigt.[352] Anders als die klassischen Leitungsorgane bildet der besondere Vertreter aber gerade keinen eigenen Willen. Er führt lediglich den Willen der Hauptversammlung, Ersatzansprüche der Gesellschaft anstelle von Vorstand/Aufsichtsrat geltend zu machen, aus.[353] Auch übernimmt der Sondervertreter anders als das Organ Vorstand keine Leitungsaufgaben in der Aktiengesellschaft. Dafür fehlt ihm zum einen, wie gerichtlich festgestellt[354], die notwendige Geschäftsführungsbefugnis des Vorstands. Zum anderen auch das Merkmal der Beaufsichtigung, ähnlich eines Aufsichtsrates, vollends.[355]

Auch nach *Flumes*[356] Charakteristik eines Organs ist dem besonderen Vertreter diese Stellung nicht zuzusprechen.[357] Nach *Flume* ist ein Organ einer juristischen Person die Person oder Mehrzahl von Personen, welche nach der Verfassung der juristischen Person die Handlungsfähigkeit für die juristische Person begründet.[358] Das Gesetz und die Satzung bestimmen, welche Personen kraft Verfassung der juristischen Person für diese handlungsfähig sind.[359] Um dieser Charakterisierung zu entsprechen, müsste der besondere Vertreter in die Satzung der Aktiengesellschaft mit aufgenommen sein. Dies erscheint jedoch sehr theoretisch. Es ist nicht damit zu rechnen, dass eine Hauptversammlung einen besonderen Vertreter quasi vorsorglich in seiner Satzung berücksichtigt.

---

350 So auch *Wirth*, FS Hüffer, 1129, 1145.
351 *Schmidt*, GesR, § 14 II 1.
352 *Schmidt*, GesR, § 14 II 1.
353 *Wirth*, FS Hüffer, 1129, 1145.
354 OLG München, Urt. v. 28.11.2007 – 7 U 4498/07, AG 2008, 172, 176.
355 *Wirth*, FS Hüffer, 1129, 1145.
356 *Flume*, Die juristische Person, 377 ff.
357 a.A. *Stallknecht*, Der besondere Vertreter, 236.
358 *Flume*, Die juristische Person, 377.
359 *Flume*, Die juristische Person, 379.

Vielmehr ergibt sich die Stellung nach einem Hauptversammlungsbeschluss, der mit einer einfachen Mehrheit zustande kommt. Dieser ändert die Satzung nicht.[360] Außerdem ist es schier unmöglich, noch vor einer regulären Bestellung des Sondervertreters eine Person in der Satzung zu bestimmen, die im Falle eines Falles Schadensersatzansprüche anstelle des Vorstands oder des Aufsichtsrats geltend machen soll. Neben diesem Aspekt würde eine solche Satzungsbestimmung nicht gerade von Vertrauen in die eigenen Vorstände und Aufsichtsräte zeugen, was unter praktischen Gesichtspunkten eine erhebliche Schwächung der unternehmerischen Marktstellung bedeuten würde.

Auch das Aktiengesetz sieht den besonderen Vertreter ebenfalls nicht in der Verfassung der Aktiengesellschaft vor. So ist der Sondervertreter nicht im vierten Teil des Ersten Buches des Aktiengesetzes zu finden, sondern in demselben Unterabschnitt zum Abschnitt Hauptversammlung wie beispielsweise auch der Sonderprüfer (§ 142 AktG). Auch dieser ist kein Organ der Gesellschaft.[361] Eine Einordnung des besonderen Vertreters als Organ durch die verschiedenen Ansätze, ein Organ zu definieren, schlägt somit fehl. Rein dogmatisch ist es somit nicht korrekt, bei einem besonderen Vertreter von einem Organ der Aktiengesellschaft auszugehen.

Fraglich bleibt weiter, ob eine Organstellung möglicherweise aus einer Parallele, wie sie beispielsweise *Verhoeven* zieht, ableitbar ist. Dieser Ansatz ist nicht zu Unrecht von der richterlichen Argumentation inspiriert. Gerade die Aussage der Rechtsprechung, der besondere Vertreter habe im Rahmen seines Aufgabenbereichs Organqualität[362] beziehungsweise er sei im Rahmen seiner Befugnisse gesetzlicher Vertreter und als solcher Organ der Gesellschaft[363], könnten Grund genug sein, der Annahme *Verhoevens* zu folgen.

Zwar ist *Verhoeven* und der Rechtsprechung[364] unstreitig zuzustimmen, dass der besondere Vertreter an die Stelle des Vorstands/Aufsichtsrats rückt, wenn es um die Geltendmachung von Ersatzansprüchen geht. Gerade dies ist Sinn und Zweck des § 147 AktG. Ansprüche, die Leitungsorgane selbst nicht geltend machen, sollen schließlich durchgesetzt werden. Aus dieser einzelnen

---

360 *Teichmann*, FS Mühl, 663, 668.

361 GroßKomm. AktG-*Bezzenberger*, § 142 Rn. 41; *Hüffer*, ZHR 2010, 642, 677.

362 BGH, Beschl. v. 27.9.2011 – II ZR 225/08, AG 2011, 875, 876; ebenso BGH, Urt. v. 18.6.2013 – II ZA 4/12, AG 20113, 634, 634; BGH, Urt. v. 28.4.2015 – II ZB 19/14, AG 2015, 564, 565.

363 LG München I, Urt. v. 6.9.2007 – 5 HK O 12570/07, ZIP 2007, 1809, 1812.

364 BGH, Beschl. v. 27.9.2011 – II ZR 225/08, AG 2011, 875 ff.; LG München I, Urt. v. 6.9.2007 – 5 HK O 12570/07, ZIP 2007, 1809, 1812.

Kompetenzübernahme kann jedoch nicht pauschal auf eine gleichwertige Organstellung geschlossen werden. Auch *Klings* darauf basierende Argumentation, der Sondervertreter sei auch Gesellschaftsorgan, weil er im Rahmen seines gesellschaftsinternen Zuständigkeitsbereichs die normalerweise für die Geltendmachung von Ersatzansprüchen zuständigen Organe – also Vorstand und Aufsichtsrat – verdränge, ist nicht schlagkräftig. Zumindest gilt dies, wenn man wie hier befürwortet, eine Organstellung nicht von zweifelhaften gesellschaftsinternen Rechten des besonderen Vertreters abzuleiten. Ob der Sondervertreter wirklich auch, was seine Rechte betrifft, wie ein Vorstand/Aufsichtsrat zu behandeln ist, wird noch an anderer Stelle zu klären sein.[365] Allein ausgehend von der Beantwortung der Organfrage ist dieser Ansatz nach der hier vertretenen Ansicht nicht gewinnbringend. Dass *Kling* dem besonderen Vertreter die Organstellung insbesondere nicht mit Blick auf seine Weisungsabhängigkeit von der Hauptversammlung abspricht,[366] ist dabei allerdings gerechtfertigt. Er behält Recht, dass eine Weisungsabhängigkeit kein Kriterium gegen eine Organstellung sein kann.[367] Dennoch bleibt dies lediglich ein grundsätzliches Indiz für eine Organstellung und kein durchschlagendes Argument im speziellen Fall des Sondervertreters.

Durch die zur höchstrichterlichen Rechtsprechung gegenläufige Argumentation des OLG München war die Angriffsfläche für Organbefürworter zugegebenermaßen groß. Der Senat hat es versäumt, sein Ergebnis in seiner Begründung fester zu untermauern. Die Begründung des OLG, eine Organstellung des Sondervertreters würde einen schwerwiegenden Eingriff in die Struktur und Organisation der Gesellschaft mit der Gefahr erheblicher praktischer Schwierigkeiten führen,[368] ist dabei durchaus praxisnah. Dennoch reicht diese Begründung zu recht nicht aus, um eine Organqualität abzulehnen. *Verhoeven*[369] und *Mock*[370] zeigen dies deutlich und überzeugend. Dabei liefern sie gleichzeitig jedoch kein Argument für eine Organstellung, sondern zeigen lediglich, dass auch andere Kompetenzträger für Unruhe im Unternehmen sorgen können. Wie bereits aufgezeigt, sprechen damit wohl mehr Argumente gegen die Annahme einer Organstellung des besonderen Vertreters als dafür.

---

365 Siehe unten E.

366 *Kling*, ZGR 2009, 190, 212.

367 So ist auch ein von der Gesellschafterversammlung weisungsabhängiger GmbH-Geschäftsführer ein Organ der Gesellschaft.

368 OLG München; Urt. v. 28.11.2007 – 7 U 4498/07, AG 2008, 172, 176.

369 *Verhoeven*, ZIP 2008, 245, 247 f.

370 *Mock*, DB 2008, 393, 395 f.

Ob der Sondervertreter letztendlich als Organ bezeichnet werden sollte oder nicht, sollte in beiden Fällen bezüglich seiner Rechte und Pflichten ohne Erkenntniswert bleiben.[371] Eine bloße Organstellung anzunehmen, um mithilfe dieser die praktisch relevante Frage nach den Rechten und Pflichten des besonderen Vertreters zu klären, darf nicht die Lösung sein. Insofern hat der BGH dem Sondervertreter zu leichtfertig eine Organqualität zugesprochen, falls diese für die Herleitung von Befugnissen des Sondervertreters innerhalb des Unternehmens missbraucht wird. Diese Rechte und Pflichten gilt es im Folgenden mit anderen Mitteln zu definieren.[372]

Lässt man die Frage nach Rechten und Pflichten des besonderen Vertreters außer Acht und ist dennoch an der Frage interessiert, ob der besondere Vertreter ein Organ der Gesellschaft sein kann, ergibt sich seine Rechtstellung vielmehr aus dem Zusammenhang der Rechtsinstitute der §§ 142 ff. AktG beziehungsweise der Systematik der Geltendmachung von Ersatzansprüchen.

Der Gesetzgeber hatte ursprünglich nicht beabsichtigt, den Sonderinstituten wie Sonderprüfer und besonderem Vertreter eine Organstellung einzuräumen. Dafür spricht nicht zuletzt die Einordnung des Sondervertreters in den siebenten Unterabschnitt des vierten Abschnitts im vierten Teil des ersten Buches des Aktiengesetzes. So findet sich der Sondervertreter im Unterbereich der Sonderprüfung und die Geltendmachung von Ersatzansprüchen als außerordentliche Kompetenz im Rahmen des Aktionärsschutzes des Organs Hauptversammlung wieder. Hätte der Gesetzgeber auch dem Sondervertreter Organqualität zubilligen wollen, hätte er ihm zur Vermeidung systematischer Widersprüche in einem eigenen Abschnitt im Teil über die Verfassung der Aktiengesellschaft wie bei Vorstand (1. Abschnitt), Aufsichtsrat (2. Abschnitt) und Hauptversammlung (4. Abschnitt) regeln müssen. Dementsprechend sind auch den §§ 142 ff. AktG keine expliziten Hinweise auf eine mögliche Organstellung zu entnehmen. Weder beim Sonderprüfer noch beim besonderen Vertreter noch beim Aktionär, der nach § 148 AktG die Durchsetzung von Ersatzansprüchen in eigenem Namen beantragen kann, ist von einer organähnlichen Stellung die Rede. Vielmehr ist an den Stellen, wo der Gesetzgeber „besondere" Rechte vorgesehen hat, eine klare Regelung getroffen.[373] Dadurch untermauert der Gesetzgeber im Einzelnen, welche Rechte er dem jeweiligen Rechtsinstitut in der Gesellschaft zugedacht hat, ohne

371 So auch Bürgers/Körber-*Holzborn/Jänig*, § 147 AktG Rn. 13; Wachter-*Zwissler*, §147 AktG Rn. 12.

372 Siehe unten E. und F.

373 So zum Beispiel die Rechte der Sonderprüfer in § 145 AktG.

diese über eine Organstellung definieren zu müssen. Allein die Tatsache, dass der besondere Vertreter an die Stelle der Vorstände oder Aufsichtsräte tritt, um mögliche Ersatzansprüche prozessual und außerprozessual geltend zu machen, lassen ihn noch nicht zu einem Organ im Sinne eines Vorstands oder Aufsichtsrats erstarken. Diese „Übernahme" der Pflicht der Vorstände beziehungsweise Aufsichtsräte ist dabei kein Hinweis auf seine Rechtsstellung, sondern lediglich das Resultat des Aktionärsschutzes der §§ 142 ff. AktG. Dieser Schutz äußert sich zum Beispiel darin, dass die Aktionäre unter gewissen Umständen selbst einer Verfolgung von Schadensersatzansprüchen gegen die Organe nachgehen können, wenn dies von den Organen selbst nicht zu erwarten ist, und somit ein Vertrauensmangel zwischen den Organen und Aktionären besteht.[374] Wie genau in diesem Rahmen seine Kompetenzen liegen, wird im Folgenden noch genauer untersucht.[375] Der besondere Vertreter ist wie der benachbarte Sonderprüfer lediglich ein Werkzeug der Hauptversammlung zum Aktionärsschutz. Als Organ ist er deshalb nicht zu klassifizieren. Genauso wenig wird ein Aktionär zum Organ der Gesellschaft, wenn er im Wege des § 148 AktG Ersatzansprüche der Gesellschaft geltend macht. Auch hier handelt es sich um Aktionärsschutz, der nicht darauf ausgelegt ist, ein neues Organ zu schaffen.

374 Vgl. A.I.
375 Vgl. E.

E. Ermittlungs- und Informationsrechte des besonderen Vertreters

Die Bestimmung der Einzelrechte des besonderen Vertreters bereitet bis heute große Schwierigkeiten. Ausgelöst wurde eine verbreitete Diskussion über seine Befugnisse allerdings erst durch die Rechtsprechung rund um den HVB/Uni-Credit-Fall. Bis dahin war der Sondervertreter in der Rechtspraxis eher sporadisch in Erscheinung getreten.[376] Eine intensivere Diskussion war somit nicht notwendig, auch wenn die hiermit zusammenhängenden Fragen bereits vom RG erörtert worden waren.[377]

I. RG: Herleitung von Annexkompetenzen (Wortlautüberschreitung)

Das RG sprach dem Sondervertreter im Jahr 1913 eine Annexkompetenz zur Geltendmachung von Ersatzansprüchen in Form eines damit verbundenen Auskunfts- und Einsichtsrechts zu.[378] Nach Ansicht des Senats war dem Sondervertreter auch ohne ausdrückliche Bestimmung im § 268 HGB 1900gegen den Willen des Vorstands die Einsichtnahme in Dokumente der Gesellschaft, die für die Führung des Rechtsstreits unentbehrlich seien, zu gewähren. Dem Gericht zufolge müsse ein solches Einsichtsrecht nicht notwendigerweise dem Gesetz zu entnehmen sein, sondern folgte sich schon aus einem Grundsatz des Preußischen Landrechts, wonach galt: „wem die Gesetze ein Recht geben, dem bewilligen sie auch ein Mittel, ohne welche dasselbe nicht ausgeübt werden kann". Dieser Grundsatz sei so sehr Teil des allgemeinen Rechtsbewusstseins, dass er einer Hervorhebung durch eine gesetzliche Vorschrift nicht mehr bedürfe.[379] Auch wenn das Reichsgericht keinen verbindlichen Umfang der Rechte des besonderen Vertreters festgelegt hatte, so hat es doch deutlich machen können, dass dem Sondervertreter zumindest Befugnisse über den Wortlaut der gesetzlichen Norm zustehen müssen.

---

376 *Mock*, DB 2008, 393, 393 spricht von einem „Dornröschenschlaf" und *ebender*, AG 2008, 839, 839 von einem „Schattendasein".

377 Vgl. A.III.1.

378 RG, Urt. v. 4.11.1913 – Rep. II 297/13, RGZ 83, 248.

379 RG, Urt. v. 4.11.1913 – Rep. II 297/13, RGZ 83, 248.

Dieser Ansicht ist zweifellos zu folgen. Informationsrechte, die sich auf den engen prozessualen und außerprozessualen Auftrag der Geltendmachung von Schadensersatzansprüchen durch den besonderen Vertreter beziehen, muss es in einem gewissen Rahmen geben. Andernfalls wäre dieser Auftrag nicht erfüllbar. Allerdings wurde der Umfang dieses Auskunfts- und Prüfungsrechts nicht genau bestimmt. Der Sondervertreter hat nach Auffassung des Reichsgerichts diese Rechte im Zuge einer Auskunftsklage gegen die Gesellschaft, welche vom Vorstand vertreten werde, durchzusetzen. Das beinhalte allerdings auch, dass dem Sondervertreter kein weiteres Recht zustehe, von einzelnen Vorstands- oder Aufsichtsratsmitgliedern, Mitarbeitern der Gesellschaft oder sogar Dritten, die mit der Gesellschaft in Verbindung stehen, Auskunft zu verlangen. Solche Ansprüche seien vielmehr in einem einstweiligen Verfügungsverfahren gegen die betroffenen Personen durchzusetzen.[380]

Aufgrund der reichsgerichtlichen Entscheidung ist es in der Folgezeit zur gefestigten Ansicht geworden, dass der besondere Vertreter Hilfsansprüche auf Informationserteilung gegen die Aktiengesellschaft hat.[381]

II. Der HVB Komplex

Die Problematik, die Befugnisse des besonderen Vertreters zu konkretisieren, erreichte ihren Höhepunkt mit den gerichtlichen Entscheidungen rund um den Fall der HVB/UniCredit. Höchst unterschiedliche Auffassungen der verschiedenen Instanzen und Gerichte, die in diesem Komplex über die Befugnisse des Vertreters zu entscheiden hatten, haben die Diskussionen in der juristischen Fachwelt entfachen lassen.

So entwickelte sich der ursprüngliche Informationsanspruch, der unmittelbar auf die Geltendmachung von Schadensersatzansprüchen begrenzt war, in Rechtsprechung und Schrifttum zeitweilig zu umfassenden Ermittlungsrechten des Sondervertreters. Diese sollten ihm eine Sonderermittlerfunktion ermöglichen oder ihn, was dessen Rechte betrifft, zumindest auf eine Stufe mit einem Sonderprüfer (§ 142 AktG) stellen. Nach dieser Ansicht erstarkte ein bloßer Informationsanspruch zu umfassenden Ermittlungsbefugnissen.

Ursächlich für diese Entwicklung war das erstinstanzliche Urteil des LG München I.[382] Durch die Entscheidung der Kammer kam der besondere Vertreter

380 RG, Urt. v. 4.11.1913 – Rep. II 297/13, RGZ 83, 248.

381 Vgl. *Hüffer*, ZHR 2010, 642, 671; *Wirth*, FS Hüffer, 1129, 1151.

382 Siehe oben A.IV.2.a): LG München I, Urt. v. 6.9.2007 – 5 HK O 12570/07, ZIP 2007, 1809–1816.

zumindest kurzfristig[383] in die Situation, ähnlich wie ein Staatsanwalt[384], umfassende Ermittlungsrechte zur Erledigung seines Auftrags nutzen zu können. Zur Erläuterung führte die Kammer seinerzeit aus, dass der besondere Vertreter weitreichende Informationsrechte innehabe. Ihm müssten alle Unterlagen und Materialien, die für die Geltendmachung der Ansprüche von Bedeutung seien, auch ohne die Zustimmung des Vorstands zugänglich gemacht werden. Ob eine solche Bedeutsamkeit gegeben ist, liege nach dem Gericht in einem weiten Ermessensrahmen des besonderen Vertreters. Des Weiteren stehe dem besonderen Vertreter ein Auskunftsrecht gegenüber dem Vorstand, dem Aufsichtsrat und den Mitarbeitern der Gesellschaft zu.[385]

Zu den weitereichenden Rechten gehörte neben einem Anspruch auf ungehinderten Zugang zu den Räumlichkeiten und Unterlagen der HVB/UniCredit auch das Recht auf Einsichtnahme in Organprotokolle. Ferner sollten dem Sondervertreter Einzelauskünfte von aktuellen und ehemaligen Organmitgliedern, Abschlussprüfern, Angestellten und Vertragspartnern der HVB/UniCredit und sogar ein Weisungsrecht gegenüber Angestellten gewährt werden.[386]

Das LG München I leitete die entsprechenden Informations- und Einsichtsrechte aus dem Wesen der Stellung des besonderen Vertreters ab.[387] Konkret bedeutet dies, dass aus einer vom Gericht zugebilligten Organstellung des Sondervertreters die umfassenden Rechte desselben begründet werden. Diese Vorgehensweise der Kammer ist jedoch höchst fragwürdig und bedarf im Folgenden einer genaueren Betrachtung.[388]

1. Vom Organ zum Recht?

Wie bereits festgestellt wurde, ist der besondere Vertreter kein Organ der Aktiengesellschaft.[389] Diese Erkenntnis führt nicht zuletzt dazu, dass der Argumentation des LG München I von vornherein die Grundlage entzogen wird. Allein die Annahme einer Organqualität rechtfertigt genauso wenig einzelne Rechte,

383 Das OLG München, Urt. v. 28.11.2007 – 7 U 4498/07, AG 2008, 172–176 hat die Entscheidung des LG München I in der Berufungsinstanz abgeändert.

384 Das Bild eines Staatsanwalts bemüht *Verhoeven*, ZIP 2008, 245, 247.

385 LG München I, Urt. v. 6.9.2007 – 5 HK O 12570/07, ZIP 2007, 1809, 1812.

386 LG München I, Urt. v. 6.9.2007 – 5 HK O 12570/07, ZIP 2007, 1809, 1815 f.

387 LG München I, Urt. v. 6.9.2007 – 5 HK O 12570/07, ZIP 2007, 1809, 1812.

388 Vgl. dazu E.II.1.

389 Vgl. D.II.4.

wie die Zubilligung von Rechten keine Organstellung begründen kann.[390] Mehr noch: Selbst wenn man – wie das LG München I – von einer Organstellung des besonderen Vertreters ausgehen würde, ließen sich davon dennoch keine umfassenden Ermittlungsbefugnisse herleiten.[391]

Die Einordnung des besonderen Vertreters als Organ der Aktiengesellschaft kann höchstens von dogmatischer Bedeutung sein. Das Gesetz räumt jedem Organ genau bestimmte Rechte und Kompetenzen im Rahmen der jeweiligen Funktion des Organs ein. So haben beispielsweise der Vorstand und Aufsichtsrat unterschiedliche Befugnisse und Rechte, derer sie sich zur Erfüllung ihres Auftrags bedienen können.[392] Der Sondervertreter hat diese Rechte nicht. Er hat nur eine einzige Funktion, nämlich die Geltendmachung von Schadensersatzansprüchen. Insofern bleibt es allerdings dabei, dass der besondere Vertreter die Kompetenzen des Vorstands und Aufsichtsrats aus §§ 79 und 112 AktG, über den Wortlaut des § 147 Abs. 2 AktG hinaus, übernimmt. Dies ergibt sich unzweifelhaft aus seiner Funktion, Ersatzansprüche im Sinne von § 147 Abs. 1 AktG geltend zu machen. Da diese Ansprüche nach Meinung der Aktionäre besser oder eben gerade nur von einem unabhängigen Institut als von den eigentlich dafür vorgesehenen Organen der Aktiengesellschaft durchgesetzt werden können.[393]

Die gleiche Aufgabenumschreibung enthält § 148 Abs. 1 AktG für Aktionäre, die nach erfolgreicher Klagezulassung selbst Ersatzansprüche der Gesellschaft geltend machen können. Dem entsprechen die Regelungen im Vertrags- und faktischen Konzern gemäß §§ 309 Abs. 4, 317 Abs. 4, 318 Abs. 4 AktG. Dort wird jedem einzelnen Aktionär die Möglichkeit eingeräumt, dieselbe Aufgabe zu erfüllen, nämlich Ersatzansprüche der Gesellschaft anstelle der ordentlichen Organe geltend zu machen. Es ist also aus dem Gesetz allein weiterhin nicht ersichtlich, wie weit sich der Kompetenzrahmen des besonderen Vertreters sonst noch erstreckt und ob sich dieser von dem anderer im Gesetz zur Geltendmachung von Ersatzansprüchen befugter Personen unterscheidet.

Die bloße dogmatische Subsumtion unter den Organbegriff rechtfertigt nicht, dass das LG München I dem besonderen Vertreter hinsichtlich seiner Befugnisse einen weiten Ermessensspielraum einräumt, der nur auf Missbrauch hin

---

390 Vgl. oben D.II.4; *Larenz*, Methodenlehre, 271 ff. bezeichnet ein solch argumentatives Vorgehen als eine „subsumtionsartiges Schlussverfahren".

391 Dieser Ansicht sind auch *Fabritius*, FS Gruson 2009, 133, 148; *Hüffer*, ZHR 2010, 642, 673.

392 Darauf weist auch *Hüffer*, ZHR 2010, 642, 673 hin.

393 So auch *Binder*, ZHR 2012, 380, 386.

überprüft werden können soll.[394] Insoweit ist zudem zu beachten, dass Rechte und Pflichten sich nicht pauschal unter einen mit ihnen verbundenen Oberbegriff eines „Organs" subsumieren lassen.[395] Anderenfalls wäre – freilich theoretisch – denkbar, dass auch den einzelnen Aktionären, etwa bei einem Verfahren gemäß § 148 AktG umfassendere Rechte eingeräumt werden könnten. Dies wäre jedoch ein grober Verstoß gegen die Organisationsstruktur der Aktiengesellschaft und sollte somit ausgeschlossen bleiben.

Ebenfalls abzulehnen ist die Bildung einer Analogie zum Vorstandsrecht, um die Rechte des Sondervertreters zu bestimmen.[396] Bezüglich spezieller Rechte oder Anspruchsgrundlagen, die auf Informationsgewinnung abzielen und dem besonderen Vertreter mittels einer Analogie verschafft werden sollen, fehlt es bereits an einem vergleichbaren Sachverhalt. Während der Sondervertreter hier ein gesondertes Recht oder einen durchsetzbaren Anspruch benötigt, ist ein solches im Falle des Vorstands gar nicht vorgesehen, weil es auch gar nicht benötigt wird. Informationen und Unterlagen, die relevant für die Erfüllung der Aufgabe des besonderen Vertreters sein könnten, sind naturgemäß sowieso in Disposition des Vorstands.[397]

Auch eine Analogie zu § 90 AktG zur Definition der Rechte des besonderen Vertreters wäre systematisch nicht einwandfrei begründbar, obwohl eine gewisse Ähnlichkeit der Berichtspflicht des Vorstands an den Aufsichtsrat zum Verlangen des Sondervertreters nach den beim Vorstand liegenden Informationen und Unterlagen nicht gänzlich von der Hand zu weisen ist. Bei den von § 90 AktG erfassten Informationen, über die eine Berichtspflicht des Vorstands an den Aufsichtsrat besteht, handelt es sich jedoch nicht um solche, die von Interesse des Sondervertreter sein dürften. Es geht gerade nicht um Informationen, die beispielsweise für die Prozessführung oder zu Beweiszwecken im Rahmen einer ordentlichen Geltendmachung von Ersatzansprüchen notwendig wären.[398] Zu diesen würden etwa Originalaufzeichnungen, E-Mail-Korrespondenz etc. gehören. Vielmehr sind inhaltlich in § 90 S. 1 Nr. 1–4 AktG unter

---

394 LG München I, Urt. v. 6.9.2007 – 5 HK O 12570/07, ZIP 2007, 1809, 1812; das OLG Köln, Urt. v. 4.12.2015 – 18 U 149/15, AG 2016, 254, 255 spricht von einem auf unsachgemäße Ausübung begrenzten Ermessen.

395 So *Hüffer*, ZHR 2010, 642, 676; *Binder*, ZHR 2012, 380, 390; ähnlich *Kling*, ZGR 2009, 190, 211 f.; *Nietsch*, ZGR 2011, 589, 614.

396 Diese sieht wohl *Verhoeven*, ZIP 2008, 245, 246 ff.

397 So auch *Binder*, ZHR 2012, 380, 391.

398 So auch *Binder*, ZHR 2012, 380, 391; auch *Mock*, AG 2008, 839, 842 lehnt eine Analogie, allerdings im Zusammenhang mit Berichtspflichten des besonderen Vertreters ab.

anderem geschäftspolitische oder wirtschaftliche Belange betroffen; außerdem geht es um Konzernangelegenheiten (§ 90 S. 2 AktG) und Berichte über alle Angelegenheiten der Gesellschaft (§ 90 Abs. 3 AktG). Dabei handelt es sich bei der Berichtspflicht des Vorstands zu diesen Inhalten jedoch um eigens erstellte Sachlagenberichte und eben nicht um die – diesen zu Grunde liegenden – Originaldaten.[399]

Um als besonderer Vertreter an eben diese Originaldokumente zu gelangen, könnte eine analoge Anwendung von Aufsichtsratsrechten weit gewinnbringender sein.[400] In Frage käme hierfür eine Analogie mit § 111 Abs. 2 AktG. Die Norm räumt dem Aufsichtsrat das Recht ein, Bücher und Schriften der Gesellschaft einzusehen und zu prüfen. Dieses Recht hat einen geradezu universellen Charakter. So steht es dem Aufsichtsrat als Organ nicht nur zu, schriftlich und digitalisiert archivierte Informationen[401] aus dem gesamten Datenbestand[402] des Unternehmens einzusehen. Vielmehr sind sie sogar befugt, hierfür die Räumlichkeiten der Gesellschaft zu betreten[403], Kopien der Daten zu erstellen[404] und Mitarbeiter zu befragen.[405]

Jedoch fehlt es auch hier an einem für eine Analogie notwendigen vergleichbaren Sachverhalt zum besonderen Vertreter. Die von § 111 Abs. 2 AktG umfassenden Rechte des Aufsichtsrats resultieren aus einem ebenso umfassenden Überwachungsauftrag des Aufsichtsrats und sind evident für selbigen.[406] Nach § 111 Abs. 1 AktG hat der Aufsichtsrat die Geschäftsführung zu überwachen. Dies bezieht sich im Umkehrschluss aus § 111 Abs. 4 AktG auf alle Vorgänge der Geschäftsführung, die nicht vom Aufsichtsrat selbst ausgeführt werden.[407] Dabei muss der Aufsichtsrat überwachen, dass der Vorstand die Schritte unternimmt,

399 So auch *Binder*, ZHR 2012, 380, 391.

400 So auch *Binder*, ZHR 2012, 380, 391.

401 Henssler/Strohn-*Henssler*, § 111 Rn. 11; Hüffer/Koch-*Koch*, § 111 AktG Rn. 11; Spindler/Stilz-*Spindler*, § 111 AktG Rn. 38.

402 Henssler/Strohn-*Henssler*, § 111 Rn. 11; Hüffer/Koch-*Koch*, § 111 AktG Rn. 11; MüKo AktG-*Habersack*, § 111 Rn. 63 (mit Ausnahme von Vorstandsprotokollen); Spindler/Stilz-*Spindler*, § 111 AktG Rn. 38.

403 MüKo AktG-*Habersack*, § 111 Rn. 63; Spindler/Stilz-*Spindler*, § 111 AktG Rn. 38.

404 Spindler/Stilz-*Spindler*, § 111 AktG Rn. 38; so auch *Roth*, AG 2004, 1, 8.

405 Henssler/Strohn-*Henssler*, § 111 Rn. 11; Hüffer/Koch-*Koch*, § 111 AktG Rn. 12 (mit der Einschränkung auf den Verdacht einer erheblichen Pflichtverletzung).

406 Allgemein zum Überwachungsauftrag vgl. *Leyens*, Information des Aufsichtsrats, 143 ff.; zum besonderen Zusammenhang vgl. auch MüKo AktG-*Habersack*, § 111 Rn. 60 f.; Spindler/Stilz-*Spindler*, § 111 AktG Rn. 34.

407 MüKo AktG-*Habersack*, § 111 Rn. 18.

die nötig sind, Schaden von der Gesellschaft abzuwenden und das Gesellschaftsvermögen zu vermehren.[408] Durch diesen umfassenden Überwachungsauftrag des § 111 Abs. 1 AktG lässt sich das systematisch davon abhängige Recht auf eine umfassende Ermittlung gemäß § 111 Abs. 2 AktG rechtfertigen. Anderenfalls wäre es dem Aufsichtsrat nicht möglich, seine Aufgabe im Sinne der Organisationsverfassung der Aktiengesellschaft ordentlich auszuführen. Ohne diese Kompetenz gegenüber dem Vorstand könnte er seine Ziele unter Umständen nicht erreichen und würde Gefahr laufen, sich nach § 116 S. 1 AktG ersatzpflichtig machen.

Im Gegensatz zum umfassenden Auftrag des Aufsichtsrats aus § 111 Abs. 1 AktG ist der auf die Geltendmachung von Ersatzansprüchen begrenzte Auftrag des besonderen Vertreters nicht vergleichbar und somit nicht analogiefähig.[409] Universale Ermittlungs- und Prüfungsrechte nach dem Vorbild derer, die dem Aufsichtsrat in § 111 Abs. 2 AktG aufgrund seines Auftrags notwendigerweise zugebilligt werden, sind im Falle des Sondervertreters nicht zu rechtfertigen. Der Mangel an gesetzlichen Regelungen bezüglich der Rechte, die der besondere Vertreter zur Erfüllung seiner Aufgabe hat, muss dementsprechend auf anderem Wege als durch Herleitungen aus einer Organschaft beseitigt werden.[410]

2. Ansatz: Abgrenzung zwischen Sonderprüfer und besonderem Vertreter

Zur Bestimmung möglicher Rechte des Sondervertreters könnte eine Parallele zum Sonderprüfer gemäß § 142 ff. AktG gezogen werden. Auch die Rechtsprechung hat dieses Vorgehen bereits im Rahmen des HVB-Falls in Erwägung gezogen. So hat das OLG München[411] in der Berufungsinstanz die noch zuvor vom LG München I[412] eingeräumten umfassenden Ermittlungsrechte größtenteils wieder kassiert. Während das LG München in seinem Urteil noch auf die Unterschiedlichkeit des besonderen Vertreters zu seinem benachbarten Institut

---

408 Hölters-*Hambloch-Gesinn/Gesinn*, § 111 AktG Rn 4.

409 So auch *Binder*, ZHR 2012, 380, 392; *Beneke*, Der Geltendmachungsbeschluss, 184; eine solche Analogie lehnt auch *Mock*, AG 2008, 839, 842 im Zusammenhang mit Berichtspflichten des besonderen Vertreters gegenüber dem Aufsichtsrat ab.

410 Im Ergebnis ebenso *Humrich*, Der besondere Vertreter, 116 f., der bestimmte Rechte des Sondervertreters als Folge einer Organstellung ablehnt.

411 OLG München, Urt. v. 28.11.2007 – 7 U 4498/07, AG 2008, 172.

412 LG München I, Urt. v. 6.9.2007 – 5 HK O 12570/07, ZIP 2007, 1809.

des Sonderprüfers (§§ 142 ff. AktG) hingewiesen hatte,[413] zog das OLG München dieses als Maßstab für die Bestimmung der Rechte des Sondervertreters heran.

a) Inhalt der Entscheidung des OLG München

Der Senat arbeitete zunächst – unter Verweis auf die bereits vorgestellte Entscheidung des RG[414] – heraus, dass trotz einer fehlenden ausdrücklichen gesetzlichen Regelung dem besonderen Vertreter anerkanntermaßen diejenigen Auskunfts- und Einsichtsrechte zustünden, die er zur zweckentsprechenden Durchführung eines Ersatzprozesses benötige. Nur so würde er in die Lage versetzt, die ihm vom Gesetz zugedachte Aufgabe tatsächlich auch zu erfüllen.[415]

Bei der genauen Bestimmung und Eingrenzung der Befugnisse des besonderen Vertreters sei allerdings das im Gesetz benachbarte Rechtsinstitut des Sonderprüfers gemäß §§ 142 ff. AktG zu berücksichtigen. Der Senat führte hierzu aus, dass es nicht ohne weiteres möglich sein dürfe, dem besonderen Vertreter gesetzlich nicht geregelte Kompetenzen zuzubilligen, soweit das Gesetz den zugrunde liegenden Interessen der Gesellschaft und der Gesellschafter durch die Regelungen über den Sonderprüfer mit gesetzlich klar definierten Befugnissen Rechnung trage.[416] Nach § 142 Abs. 1 S. 1 AktG diene die Einsetzung eines Sonderprüfers der „Prüfung von Vorgängen bei der Gründung oder der Geschäftsführung".[417] Der Sonderprüfer habe damit einen Prüfungsauftrag, der nur insoweit gegenständlich beschränkt sei, als er sich auf bestimmte Vorgänge beziehen müsse. Dagegen sei die Aufgabe des besonderen Vertreters nach § 147 Abs. 2 S. 1 AktG die „Geltendmachung" des Ersatzanspruchs.[418] Bereits diese unterschiedlichen Gesetzesformulierungen deuteten darauf hin, dass der besondere Vertreter nicht wie der Sonderprüfer Vorgänge innerhalb der Gesellschaft umfassend und in alle Richtungen hin zu überprüfen, sondern aus einem wenigstens im Kern bereits bekannten Sachverhalt Ansprüche durchzusetzen habe. Anders als beim Sonderprüfer liege seine Aufgabe also nicht in der Aufklärung noch unklarer Sachverhalte.[419] Eine Befugnis, Prüfungen durchzuführen, habe er vielmehr nur als Annexkompetenz zu seiner Funktion, Ansprüche

413 LG München I, Urt. v. 6.9.2007 – 5 HK O 12570/07, ZIP 2007, 1809, 1814.
414 RG, Urt. v. 4.11.1913 – Rep. II 297/13, RGZ 83, 248, 252.
415 OLG München, Urt. v. 28.11.2007 – 7 U 4498/07, AG 2008, 172, 174.
416 OLG München, Urt. v. 28.11.2007 – 7 U 4498/07, AG 2008, 172, 174.
417 OLG München, Urt. v. 28.11.2007 – 7 U 4498/07, AG 2008, 172, 174.
418 OLG München, Urt. v. 28.11.2007 – 7 U 4498/07, AG 2008, 172, 174 f.
419 OLG München, Urt. v. 28.11.2007 – 7 U 4498/07, AG 2008, 172, 175.

geltend zu machen. Dabei seien Auskunfts- und Einsichtsrechte unmittelbar an die Geltendmachung bestimmter Ersatzansprüche gebunden. Dies erkläre, warum das Gesetz auch keine den Rechten des Sonderprüfers nach § 145 AktG entsprechenden „Ermittlungsbefugnisse“ vorsehe.[420] Dafür, dass der besondere Vertreter Ansprüche aus im Wesentlichen bereits bekannten Sachverhalten durchzusetzen habe, spreche ferner die Regelung des § 147 Abs. 1 S. 2 AktG, wonach der Ersatzanspruch binnen sechs Monaten seit dem Tage der Hauptversammlung geltend gemacht werden soll. Die Einhaltung dieser Frist wäre regelmäßig nicht möglich, wenn der besondere Vertreter zunächst umfangreiche Ermittlungen und Sachverhaltsaufklärungen vorzunehmen hätte.[421]

b) *Gegenansicht zur Auffassung des OLG München*

Eine andere Ansicht als die des OLG München[422] wird in Teilen der Literatur[423] sowie in der Rechtsprechung, namentlich des LG München I als Vorinstanz vertreten.[424] Es wird insbesondere von *Mock*[425] argumentiert, dass das OLG München fälschlicherweise von einem Abhängigkeitsverhältnis zwischen Sonderprüfung und dem besonderen Vertreter ausgehe, das in der gesetzlichen Regelung beider Rechtsinstitute keine Grundlage finde.[426] Eine Sonderprüfung habe laut *Mock* nämlich für die betroffenen Verwaltungsmitglieder der Gesellschaft oder andere verbundene Personen keine unmittelbaren Konsequenzen. Sie diene nur der Prüfung von Vorgängen bei der Gründung und Geschäftsführung (§ 142 Abs. 1 AktG) mit dem alleinigen Ergebnis eines Sonderprüfungsberichts (§ 145 Abs. 6 AktG).[427] Der Sonderbericht schaffe lediglich die Grundlage für die Gesellschaft in ihrer Entscheidung, ob die Verwaltungsmitglieder im Zusammenhang mit diesen geprüften Vorgängen in Anspruch genommen oder ob insgesamt personelle Konsequenzen gezogen werden sollten.[428] Die

420 OLG München, Urt. v. 28.11.2007 – 7 U 4498/07, AG 2008, 172, 175.
421 OLG München, Urt. v. 28.11.2007 – 7 U 4498/07, AG 2008, 172, 175.
422 OLG München, Urt. v. 28.11.2007 – 7 U 4498/07, AG 2008, 172.
423 *Böbel*, Rechtsstellung, 92; *Verhoeven*, ZIP 2008, 245, 247; *Mock*, DB 2008, 393, 396.
424 LG München I, Urt. v. 6.9.2007 – 5 HK O 12570/07, ZIP 2007, 1809–1816, das dem besonderen Vertreter umfassende Rechte zuspricht, vgl. A.IV.2.a).
425 *Mock*, DB 2008, 393, 396.
426 *Mock*, DB 2008, 393, 396.
427 *Mock*, DB 2008, 393, 396.
428 *Mock*, DB 2008, 393, 396 mit Verweis auf Schmidt/Lutter-*Spindler*, § 145 AktG Rn. 22 sowie zur Zielsetzung des Sonderprüferberichts Küting/Weber-*Fleischer*, § 145 AktG Rn. 28; *König*, Umfang der Berichterstattung, 76 ff.

Inanspruchnahme der Verwaltungsmitglieder könne dann entweder durch den Vorstand beziehungsweise den Aufsichtsrat, durch den besonderen Vertreter, durch eine qualifizierte Aktionärsminderheit im Rahmen des Klagezulassungsverfahrens nach § 148 AktG oder schließlich durch den Insolvenzverwalter nach § 80 Abs. 1 InsO erfolgen.[429] Die Sonderprüfung nach den §§ 142 ff., 258 ff. AktG indiziere dabei weder ein bestimmtes Vorgehen noch mache sie dafür irgendwelche Vorgaben.[430] Daher könne der besondere Vertreter nicht hinter den Einsichts-, Auskunfts- und Ermittlungsrechten eines Sonderprüfers zurückbleiben, da andernfalls ein besonderer Vertreter immer nur dann bestellt werden könnte, wenn zuvor eine Sonderprüfung stattgefunden habe oder der den Ersatzansprüchen zugrunde liegende Sachverhalt offenkundig sei.[431]

Darüber hinaus könne ein Zurückbleiben der Einsichts-, Auskunfts- und Ermittlungsrechte des besonderen Vertreters auch durch die parallele Bestellung oder Beschlussfassung zur Bestellung eines Sonderprüfers und eines besonderen Vertreters nicht gerechtfertigt werden.[432] Dafür spreche, dass der besondere Vertreter nach § 147 Abs. 1 S. 2 AktG innerhalb von sechs Monaten seit dem Tage der Hauptversammlung Ersatzansprüche geltend machen soll.[433] Die Durchführung einer Sonderprüfung und die Vorbereitung einer klageweisen Durchsetzung durch den besonderen Vertreter innerhalb von sechs Monaten seien aber gerade nicht möglich.[434] *Verhoeven*[435] fügt dem noch hinzu, dass keine Norm es ausschließe, dass der Sonderprüfer und der besondere Vertreter ein und dieselbe Person sein und auch in ein und demselben Hauptversammlungsbeschluss bestellt werden könnten.[436] Deshalb müsse man sich fragen, warum der Umweg über eine Doppelbelastung als Sonderprüfer und besonderem Vertreter notwendig sein soll, um dem besonderen Vertreter zumindest die Informationsrechte des Sonderprüfers zu geben.[437]

---

429 *Mock,* DB 2008, 393, 396.
430 *Mock,* DB 2008, 393, 396.
431 *Mock,* DB 2008, 393, 396.
432 *Mock,* DB 2008, 393, 396.
433 *Mock,* DB 2008, 393, 396.
434 *Mock,* DB 2008, 393, 396.
435 *Verhoeven,* ZIP 2008, 245, 247.
436 *Verhoeven,* ZIP 2008, 245, 247.
437 *Verhoeven,* ZIP 2008, 245, 247.

c) Stellungnahme

Wie oben schon aufgezeigt,[438] ist der vom Aktiengesetz vorgesehene Regelfall für die Organhaftung die Haftung des Vorstands nach § 93 AktG und die Haftung des Aufsichtsrats nach § 116 AktG. Die Ansprüche hieraus sind von den beiden Organen jeweils gegeneinander geltend zu machen.[439] Dieser gesetzliche Mechanismus kommt in der Praxis allerdings oftmals nicht hinreichend zur Geltung. Das ergibt sich daraus, dass das Problem der oben[440] angesprochenen persönlichen Beziehungen zwischen den Vorstands- und Aufsichtsratsmitgliedern Angst vor einer Haftung wegen Überwachungspflichtverletzung im Aufsichtsrat schürt, die im Falle einer Inanspruchnahme des Vorstands besteht.[441] Darüber hinaus ist denkbar, dass die einen Anspruch verfolgenden Aufsichtsratsmitglieder die „Revanche" des ersatzpflichtigen Vorstands zu erwarten haben. Das wäre der Fall, wenn beispielsweise dasselbe Vorstandsmitglied gleichzeitig Aufsichtsrat in einem zweiten Unternehmen ist, in dem der zuvor in Anspruch nehmende Aufsichtsrat selbst Vorstand war und damit möglicherweise noch Anspruchsgegner für Schadensersatzklagen sein kann.[442] Für diese Fälle hat der Gesetzgeber Ausnahmen geregelt. Diese sehen vor, dass der Anspruch dann nicht vom Vorstand oder Aufsichtsrat, sondern von einer dritten Partei durchgesetzt werden kann.

Die praktische Schwierigkeit dieser Ausnahme ist die Substantiierung eines anspruchsbegründenden Sachverhalts, da in der Aktiengesellschaft ein Informationsgefälle zwischen innen (Vorstand und Aufsichtsrat) und außen (Aktionäre beziehungsweise Hauptversammlung) besteht.[443] Der Gesetzgeber scheint sich dieses Problems durchaus bewusst gewesen zu sein und hat als Ausgleich für dieses Informationsgefälle die Möglichkeit der Bestellung eines Sonderprüfers nach § 142 Abs. 1 AktG vorgesehen.[444] Diese Bestellung bedarf nach § 142 Abs. 1 S. 1 AktG einer einfachen Stimmmehrheit in der Hauptversammlung. In der Praxis wird allerdings eine solche Mehrheit selten erreicht werden, da die Mehrheitsverhältnisse in vielen Aktiengesellschaften so aussehen, dass es

---

438 Vgl. A.I.

439 Vgl. § 78 AktG und § 112 AktG.

440 Vgl. A.I.

441 Vgl. dazu auch *Baums*, Gutachten F, 241; *Heermann*, AG 1998, 201, 201; MüKo AktG-*Habersack*, § 111, Rn. 34.

442 Solche Konstellationen sind allerdings nur nach Maßgabe des § 100 Abs. 2 Nr. 3 AktG möglich.

443 Spindler/Stilz-*Mock*, § 142 AktG Rn. 1.

444 Hüffer/Koch-*Koch*, § 142 AktG Rn. 1; MüKo AktG-*Arnold*, § 142 Rn. 14; Spindler/Stilz-*Mock*, § 142 AktG Rn. 1; Schmidt/Lutter-*Spindler*, § 142 AktG Rn. 1 f.

einen oder zwei Hauptaktionäre, sogenannte *Anchor-shareholder* (also wesentlich beteiligte Aktionäre) gibt, die als langfristiger Großaktionär und Partner des Unternehmens eine bestimmende Rolle spielen.[445] Diese haben meist kein sehr großes Interesse an einer Sonderprüfung, weil durch die Sonderprüfung eine Überwachungspflichtverletzung aufgedeckt werden könnte, die Sonderprüfung sehr hohe Kosten verursacht und der Sonderprüfungsbericht öffentlich gemacht wird. Gerade letzteres ist ein nicht zu vernachlässigender Faktor: Der Sonderprüfungsbericht muss nach seiner Fertigstellung gemäß § 145 Abs. 6 S. 3 AktG zu dem am Sitz der Gesellschaft geführten Handelsregister eingereicht werden und liegt damit der Öffentlichkeit grundsätzlich zur Einsichtnahme offen. Hieraus folgt ein mitunter großes Anspruchspotenzial für verschiedenste Klagen von Dritten und von Aktionären.

Um auch gegen den Widerstand des wesentlich beteiligten Aktionärs eine Sonderprüfung zu ermöglichen, räumt das Gesetz nach § 142 Abs. 2 S. 1 AktG den Aktionären ein Antragsrecht zur Bestellung eines Sonderprüfers durch das Gericht ein, sofern die Anteile der Aktionäre bei Antragstellung zusammen den hundertsten Teil des Grundkapitals oder einen anteiligen Betrag von 100.000 Euro erreichen. Allerdings müssen in diesem Fall Tatsachen vorliegen, die den Verdacht rechtfertigen, dass bei dem zu beanstandenden Vorgang Unredlichkeiten, grobe Verletzungen des Gesetzes oder der Satzung vorgekommen sind. Ist das Gericht von der Annahme solcher Tatsachen überzeugt, wird der Sonderprüfer eingesetzt.[446]

Zur sorgfältigen Prüfung und Aufklärung des Sachverhalts stehen dem Sonderprüfer nach § 145 AktG umfassende Rechte zu. Auch aufgrund dieser Rechte und der Veröffentlichung des Sonderprüfungsberichts ist die Hürde zur Bestellung des Sonderprüfers – wie eben gesehen – hoch angesetzt, um Schaden von der Gesellschaft (zum Beispiel auch für ihre Reputation) abzuwenden. Daraus folgt auch, dass es kein Stimmverbot nach § 136 AktG bei der Bestellung des Sonderprüfers für den Hauptaktionär gibt.[447]

---

445 *Schiessl*, AG 2009, 385, 387.

446 GroßKomm. AktG-*Bezzenberger*, § 142 Rn. 62; Schmidt/Lutter-*Spindler*, § 142 AktG Rn. 56; MüKo AktG-*Arnold*, § 142 Rn. 86 f.; KK AktG-*Rieckers/Vetter*, § 142 Rn. 32; Hüffer/Koch-*Koch*, § 142 AktG Rn. 20.

447 OLG Hamburg Urt. v. 17.8.2001 – 11 U 60/01, AG 2003, 46, 48; Heidel-*Wilsing/von der Linden*, § 142 AktG Rn. 20; MüKo AktG-*Arnold*, § 142 Rn. 58; Hüffer/Koch-*Koch*, § 142 AktG Rn. 15; a.A. OLG Karlsruhe, Urt. v. 20.11.1987 – 15 U 102/85, (soweit ersichtlich, nicht veröffentlicht); KK AktG-*Rieckers/Vetter*, § 142 Rn. 171.

Ist es zu einer Sonderprüfung gekommen und liegt der Sachverhalt wie vom Gesetz vorgesehen offen, ist es zunächst Aufgabe der Organe, die jetzt einsehbaren möglichen Ersatzansprüche gegenseitig geltend zu machen. In der Regel wird dies auch geschehen, da beispielsweise ein Aufsichtsrat unter Umständen sogar eine Straftat begeht, wenn er Ersatzansprüche nicht geltend macht.[448] Geschieht dies allerdings nicht, können diese Ansprüche, wie oben beschrieben,[449] entweder vom besonderen Vertreter nach § 147 AktG oder mithilfe der Aktionärsklage nach § 148 AktG durchgesetzt werden.

Dem Gesetz schwebt somit ein zweistufiges Verfahren vor. In einem ersten Schritt soll der Sachverhalt, der zur Annahme der Haftung von Verwaltungsmitgliedern führt, gegebenenfalls mithilfe einer Sonderprüfung aufgeklärt werden. Erst in einem zweiten Schritt geht es dann um die Geltendmachung der Ansprüche.[450] Dieses Stufenverhältnis hätte auch die Rechtsprechung[451] noch deutlicher machen können. Dennoch wurden dem besonderen Vertreter im Ergebnis – der hier vertretenen Auffassung entsprechend – lediglich die Auskunfts- und Einsichtsrechte zugestanden, die unerlässlich sind, um seine Arbeit aufzunehmen, und die sich unmittelbar auf den dazugehörigen Hauptversammlungsbeschluss zur Geltendmachung der Ersatzansprüche beziehen.[452] Die konkrete Bezeichnung des Beschlusses, welche Ersatzansprüche geltend gemacht werden sollen, stellt nach der Sonderprüfung und der damit verbundenen Aufklärung des Sachverhalts keine schwierige Aufgabe für die Aktionäre dar.

Zur Frage, wie der besondere Vertreter überhaupt an Informationen kommen kann, stellt das OLG München richtigerweise fest, dass der besondere Vertreter Einsicht in Unterlagen verlangen kann, sofern diese sich auf die Prüfung der in einem Hauptversammlungsbeschluss konkret bezeichneten möglichen Ersatzansprüche, die durch den Sondervertreter geltend gemacht werden

448 Zum Beispiel Untreue gemäß § 266 StGB; zu dieser Thematik vertiefend *Bosch/Lange*, JZ 2009, 225, 226 f.

449 Vgl. A.I.

450 So auch *Binder*, ZHR 2012, 380, 395; *Dauner-Lieb/Winnen*, FS Kanzleiter, 119, 135; *Fabritius*, GS Gruson, S. 133, 147; *Humrich*, NZG 2014, 441, 446; *ders.*, 171; *Hüffer*, ZHR 2010, 642, 675; sogar *Böbel*, Rechtsstellung, 44 sieht diese Konstruktion; a.A. *Mock*, NZG 2015, 1013, 1015 f. mwN.

451 Insbesondere OLG München, Urt. v. 28.11.2007 – 7 U 4498/07, AG 2008, 172, 174, das richtigerweise bezüglich der Kompetenzen des besonderen Vertreters einen Vergleich mit dem Sonderprüfer anstellt, es aber dennoch versäumt auf die Gesetzessystematik hinsichtlich der beiden Rechtsinstitute einzugehen.

452 Dem zustimmend *Kling*, ZGR 2009, 190, 218.

sollen, beziehen.[453] Dabei müssen ihm diese Unterlagen nur insoweit zugänglich gemacht werden, als sie die im Beschluss genau bezeichneten Sachverhalte betreffen. Bei diesen handele es sich nämlich um solche, die notwendig seien, damit der besondere Vertreter seine Arbeit überhaupt sinnvoll aufnehmen könne.[454]

Allerdings schließe dies, laut Senat, nicht aus, dass der besondere Vertreter in der Folge auch weitere Korrespondenz zu den genannten Sachverhaltskomplexen benötige, deren Gegenstand in den genannten Protokollen und Protokollentwürfen keinen Niederschlag gefunden habe.[455] Unter der Voraussetzung einer hinreichend substantiierten Glaubhaftmachung des dringenden Bedürfnisses für die Einsicht in solche weitere Korrespondenz hält der Senat grundsätzlich weiteren einstweiligen Rechtsschutz des besonderen Vertreters für möglich, wobei die Gesellschaft freilich veranlasst sein könne, solche Unterlagen bereits nach Aufforderung und nicht erst aufgrund einer Verurteilung zugänglich zu machen.

Nach der hier vertretenen Auffassung darf es sich bei einer entsprechenden Geltendmachung im einstweiligen Rechtsschutzverfahren gleichwohl nur um solche Unterlagen handeln, die notwendig sind, damit der besondere Vertreter seine Arbeit überhaupt sinnvoll aufnehmen bzw. durchführen kann.

Mehr Auskunfts- und Ermittlungsrechte sind nicht vorgesehen und aufgrund des zweistufigen Verfahrens auch nicht mehr nötig.[456] Allein die Durchsetzung ist offen und sowohl die Aufgabe als auch das Recht des besonderen Vertreters. Damit ergibt sich auch kein Raum für etwaige Überlegungen einer analogen Anwendung der Rechte des Sonderprüfers aus § 145 Abs. 1–3 AktG auf den besonderen Vertreter.[457] Die Zielsetzung der beiden Rechtsinstitute ist unterschiedlich und damit liegt eine für eine Analogie nötige vergleichbare Sachlage nicht vor.[458]

---

453 OLG München Urt. v. 28.11.2007 – 7 U 4498/07, AG 2008, 172, 174 f.

454 OLG München Urt. v. 28.11.2007 – 7 U 4498/07, AG 2008, 172, 175.

455 OLG München Urt. v. 28.11.2007 – 7 U 4498/07, AG 2008, 172, 175.

456 So würde sich auch die dem Sondervertreter vom LG Duisburg Urt. v. 9.6.2016 – 22 O 50/16, AG 2016, 795, 797 im einstweiligen Rechtsschutzverfahren zugestandene Möglichkeit ein Bestandverzeichnis aller relevanter Unterlagen nach § 260 BGB verlangen zu können erübrigen, welche *Lochner*, EWiR 2016 625, 626 der Entscheidung des OLG München Urt. v. 28.11.2007 – 7 U 4498/07, AG 2008, 172, 175 vorzieht.

457 Diese scheint *Mock*, DB 2008, 393, 396 für gegeben zu erachten.

458 So auch *Hüffer*, ZHR 2010, 642, 674.

Außerdem ist zugleich das Argument der Gegenansicht widerlegt, dass das Gericht fälschlicherweise von einer Abhängigkeit zwischen Sonderprüfung und besonderem Vertreter ausgeht und der Sonderprüfungsbericht keine Konsequenz auf das Handeln der Organe habe. Der Sonderprüfungsbericht übt nämlich sehr wohl einen „Geltendmachungsdruck" auf die Organe aus. Richtig ist allerdings, dass es zu einer Durchsetzung durch den Aufsichtsrat nicht zwingend kommen muss. Zwar hat der BGH im „ARAG/Garmenbeck-Fall" festgestellt, dass, wenn der Aktiengesellschaft (nach dem Ergebnis der Sonderprüfung) durchsetzbare Schadensersatzansprüche zustehen, der Aufsichtsrat diese Ansprüche grundsätzlich zu verfolgen hat.[459] Jedoch dürfe er davon ausnahmsweise absehen, wenn gewichtige Gründe des Gesellschaftswohls dagegen sprächen und diese Umstände die Gründe, die für eine Rechtsverfolgung streiten, überwiegen oder ihnen zumindest gleichwertig seien.[460] Bei dem Vorliegen dieser Umstände ist jedoch ein Verzicht auf die Durchsetzung der Ansprüche nicht nur im Sinne der Organe, sondern ganz besonders auch im Sinne der Aktionäre, da ein geschäftsschädigendes Schadensersatzverfahren wohl direkte Vermögenskonsequenzen für die Aktionäre haben dürfte. Es bleibt also die Möglichkeit, nach dem Sonderbericht, wenn vorherige bloße Tatsachenanhaltspunkte für Ersatzansprüche in einen voll aufgeklärten Sachverhalt verwandelt wurden, immer noch innezuhalten und sich im Hinblick auf die Unternehmensinteressen und damit wohl auch auf die Aktionärsinteressen klarzumachen, ob es überhaupt sinnvoll ist, Ersatzansprüche durchzusetzen. Möchte man dies entgegen dem Willen des Aufsichtsrats dennoch, bleibt der Hauptversammlung immer noch die Möglichkeit, einen besonderen Vertreter zu bestellen, oder der Weg über die Aktionärsklage.

Hätte sich das OLG München dem vorinstanzlichen Urteil des LG München I angeschlossen, hätte dies zu einer Vermischung der Institute des Sonderprüfers und des besonderen Vertreters geführt. Dies ist allerdings tunlichst zu vermeiden. Wäre der besondere Vertreter nämlich mit solchen, dem Sonderprüfer entsprechenden Rechten ausgestattet, oder gar eine Art „Staatsanwalt"[461], wäre die Folge keine ordentliche Durchsetzung von Ersatzansprüchen, sondern dass die Aktionäre, ohne genaue Kenntnis der Sachverhalte, einen besonderen Vertreter ins Unternehmen schicken können, der quasi ohne Gefühl für

459 BGH, Urt. v. 21.4.1997 – II ZR 175/95, ZIP 1997, 883, 884.

460 BGH, Urt. v. 21.4.1997 – II ZR 175/95, ZIP 1997, 883, 885; vgl. zu den Voraussetzungen und Folgen der Nichtgeltendmachung von Haftungsansprüchen gegen Vorstandsmitglieder aus übergeordneten Gründen des Unternehmenswohls ausführlich *Wilsing*, FS Maier-Reimer, 889–918.

461 So *Verhoeven*, ZIP 2008, 245, 247.

Gesellschaftsinteressen, Rentabilität der möglichen Ersatzklagen oder sonstige Ressentiments Sachverhalte nicht nur aufklärt, sondern diese auch sofort durchsetzen muss. Egal was er bei seiner Suche für anspruchsbegründende Sachverhalte aufdeckt, er hat auf alle Fälle nach § 147 Abs. 1 Satz 1 AktG die Pflicht, Ansprüche geltend zu machen. Es gibt dabei keine Abwägung über die oben beschriebenen überwiegenden oder zumindest gleichwertigen Gesellschaftsinteressen. Es kann also nicht im Interesse des Gesetzgebers gewesen sein, eine Vermischung der Institute, wie es von den Vertretern der Gegenansicht erwogen wird, zu erreichen. Vielmehr ist es dem Aktionär nicht zuzumuten, einen Beschluss zu fassen, mit dem ein besonderer Vertreter ermächtigt wird, mehr oder weniger „ins Dunkle zu schießen" und im schlimmsten Fall am Ende vor einer Reihe von Ersatzanspruchsklagen zu stehen, die zwar unter Umständen Millionenbeträge von Vorständen einbringen können, aber ähnlich hohe Kosten verursachen. Gleiches gilt für mögliche Vermögenseinbußen der Gesellschaft durch Reputationsschäden und Ähnliches.

Auch die im Gesetz vorgesehene Durchsetzungsfrist nach § 147 Abs. 1 S. 2 AktG ist, anders als dies von der Gegenmeinung[462] angenommen wird, kein Indiz für weiter gehende Ermittlungs-, Auskunfts- und Einsichtsrechte, weil andernfalls eine Verjährung der Rechte drohe. Vielmehr spricht die kurze Frist dafür, dass der Gesetzgeber davon ausgegangen ist, dass der Sachverhalt des durchzusetzenden Anspruchs bereits vollständig (von Sonderprüfern) aufgeklärt ist, bevor der Beschluss zur Einsetzung und Geltendmachung eines besonderen Vertreters gefasst wird.[463] Umfangreiche Aufklärungsrechte und eine längere Frist sind demnach vom Gesetz nicht vorgesehen und dementsprechend nachvollziehbar vom OLG München nicht anerkannt worden.

Auch das Argument, das OLG München habe übersehen, dass es nicht ausgeschlossen sei, dass der Sonderprüfer und der besondere Vertreter ein und dieselbe Person sein können und auch in ein und demselben Hauptversammlungsbeschluss bestellt werden könnten und deshalb ein Umweg über die Doppelbelastung der Institute vermeidbar sei,[464] steht den hier getroffenen Feststellungen zu Sinn und Zweck und dem Zusammenhang der Rechtsinstitute nicht entgegen. Es ist zwar gesetzlich nicht ausgeschlossen, dass ein Sonderprüfer und besonderer Vertreter in Personalunion tätig werden. Es ist aber darüber hinaus durchaus fraglich, ob es in einer Hauptversammlung, auch wenn es sich

---

462 OLG München, Urt. v. 28.11.2007 – 7 U 4498/07, AG 2008, 172, 175.

463 So auch *Kling*, ZGR 2009, 190, 217.

464 Diese Überlegung stellt *Verhoeven*, ZIP 2008, 245, 247 an.

um den Versuch eines zusammengefassten Beschlusses handelt, zu einer Bestellung käme. Gerade aus den oben genannten Gründen, warum von den Hauptaktionären Sonderprüfungen vermieden werden, würde wohl kaum in einer Hauptversammlung ein zusammengefasster Beschluss über die Einsetzung eines Sonderprüfers und eines besonderen Vertreters gefasst werden. Vom Versammlungsleiter würden diese Beschlüsse bei taktisch klugem Vorgehen getrennt zur Abstimmung gestellt werden, um eventuell drohende Stimmverbote bei einer Zusammenfassung der Beschlüsse zumindest bezüglich der Durchführung der Sonderprüfung zu vermeiden. Im Übrigen hat ein Versammlungsleiter den Beschlussvorschlag jedenfalls dann zurückzuweisen, wenn die Erweiterung des Beschlusses auf einen Großaktionär offenkundig aus dem Grund erfolgt, um diesem sein Stimmrecht wegen gemäß § 136 Abs. 1 S. 1 AktG zu verwehren.[465] Das Argument der Gegenansicht erscheint somit insgesamt als nicht sehr praxisnah.

d) Fazit

Durch die Herausarbeitung der genauen Konturen der Rechtsstellung des besonderen Vertreters[466] wurde bereits deutlich gemacht, dass diesem keine Geschäftsführungsbefugnisse im Innenverhältnis der Gesellschaft wie zum Beispiel Leitungs-, Direktions- und Hausrechte zukommen.[467] Ebenso wurden die Auskunfts- und Ermittlungsrechte klar von den Befugnissen eines Sonderprüfers abgegrenzt und auf solche beschränkt, die unmittelbar an die Geltendmachung von Ersatzansprüchen gebunden sind.[468]

Die Rollen sind vom Gesetzgeber durch ein zweistufiges Verfahren klar verteilt. Die Sachverhaltsaufklärung obliegt allein dem Sonderprüfer und ist durch das Aktiengesetz stark reglementiert. Beim besonderen Vertreter handelt es sich lediglich um ein prozessuales Instrument, welches von der Prüfung erfasste und der Hauptversammlung in ihrem Geltendmachungsbeschluss genau bestimmten Ansprüche durchsetzen soll. Eine Vermischung der Institute gilt es zu vermeiden. Dazu muss dem besonderen Vertreter auf jeden Fall ein Einsichtsrecht in den Sonderprüfungsbericht eingeräumt werden.[469]

---

465 *Paul*, BB 2017, 980, 980.

466 Vgl. D.

467 Vgl. A.IV.2.b); ebenso *Konzen*, FS Hommelhoff, 565, 573, der in dem besonderen Vertreter keinen „Hausdetektiv“ sieht.

468 OLG München Urt. v. 28.11.2007 – 7 U 4498/07, AG 2008, 172, 174 f.; Vgl. auch E.II.2.c).

469 Insoweit auch Spindler/Stilz-*Mock*, §147 AktG Rn. 105; *Kling*, ZGR 2009, 190, 217.

Man muss sich jedoch durchaus darüber bewusst sein, dass sich, wenn es um Informationsbeschaffung geht, die Vorstände in ihrer Stellung als Vertreter der Gesellschaft und mögliche Adressaten von Ersatzansprüchen und dem besonderen Vertreter als „Durchsetzer“ dieser Ansprüche, keine Zugeständnisse machen und jeder versucht, seinen Machtbereich möglichst weitgefasst zu halten.

Grundsätzlich muss zwar weiterhin gelten, dass sich die Informationsbeschaffung lediglich auf die Unterlagen beziehen darf, die in engem Zusammenhang mit dem Hauptversammlungsbeschluss stehen und deren Einsichtnahme durch den besonderen Vertreter dahingehend notwendig ist, dass dieser seine Arbeit ordentlich aufnehmen kann. Darüber hinaus hat der Sondervertreter aber keine Informationsrechte ähnlich eines Sonderprüfers, die er selbst geltend machen kann. Richtigerweise muss dem besonderen Vertreter bei hinreichender substantiierter Glaubhaftmachung eines dringenden Bedürfnisses zumindest Einsicht in solche Unterlagen, die er für eine ordentliche Durchführung seiner Aufgabe im vorbezeichneten Sinne benötigt, einstweiliger Rechtsschutz (§ 940 ZPO) zustehen.

3. Inhalt des Hauptversammlungsbeschlusses

Mit der Frage nach den Informationsrechten ist die Bestimmung des Inhalts des Hauptversammlungsbeschlusses eng verknüpft. Schließlich soll der Geltungsmachungsbeschluss den genauen Auftrag des besonderen Vertreters festlegen.

Wie bereits dargestellt, geht das Gesetz grundsätzlich von einem zweistufigen Verfahren aus.[470] Dieses sieht vor, dass zunächst eine Sachverhaltsaufklärung durch den Sonderprüfer durchzuführen ist. Im Anschluss daran kann eine Geltendmachung durch den besonderen Vertreter erfolgen, sofern diese nicht durch den Vorstand oder Aufsichtsrat angestrebt wird. Allerdings ist zu berücksichtigen, dass es sich hierbei um den strukturellen Idealfall handelt, der nicht ausdrücklich normiert ist.

Zwar ist das zweistufige Verfahren klar der Systematik des Gesetzes zu entnehmen und sollte im Sinne einer sorgfältigen und objektiv-neutralen Aufklärung und Durchsetzung von möglichen Ansprüchen eigentlich selbstverständlich sein. Jedoch ist diese Vorgehensweise nicht obligatorisch.[471] Tatsächlich scheint der Regelfall in der Praxis gerade nicht der zu sein, dass ein besonderer Vertreter erst dann bestellt wird, wenn die Ergebnisse eines Sonderprüfungsberichts

---

470 Vgl. E.II.2.c).

471 *Böbel*, Rechtsstellung, 44.

vorliegen.[472] Umso wichtiger ist gerade im Falle der Bestellung eines besonderen Vertreters ohne vorangehende Sonderprüfung die konkrete Bezeichnung der geltend zu machenden Ansprüche. Ein ausufernder Auftrag durch einen unbestimmten Hauptversammlungsbeschluss mündet geradewegs in die oben angesprochene Problematik der im Gesetz fehlenden Rechtezuteilung und Ermittlungsbefugnis des Sondervertreters. Dies gilt es nicht zuletzt aus prozessökonomischen Gesichtspunkten zu vermeiden. Freilich ist die genaue Bezeichnung des Beschlusses dahingehend, welche Ersatzansprüche gegen welche Personen geltend gemacht werden sollen, ohne eine vorangegangene Prüfung für einen außenstehenden Aktionär in den meisten Fällen schwierig. Dennoch muss einer unbestimmten Beschlussfassung Einhalt geboten werden. Es darf nicht dazu kommen, dass ohne Substantiierung ein Geltendmachungsbeschluss gefasst wird.[473] Insbesondere dann nicht, wenn ein ebenfalls bestellter Sondervertreter *ins Blaue hinein*[474] mit einer Geltendmachung beginnen soll. Einen negativen Höhepunkt würde dieses Szenario dann erreichen, wenn die Beschlüsse dabei – etwa aufgrund bestehender Stimmverbote nach § 136 AktG – gegen eine Aktionärsmehrheit in der Hauptversammlung gefasst wurden und somit womöglich gegen das Gesellschaftswohl gehandelt würde.[475] Eine unternehmensbezogene Abwägung des Für und Wider einer Verfolgung von Ersatzansprüchen wäre dann nicht mehr möglich. Die Umgehung der systematisch vorgesehenen Reihenfolge der Sonderprüfung und der anschließenden Geltendmachung muss dementsprechend auch durch einen klar definierten Beschluss verhindert werden. Deshalb sind Regelungen notwendig, die den Inhalt der Verfolgungsbeschlüsse festlegen.

---

472 Vgl. dazu die empirische Auswertung von *Bayer/Hoffmann*, AG 2018, 337, 345, bei der zwischen 2007 und 2016 lediglich zwei von 23 besonderen Vertretern (in einer AG/KGaA/SE) bestellt wurden, bei denen die Ergebnisse einer zuvor durchgeführten relevanten Sonderprüfung vorlagen, welche die Geltendmachung von Schadensersatzansprüchen nahelegten, und/oder die Initiative zur Bestellung eines besonderen Vertreters von der Verwaltung – die über eignen interne Prüfungsergebnisse verfügt haben dürfte – ausging.

473 So im Ergebnis auch das LG Duisburg, Urt. v. 16.4.2013 – 22 O 12/13, ZIP 1379, 1380 f.; a.A. *Mock*, EWiR 2013, 701 f.

474 Diesen Ausdruck bemüht auch *Wirth*, FS Hüffer, 1129, 1151.

475 Zur dieser Problematik sog. „räuberischer Aktionäre" siehe auch unten E.II.3.a).

a) *Konkrete Bezeichnung der geltend zu machenden Ansprüche*

Anerkanntermaßen muss der Hauptversammlungsbeschluss im Sinne des § 147 Abs. 1 AktG die Personen, gegen die Ersatzansprüche geltend gemacht werden sollen, und den Lebenssachverhalt erkennen lassen, aus dem sich die Ansprüche ergeben sollen.[476] Die fraglichen anspruchsbegründenden Sachverhalte und in Anspruch zu nehmenden Personen sind so genau zu bezeichnen, dass im Falle einer Klageerhebung durch den besonderen Vertreter festgestellt werden kann, ob der Gegenstand der Klage mit den von der Hauptversammlung gemeinten Ansprüchen übereinstimmt.[477] Dies entspricht auch der vorherrschenden Meinung in der Literatur.[478] Die bloße Nennung möglicher Anspruchsgrundlagen (z.B. § 93 AktG oder § 117 AktG) ist nicht ausreichend.[479]

Dabei sind die im Protokoll des Hauptversammlungsbeschlusses[480] aufgeführten Gegenstände einer Geltendmachung und die zur Substantiierung der Ansprüche des Sondervertreters genannten Unterlagen abschließend.[481] Anträge, die über den Wortlaut des Hauptversammlungsbeschlusses hinausgehen, sind

476 OLG Frankfurt, Beschl. v. 9.10.2003 – 20 W 487/02, DB 2004, 177, 178; MüKo AktG-*Arnold*, § 147 Rn. 61; Hüffer/Koch-*Koch*, § 147 AktG Rn. 6.

477 vgl. OLG Frankfurt, Beschl. v. 9.10.2003 – 20 W 487/02, DB 2004, 177, 178; OLG Köln, Urt. v. 9.3.2017 – 18 U 19/16, AG 2017, 351, 355 mit Anm. *Klaaßen-Kaiser/Bünten*, EWiR 2017, 393; OLG Karlsruhe, Urt. v. 14.3.2018 – 11 U 35/17, AG 2018, 367, 368; das LG Stuttgart, Urt. v. 27.10.2009 – 32 O 5/09 KfH, ZIP 2010, 329 und das LG Köln, Urt. v. 14.1.2016 – 91 O 31/15, AG 2016, 513, 514, gehen weiter und fordern zudem einen konkreten Anfangsverdacht; a.A. LG Heidelberg, Urt. v. 4.12.2015 – 11 O 37/15 KfH, AG 2016, 182, 182; *Lochner*, EWiR 2010, 1, 3, EWiR 2016, 169, 170; dem OLG München, Urt. v. 28.11.2007 – 7 U 4498/07, AG 2008, 172, 172 genügt eine hinreichende Bestimmtheit.

478 GroßKomm. AktG-*Bezzenberger*, § 147 Rn. 19; KK AktG-*Rieckers/Vetter*, § 147 Rn. 177; MüKo AktG-*Arnold*, § 147 Rn. 36; Schmidt/Lutter-*Spindler*, § 147 AktG Rn. 9; Hüffer/Koch-*Koch*, § 147 AktG Rn. 3.

479 OLG Karlsruhe, Urt. v. 14.3.2018 – 11 U 35/17, AG 2018, 367, 368; *Goslar*, EWiR 2017, 397 f.; *Löbbe*, GiD, 25, 44.

480 Die im Fall der HVB/UniCredit vom besonderen Vertreter geforderten Unterlagen sind im Tenor des LG München I, Urt. v. 6.9.2007 – 5 HK O 12570/07, ZIP 2007, 1809, 1810 aufgeführt.

481 OLG München, Urt. v. 28.11.2007 – 7 U 4498/07, AG 2008, 172, 172; abweichend LG Duisburg Urt. v. 9.6.2016 – 22 O 50/16, AG 2016, 795, 797, das dem Sondervertreter die Möglichkeit zugestand, im einstweiligen Rechtsschutzverfahren ein Bestandverzeichnis aller relevanter Unterlagen nach § 260 BGB verlangen zu können.

nach der Rechtsprechung abzuweisen.[482] Durch diese Regelung wird gewährleistet, dass die Aufgabenverteilung der § 142 ff. AktG Bestand hat. Hiernach ist der besondere Vertreter in erster Linie ein „Rechtsdurchsetzer" und kein „Sachverhaltsaufklärer". Es ist daher nur konsequent, dass allgemeine Ermittlungsaufträge im Bestellungsbeschluss nicht ausreichen. Inwieweit dem besonderen Vertreter auch Aufklärungsrechte zustehen können, ist davon zunächst losgelöst zu betrachten.[483] Jedenfalls zur rechtssicheren Wahrnehmung seiner Rechtsdurchsetzungspflichten ist richtigerweise ein hinreichend konkreter Hauptversammlungsbeschluss zu verlangen.

Diese Rechtsdurchsetzungspflichten können durch die Bestimmung im Beschluss erst genauer definiert werden, da sie sich aus den dort beschriebenen Ansprüchen ableiten lassen. Dies erlangt besondere Bedeutung, da sich so der Umfang feststellen lässt, in dem der besondere Vertreter die klassischen Verfolgungsorgane – Vorstand und Aufsichtsrat – in deren Kompetenz zur Durchsetzung der Ansprüche ablöst. Auf diese Weise wird Kompetenzkonflikten vorgebeugt, was gerichtliche Streitigkeiten um ebendiese verhindert.[484]

Ein weiterer Vorteil der speziellen Konkretisierung des Hauptversammlungsbeschlusses liegt darin, dass sogenannten räuberischen Aktionären die Einflussnahme auf Geschäftsbelange erschwert wird. Im Falle eines lediglich allgemein gefassten Ermittlungsauftrags im Verfolgungsbeschluss wäre es für eine solch verhältnismäßig kleine Aktionärsgruppe ein Leichtes, wesentlich beteiligte Aktionäre bei der Beschlussfassung auszuschließen. Trotz eines nur geringen Stimmanteils könnten Aktionärsminderheiten, die möglicherweise nicht nur Gesellschaftsinteressen verfolgen, mithilfe des Stimmverbots aus § 136 Abs. 1 S. 1, 3. Fall AktG Mehrheiten außen vor lassen. Hierzu müssten sie den Beschluss lediglich so unbestimmt fassen, dass eine daraus resultierende Inanspruchnahme des Mehrheitsaktionärs nicht ausgeschlossen erscheint. Mit dieser Strategie könnten Geltendmachungsbeschlüsse durch relativ unbestimmte Vorwürfe gegen eine Vielzahl von Gesellschaftern – die dann stimmlos wären – erzwungen werden.[485] Bei einer vorgeschriebenen konkreten Bezeichnung des Beschlussinhalts wird dieses Vorgehen erheblich erschwert und ist

---

482 OLG München, Urt. v. 28.11.2007 – 7 U 4498/07, AG 2008, 172, 172; abweichend LG Duisburg Urt. v. 9.6.2016 – 22 O 50/16, AG 2016, 795, 797.

483 Siehe E.II.2.c).

484 Ähnlich *Hüffer*, ZHR 2010, 642, 666; zu möglichen gerichtlichen Auseinandersetzungen über die Kompetenzen vgl. die Verfahren in Sachen HVB/UniCredit, oben A.IV.

485 Dieses Problem sieht auch MüKo AktG-*Arnold*, § 147 Rn. 39; vgl. zu den Stimmverboten auch B.III.

somit im Zuge des Aktionärsschutzes sowie im Sinne des Gesellschaftswohls geboten. Außerdem verhindert es zusätzlich, dass die strengeren Voraussetzungen zur Einleitung einer Sonderprüfung gemäß § 142 Abs. 2 AktG[486] durch die weniger strengen des § 147 Abs. 2 S. 2 AktG umgangen werden können.

Auf Rechtsfolgenseite führt die fehlende Bestimmtheit eines Beschlusses zu Geltendmachung von Ersatzansprüchen beziehungsweise zur Bestellung des besonderen Vertreters zu einem Verstoß gegen § 147 AktG. Damit wäre der Beschluss gemäß § 243 Abs. 1 AktG zumindest anfechtbar.[487]

b) Geltendmachung konzernrechtlicher Ansprüche

Nach § 147 Abs. 1 S. 1 AktG gehören zu den möglichen, vom besonderen Vertreter geltend zu machenden Ansprüchen die Ersatzansprüche der Gesellschaft aus der Gründung gegen die nach den §§ 46 bis 48, 53 AktG verpflichteten Personen oder aus der Geschäftsführung gegen Mitglieder des Vorstands und des Aufsichtsrats oder aus § 117 AktG.[488] Umstritten ist die Frage, ob die Geltendmachungsbefugnis des besonderen Vertreters auch konzernrechtliche Ansprüche aus §§ 309, 317 AktG umfasst[489] und ob diese ebenfalls Inhalt des Beschlusses zur Geltendmachung sein können.

aa) Ausgangspunkt (Haftungsregelungen im Konzern)

Um die Thematik der Geltendmachung von konzernrechtlichen Ansprüchen durch den besonderen Vertreter zu verdeutlichen, bedarf es eines kurzen Überblicks über aktienrechtliche Haftungsregelungen in einer Konzernsituation. Dabei ist zunächst zu unterscheiden, ob zwischen den einzelnen Unternehmen ein Beherrschungsvertrag besteht oder nicht. Ist ein solcher Vertrag zwischen einer herrschenden und einer entsprechend abhängigen Gesellschaft geschlossen, kann nach § 308 Abs. 1 S. 1 AktG das herrschende Unternehmen dem

---

486 Beachte hierzu, dass auch Stimmverbote in diesem Fall nicht bestehen, vgl. oben B. III.

487 OLG München, Urt. v. 27.8.2008 – 7 U 5678/07, ZIP 2008, 1916, 1919 f.; Krieger/Schneider-*Bungert*, § 13 Rn. 58; *Hüffer*, ZHR 2010, 642, 667.

488 Das OLG Karlsruhe, Urt. v. 14.3.2018 – 11 U 35/17, AG 2018, 367, 370 f., mit Anm. *Paul*, BB 2018, 908, 908, schließt dementsprechend auch Ansprüche der Gesellschaft gegen Aktionäre nach § 62 Abs. 1 AktG und nach § 823 Abs. 2 BGB i.V.m. § 20 AktG ausdrücklich aus.

489 Emmerich/Habersack-*Habersack*, § 317 AktG Rn. 11 und *Schürnbrand*, Organschaft im Recht der privaten Verbände, 189, ordnen allein § 309 AktG als Organhaftung ein und qualifizieren § 317 AktG als einen Deliktstatbestand.

Vorstand des abhängigen Unternehmens Weisungen hinsichtlich der Leitung der Gesellschaft erteilen. Der Vorstand ist vielmehr dazu verpflichtet, die Weisungen des herrschenden Unternehmens zu befolgen (§ 308 Abs. 2 S. 1 AktG).

Auf der anderen Seite treffen gemäß § 309 Abs. 1 AktG die gesetzlichen Vertreter des herrschenden Unternehmens gegenüber der abhängigen Gesellschaft bei Erteilung von Weisungen an diese die Sorgfaltspflichten eines ordentlichen und gewissenhaften Geschäftsleiters. Wird diese Pflicht verletzt, haften sowohl die gesetzlichen Vertreter des herrschenden Unternehmens dem abhängigen Unternehmen aus § 309 Abs. 2 S. 1 AktG als auch das herrschende Unternehmen aus allgemeinem Vertragsrecht[490] wegen Verletzung des Beherrschungsvertrags.

Auch die Mitglieder des Vorstands und des Aufsichtsrats der untergeordneten Gesellschaft können gemäß § 310 Abs. 1 S. 1 AktG neben den Ersatzpflichtigen aus § 309 AktG als Gesamtschuldner haften. Dies wäre dann der Fall, wenn sie ihre Pflichten verletzt haben. Hierbei handelt es sich im Falle des Vorstands um Sorgfaltspflichten, die in Verbindung mit der Entgegennahme und Ausführung von Weisungen stehen (§ 308 AktG).[491] Im Falle des Aufsichtsrats läge eine Pflichtverletzung vor, sofern er den Vorstand bei der Ausführung einer Weisung ungenügend überwacht oder dieser fälschlicherweise zustimmt.[492] Die sich ergebenden Ersatzansprüche können von jedem Aktionär der untergeordneten Gesellschaft geltend gemacht werden (§§ 309 Abs. 4 S. 1, 310 Abs. 4 AktG), wobei der Aktionär nur Leistung an die abhängige Gesellschaft fordern kann (§§ 309 Abs. 4 S. 2, 310 Abs. 4 AktG).

Anderweitig geregelt ist der Fall, in welchem kein Beherrschungsvertrag zwischen den Unternehmen geschlossen wurde und ein faktischer Konzern besteht. Gemäß § 311 Abs. 1 AktG darf in dieser Konstellation ein herrschendes Unternehmen seinen Einfluss nicht dazu benutzen, eine abhängige Aktiengesellschaft zu veranlassen, ein für sie nachteiliges Rechtsgeschäft vorzunehmen oder Maßnahmen zu ihrem Nachteil zu treffen oder zu unterlassen, es sei denn, dass die Nachteile ausgeglichen werden. Zusätzlich regelt § 311 Abs. 2 S. 1 AktG, dass, wenn der Ausgleich nicht während des Geschäftsjahrs tatsächlich erfolgt, spätestens am Ende des Geschäftsjahrs, in dem der abhängigen Gesellschaft der Nachteil zugefügt worden ist, bestimmt werden muss, wann und durch welche

---

490 Hüffer/Koch-*Koch*, § 309 AktG Rn. 26 f.; MüKo AktG-*Altmeppen*, § 309 Rn. 139 ff.; Spindler/Stilz-*Veil*, § 309 AktG Rn. 39 f.

491 Hüffer/Koch-*Koch*, § 310 AktG Rn. 3; MüKo AktG-*Altmeppen*, § 310 Rn. 20; Spindler/Stilz-*Veil*, § 310 AktG Rn. 3.

492 Hüffer/Koch-*Koch*, § 310 AktG Rn. 3; MüKo AktG-*Altmeppen*, § 310 Rn. 15; Spindler/Stilz-*Veil*, § 310 AktG Rn. 4.

Vorteile der Nachteil ausgeglichen werden soll. Hierauf ist der abhängigen Gesellschaft nach § 311 Abs. 2 S. 2 AktG ein Rechtsanspruch zu gewähren.

Kommt es zu einer Verletzung dieser Vorschriften, haftet zunächst das herrschende Unternehmen der untergeordneten Gesellschaft gemäß § 317 Abs. 1 S. 1 AktG auf Schadensersatz. Zudem müssen dessen gesetzliche Vertreter, die die untergeordnete Gesellschaft zu dem nachteiligen Rechtsgeschäft oder der Maßnahme veranlasst haben, gesamtschuldnerisch einstehen (§ 317 Abs. 3 AktG). Sollten Mitglieder des Vorstands oder Aufsichtsrats der abhängigen Gesellschaft ebenfalls eigene Pflichten verletzt haben, haften auch sie nach § 318 Abs. 1 S. 1 und Abs. 2 AktG daneben als Gesamtschuldner.

Parallel zu den Vorschriften §§ 309 Abs. 4 S. 1 und 2, 310 Abs. 4 AktG im Vertragskonzern können diese Ansprüche auch im faktischen Konzern gemäß §§ 317 Abs. 4, 318 Abs. 4 i.V.m. § 309 Abs. 4 AktG von jedem Aktionär geltend gemacht werden. Dabei muss sich die Leistung gemäß § 309 Abs. 4 S. 2 AktG auch hier an die Gesellschaft richten.

bb) Meinungsstand

Die Ausführungen zur Haftung in Konzernsituationen verdeutlichen, dass der Prävention einer negativen Einflussnahme auf abhängige Gesellschaften eine besondere Bedeutung zukommt. Umso erstaunlicher ist es, dass die in diesem Zusammenhang stehende Geltendmachung von Ersatzansprüchen durch die Gesellschaft unter Inanspruchnahme eines Sondervertreters nicht im Aktiengesetz geregelt ist. Es bedarf somit der Erörterung, ob eine untergeordnete Gesellschaft durch einen entsprechenden Hauptversammlungsbeschluss auf Basis des § 147 Abs. 1 S. 1 AktG auch selbst Ansprüche aus §§ 309 Abs. 2 S. 1, 310 Abs. 1 S. 1, 317 Abs. 1 S. 1, 317 Abs. 3, 318 Abs. 1 AktG und § 318 Abs. 2 AktG geltend machen kann.

Unstreitig ist im Schrifttum, dass § 147 Abs. 1 AktG, trotz fehlendes Verweises, die § 310 und § 318 AktG umfasst.[493] Diesbezüglich handelt es sich, wie bereits festgestellt, um Regelungen, die sich lediglich auf die Verantwortung der Verwaltungsmitglieder der beherrschten Gesellschaften beziehen. Die Verfolgung der Ersatzansprüche könnte somit als „interne Angelegenheit" der abhängigen Gesellschaft bezeichnet werden. Aus diesem Grund spricht nichts gegen einen Hauptversammlungsbeschluss auf Grundlage des § 147 AktG zur

493 Hüffer/Koch-*Koch*, § 147 AktG Rn. 2a; MüKo AktG-*Altmeppen*, § 317 Rn. 65; Spindler/Stilz-*Mock*, § 147 AktG Rn. 13; *Bernau*, AG 2011, 894, 896; *Kling*, ZGR 2009, 190, 203; *Müller*, Der Konzern 2006, 725, 728.

Geltendmachung von Ersatzansprüchen der Gesellschaft in Konzernsituationen gegen die eigenen Verwaltungsmitglieder.

Umstritten ist jedoch, ob § 147 Abs. 1 AktG auch § 309 AktG und § 317 AktG umfasst. Eine Mindermeinung vertritt die Ansicht, dass § 147 AktG diese konzernrechtlichen Ansprüche nicht beinhaltet.[494] Sie geht dabei teilweise vom Wortlaut des § 147 Abs. 1 S. 1 AktG aus, der dem besonderen Vertreter eine solche Kompetenz nicht ausdrücklich zuschreibt. Darüber hinaus wird angeführt, dass nach § 309 Abs. 4 AktG das Klagerecht der Aktionäre an die Stelle der sonst bei der Geltendmachung von Ersatzansprüchen der Gesellschaft bestehenden Minderheitenrechte aus § 147 AktG trete.[495]

Die Rechtsprechung[496] teilt die Auffassung der überwiegenden Literatur[497], wonach diese Ansprüche von § 147 AktG umfasst sind und damit auch im Kompetenzbereich des besonderen Vertreters liegen. Dabei wird der Wortlaut des § 147 Abs. 1 S. 1 AktG – im Gegensatz zur Minderansicht – als nicht abschließend angesehen. Darüber hinaus beruft sich das OLG München[498] auf die Gesetzessystematik, weil ein Ausschluss der konzernrechtlichen Ansprüche in § 147 AktG einerseits und die ausdrückliche Erfassung der Ansprüche aus § 117 AktG in § 147 AktG andererseits kaum miteinander zu vereinbaren wären.[499]

Der Senat erläutert dazu, dass im Anbetracht der ausdrücklichen Nennung des § 117 AktG in § 147 Abs. 1 S. 1 AktG die Minderheit der Gesellschaft befugt sei, solche Ersatzansprüche gegebenenfalls auch gegen ein herrschendes Unternehmen zu erzwingen. Bei einer faktischen Beherrschung deckten sich die nebeneinander anwendbaren Haftungstatbestände nach § 117 AktG und § 317 AktG weitgehend, wobei die an Vorsatz geknüpfte Haftung nach § 117 AktG allerdings kaum praktische Bedeutung erlange, weil der insoweit weiter gehende

494 Hüffer/Koch-*Koch*, § 309 AktG Rn. 21 und § 317, Rn. 16 sowie KK AktG-*Koppensteiner*, § 309 Rn. 45 und § 317, Rn. 35; im Ergebnis auch *Kling*, ZGR 2009, 190, 206.

495 Hüffer/Koch-*Koch*, § 309 AktG Rn. 21 und § 317, Rn. 16 sowie KK AktG-*Koppensteiner*, § 309 Rn. 45 und § 317, Rn. 35; im Ergebnis auch *Kling*, ZGR 2009, 190, 206.

496 OLG München, Urt. v. 28.11.2007 – 7 U 4498/07, AG 2008, 172, 173 f.; LG München I, Urt. v. 4.10.2007 – 5 HK O 12615/07, ZIP 2007, 2420, 2425.

497 *Kropff*, FS Bezzenberger, 233, 244 ff.; MüKo AktG-*Altmeppen*, § 317 Rn. 65; Emmerich/Habersack-*Emmerich*, § 309 AktG Rn. 48; Emmerich/Habersack-*Habersack*, § 317 AktG Rn. 27; GroßKomm. AktG-*Bezzenberger*, § 147 Rn. 13; Spindler/Stilz-*Müller*, § 317 AktG Rn. 19; Schmidt/Lutter-*Vetter*, § 317 AktG Rn. 26.

498 OLG München, Urt. v. 28.11.2007 – 7 U 4498/07, AG 2008, 172, 173 f.

499 OLG München, Urt. v. 28.11.2007 – 7 U 4498/07, AG 2008, 172, 173 f.; dem zustimmend auch *Fuchs/Rozynski*, WuB II A. § 147 AktG 2.09, 249, 252.

§ 317 AktG die Fälle des § 117 AktG mit umfasse. Im Hinblick auf diesen engen dogmatischen Zusammenhang sei nicht davon auszugehen, dass § 147 AktG nur Ansprüche aus § 117 AktG, nicht jedoch die im Ansatz gleichartige, aber schärfere Haftung des herrschenden Unternehmens nach § 317 AktG erfassen wolle.[500]

Außerdem ergebe sich die Geltung des § 147 AktG auch für konzernrechtliche Ansprüche aus dem Sinn und Zweck der Bestimmung. Die Vorschrift wolle die tatsächliche Geltendmachung bestimmter Ersatzansprüche der Gesellschaft sichern, wodurch dem das pflichtgemäße Verhalten bewirkenden Haftungsdruck für die Organe Nachdruck verliehen werden solle.[501] Bei Ansprüchen gegen das herrschende Unternehmen sei die Gefahr besonders groß, dass die Organe des beherrschten Unternehmens sie unter dem Einfluss des herrschenden Unternehmens nicht von sich aus geltend machen. Dann aber sei es kaum nachvollziehbar, wenn ausgerechnet hier die Möglichkeit versagt bliebe, eine widerstrebende Verwaltung zur Klage zu zwingen.[502]

cc) Stellungnahme

Das Argument des unzureichenden Wortlauts des § 147 AktG, welches von einigen wenigen Vertretern[503] in der Literatur angeführt wird, kann nicht gänzlich von der Hand gewiesen werden. Die §§ 309, 310, 317 und 318 AktG sind eindeutig nicht in § 147 Abs. 1 AktG erwähnt. Allerdings wird von den Befürwortern eines Nebeneinanders insbesondere von § 317 und § 318 AktG und § 147 AktG zu Recht eine mittelbare Erfassung dieser konzernrechtlichen Ansprüche dargelegt. So führt *Kropff* überzeugend aus, dass sich die Nichtaufführung der §§ 317, 318 AktG in § 147 Abs. 1 AktG daraus erklären lasse, dass die Vorschrift überhaupt nur die Haftungstatbestände im Ersten Buch des Aktiengesetzes nenne. Die konzernrechtliche Haftung nach §§ 317, 318 AktG sei dementsprechend miterfasst.[504]

Das *Kropff* mit seiner Argumentation richtig liegt, zeigt sich zudem darin, dass auch §§ 310, 318 AktG nicht ausdrücklich in § 147 Abs. 1 AktG genannt sind. Diese werden jedoch nach absolut herrschender Meinung von

500 OLG München, Urt. v. 28.11.2007 – 7 U 4498/07, AG 2008, 172, 173 f.

501 OLG München, Urt. v. 28.11.2007 – 7 U 4498/07, AG 2008, 172, 173 f.; so auch MüKo AktG-*Arnold*, § 147 Rn. 16.

502 So auch *Kropff*, FS Bezzenberger, 233, 246.

503 Hüffer/Koch-*Koch*, § 309 AktG Rn. 21 und § 317, Rn. 16 sowie KK AktG-*Koppensteiner*, § 309 Rn. 45 und § 317, Rn. 35; im Ergebnis auch *Kling*, ZGR 2009, 190, 206.

504 *Kropff*, FS Bezzenberger, 233, 244.

§ 147 Abs. 1 S. 1 AktG umfasst.[505] Bei ihnen handelt es sich nämlich um solche „gesellschaftsinternen" Ersatzansprüche, die sich „aus der Geschäftsführung gegen Mitglieder des Vorstands und des Aufsichtsrats" ergeben.[506]

Dieser Argumentation mit den Ersatzansprüchen „aus der Geschäftsführung gegen Mitglieder des Vorstands und Aufsichtsrats" könnte man zwar durch einen Umkehrschluss entgegnen, dass eine Haftung aus § 317 Abs. 1 S. 1 und Abs. 3 A ktG gerade deshalb nicht mitumfasst sein dürfte. Dem ist jedoch entgegenzuhalten, dass das Aktiengesetz eine gesamtschuldnerische Haftung von Ersatzpflichtigen aus §§ 318 Abs. 1, 310 Abs. 1 AktG einerseits und denen aus §§ 309, 317 AktG andererseits vorsieht.[507] Dieses Gesamtschuldverhältnis gilt sowohl bei den Vertretern der Mehrheitsmeinung als auch bei denen, die die Minderansicht befürworten, über den Wortlaut des § 318 AktG hinaus für alle Verstöße, die Vorstände und Aufsichtsräte einer beherrschten Gesellschaft in Ausführung konzernrechtlich bedingter Geschäftsführungsmaßnahmen begehen.[508] Im Ergebnis ist somit neben der Anwendung der §§ 310 Abs. 1, 318 Abs. 1 AktG auch die der §§ 309 Abs. 1, 317 Abs. 1 AktG mittelbar vom Wortlaut des § 147 Abs. 1 AktG umfasst.

Dass eine dogmatische Lösung des Problems der Einbeziehung konzernrechtlicher Ansprüche nicht allein durch den Wortlaut der Norm gelöst werden kann, hat auch die jüngere Rechtsprechung erkannt.[509] Aus diesem Grund ist die Herangehensweise des OLG München im Besonderen zu begrüßen, neben dem Wortlaut auch auf die Gesetzessystematik und den Sinn und Zweck der Norm eingehen.[510]

Der Vergleich des § 317 AktG mit dem in § 147 Abs. 1 S. 1 AktG genannten § 117 AktG ist treffend. Zum einen sind in der Tat beide Normen weitgehend deckungsgleich. Dies zeigt sich daran, dass sowohl nach § 117 AktG als auch nach § 317 AktG bei einer faktischen Konzernsituation Haftungstatbestände gegen

---

505 Hüffer/Koch-*Koch*, § 147 AktG Rn. 2a; MüKo AktG-*Altmeppen*, § 317 Rn. 66 und § 318, Rn. 16; Spindler/Stilz-*Mock*, § 147 AktG Rn. 13; *Bernau*, AG 2011, 894, 896; *Kling*, ZGR 2009, 190, 203; *Müller*, Der Konzern 2006, 725, 728.

506 Siehe dazu auch oben E.II.3.b)bb).

507 Vgl. oben E.II.3.b)aa).

508 Emmerich/Habersack-*Habersack*, § 318 AktG Rn. 10; Hüffer/Koch-*Koch*, § 318 AktG Rn. 9; KK AktG-*Koppensteiner*, § 318 Rn. 10; *Kropff*, FS Bezzenberger, 233, 245; MüKo AktG-*Altmeppen*, § 318 Rn. 23; Spindler/Stilz-*Müller*, § 318 AktG Rn. 13; *Bernau*, AG 2011, 894, 898.

509 Vgl. oben E.II.3.b)bb).

510 OLG München, Urt. v. 28.11.2007 – 7 U 4498/07, AG 2008, 172, 173 f.

das herrschende Unternehmen sowie seine gesetzlichen Vertreter bei unzulässiger Einflussnahme bestehen. Obwohl die beiden Vorschriften nach ganz herrschender Ansicht grundsätzlich nebeneinander gelten,[511] ist die Haftung nach § 117 AktG neben derjenigen nach § 317 AktG in der Rechtspraxis bedeutungslos. Während § 117 AktG eine vorsatzerfordernde Haftung beinhaltet, ist § 317 AktG wesentlich weiter gefasst. Nach § 317 Abs. 2 AktG gibt es nur einen objektiven Haftungsausschluss. Danach tritt eine Ersatzpflicht nur dann nicht ein, wenn auch ein ordentlicher und gewissenhafter Geschäftsleiter einer unabhängigen Gesellschaft das Rechtsgeschäft vorgenommen oder die Maßnahme getroffen oder unterlassen hätte. Gleichzeitig wird auch der Adressatenkreis der Einflussnahme nicht begrenzt.[512] Diese Formulierung in § 317 Abs. 2 AktG beinhaltet somit auch die Fälle des § 117 AktG.

Zum anderen ist die Schlussfolgerung des OLG Münchens korrekt, nach welcher dieser dogmatische Zusammenhang der Normen einen Ausschluss des haftungsschärferen § 317 AktG, trotz Nennung des haftungsmilderen § 117 AktG in § 147 Abs. 1 S. 1 AktG, nicht zulässt. Ein anderes Fazit wäre auch aus praktischen Gesichtspunkten nicht nachvollziehbar. So ist es nur schwerlich vorstellbar, dass ein potenzieller Anspruchsteller von konzernrechtlichen Ansprüchen aus § 317 AktG sein Verlangen nicht auch schlüssig im Sinne von § 117 AktG begründen kann.[513] Dadurch kann die Hauptversammlung über § 147 Abs. 1 S. 1 AktG eine Geltendmachung von Ersatzansprüchen aus § 117 AktG gegen das herrschende Unternehmen initiieren, welche auch Inhalt derer sein können, die aus § 317 AktG geltend zu machen sind. Durch den Hauptversammlungsbeschluss wäre die untergeordnete Gesellschaft selbstverständlich gezwungen, die Ansprüche aus § 117 AktG zu verfolgen.

Prozessual würde dieses Vorgehen dann dazu führen, dass ein Gericht im Rahmen der Geltendmachung aus § 117 AktG der Gesellschaft den Anspruch aus § 317 AktG zusprechen würde, sobald es eine Haftung nach § 317 AktG für gegeben hält. Grund hierfür wäre, dass – einen schlüssigen Vortrag vorausgesetzt – die Voraussetzungen hierfür bereits erfüllt wären, bevor diejenigen der

---

511 Bürgers/Körber-*Fett*, § 317 AktG Rn. 20; MüKo AktG-*Altmeppen*, § 317 Rn. 116f.; MüKo AktG-*Spindler*, § 117 Rn. 92; Hüffer/Koch-*Koch*, § 117 AktG Rn. 14 und § 317, Rn. 17; Emmerich/Habersack-*Habersack*, § 317 AktG Rn. 34; KK AktG-*Koppensteiner*, § 317 Rn. 52; MünchHdb-AG-*Krieger*, § 70 Rn. 137; Schmidt/Lutter-*Vetter*, § 317 AktG Rn. 43; Spindler/Stilz-*Müller*, § 317 AktG Rn. 24; a.A. *Brüggemeier*, AG 1988, 93, 101 f., der davon ausgeht, § 317 AktG sei lex specialis zu § 117 AktG.

512 *Kropff*, FS Bezzenberger, 233, 245; *Bernau*, AG 2011, 894, 898.

513 MüKo AktG-*Altmeppen*, § 317 Rn. 65; ähnlich *Bernau*, AG 2011, 894, 898.

Ansprüche aus § 117 AktG vollends dargelegt wären. Ein Gericht müsste die Voraussetzungen des § 117 AktG für eine Verfolgung der Ansprüche gegen das herrschende Unternehmen im Anschluss somit gar nicht mehr prüfen.[514]

Wie bereits erwähnt, ist bei der Auslegung des § 147 Abs. 1 AktG neben der Sicht auf Wortlaut und Gesetzessystematik auch die auf den Sinn und Zweck der Norm geboten. Hier zeigt sich einmal mehr, dass die Argumentation des Senats des OLG München stichhaltig ist und eine Einbeziehung konzernrechtlicher Ansprüche in § 147 AktG geboten ist. Nach dem Gesetzgeber liegt der Zweck des § 147 AktG darin, die praktische Durchsetzung der Ersatzansprüche zu erleichtern. Dies sei ohne besondere Vorkehrungen nämlich vielfach gefährdet, weil die Vertretung der Gesellschaft bei Vorstand und Aufsichtsrat liege (§78 bzw. § 112 AktG) und die Verwaltungsorgane dazu neigen könnten, das Gesellschaftsinteresse hinter das eigene Interesse zurücktreten zu lassen.[515] Es könne typischerweise nicht erwartet werden, dass derjenige Ansprüche verfolge, der dem Ersatzpflichtigen kollegial oder geschäftlich verbunden, ihm für seine eigene Bestellung zu Dank verpflichtet sei oder der Gefahr laufe, dass im Verfahren seine eigenen Versäumnisse aufgedeckt würden.[516] Aufgrund dieser Zweckmäßigkeit erscheint ein Ausschluss der konzernrechtlichen Ansprüche im Rahmen einer Geltendmachung über § 147 Abs. 1 AktG nicht gerechtfertigt. Ein solcher – vom Gesetzgeber aufgezeigter – Interessenskonflikt besteht nicht ausschließlich gesellschaftsintern, sondern gerade in Konzernsituationen. Insbesondere in beherrschten Gesellschaften wird dies deutlich. Dort ist die Abhängigkeit gegenüber dem diktierenden Unternehmen wesentlich ausgeprägter als zwischen Organmitgliedern einer Gesellschaft untereinander.[517] Dementsprechend dürfen konzernrechtliche Ansprüche nicht aus § 147 Abs. 1 AktG ausgeschlossen werden.

Dafür spricht außerdem, dass der Gesetzgeber durch das UMAG mit § 147 AktG eine erleichterte Verfolgung von Ersatzansprüchen, insbesondere solcher, die aus Treupflichtverletzungen (Unredlichkeiten) von Organmitgliedern herrühren, ermöglichen wollte.[518] Gerade diese Unredlichkeiten sind aber auch in den konzernrechtlichen Regelungen inkludiert. Dies zeigt nicht

---

514 MüKo AktG-*Altmeppen*, § 317 Rn. 65; *Kropff*, FS Bezzenberger, 233, 246; *Bernau*, AG 2011, 894, 898.

515 Hierzu ausführlicher oben A.I.

516 RegE, BT-Drucksache 15/5092, 19 f.

517 So auch *Bernau*, AG 2011, 894, 899; *Müller*, Der Konzern 2006, 725, 729.

518 RegE, BT-Drucksache 15/5092, 20.

zuletzt der Umkehrschluss aus den Exkulpations- beziehungsweise Beweisregelungen der §§ 309 Abs. 2 S. 1, 310 Abs. 1 S. 2 AktG und der §§ 317 Abs. 2, 318 Abs. 1 S. 2 AktG.

Darüber hinaus lässt sich das Recht des besonderen Vertreters zur Durchsetzung von konzernrechtlichen Ansprüchen auch mit dem erhöhten Kostenrisiko für Aktionärsklagen begründen.[519] So ist der Aktionär nach allgemeinen Regeln (§ 91 ZPO) kostenersatzpflichtig, wenn er in einem Verfahren unterliegt. In § 309 AktG und § 317 AktG fehlt eine den Aktionär begünstigende Regelung entsprechend § 148 Abs. 6 S. 5 AktG gänzlich. Die Einzelklagebefugnis des Aktionärs gemäß § 309 Abs. 4 AktG und § 317 Abs. 4 AktG erscheint somit praxisfremd.[520] Sollte ein einzelner Aktionär ein mögliches Verfahren gewinnen, geht der zugesprochene Schadensersatz an die Gesellschaft (§ 309 Abs. 4 S. 2 AktG).[521] Unterliegt er allerdings, muss er den beklagten Organen selbst ihre Kosten ersetzen.[522] Unter diesen Bedingungen wird kein rational denkender Aktionär Klage erheben. Diese These wird dadurch untermauert, dass bis zum Jahre 2000 keine einzige Aktionärsklage bekannt wurde.[523] Und seitdem waren nur wenige Fälle zu verzeichnen, bei denen es zu einer Einzelklage im konzernrechtlichen Bereich gekommen ist.[524]

Lediglich *Kling*[525] stellt diese These in Frage. Dabei verweist er auf einen der wenigen Fälle, die im Zuge der konzernrechtlichen Einzelklage bis vor den BGH geführt wurden.[526] Im Ergebnis schließt *Kling* zudem – entgegen der Mehrheitsmeinung – eine Einbindung der Konzernhaftungstatbestände, die sich auf die Verantwortlichkeit des übergeordneten Unternehmens beziehen (§ 309 und § 317 AktG), in § 147 AktG aus.[527] Begründend führt er dazu aus, dass die Kosten einer Geltendmachung von Ersatzansprüchen nach § 147 Abs. 1 AktG in jedem Fall die Gesellschaft trage. Der herrschenden Ansicht sei vorzuwerfen, dass sie

519 So auch MüKo AktG-*Arnold*, § 147 Rn. 27; sowie *Bernau*, AG 2011, 894, 899.

520 Emmerich/Habersack-*Habersack*, § 309 AktG Rn. 49 spricht von mangelnder praktischer Bedeutung.

521 MüKo AktG-*Altmeppen*, § 309 Rn. 124.

522 Näher zu diesem Kostenrisiko MüKo AktG-*Altmeppen*, § 309 Rn. 126 f.

523 So *Kropff*, FS Bezzenberger, 233, 235.

524 Vgl. dazu die Auflistung Emmerich/Habersack-*Habersack*, § 317 AktG Rn. 3 (dort in Fn. 4).

525 *Kling*, ZGR 2009, 190, 205.

526 BGH, Urt. v. 17.3.2008 – II ZR 45/06, AG 2008, 370–375.

527 *Kling*, ZGR 2009, 190, 206.

diese gesetzliche Zuweisung des Kostenrisikos an den zur Einzelklage befugten Aktionär vollständig ausheble.[528]

Hierbei übersieht *Kling* jedoch, dass durch § 147 Abs. 1 AktG ein Geltendmachungsbeschluss von einer einfachen Stimmenmehrheit in der Hauptversammlung getragen werden muss.[529] Diese gesetzliche Hürde soll nicht zuletzt verhindern, dass der Gesellschaft eine kostenverursachende Geltendmachung von Ersatzansprüchen ohne ausreichenden Rückhalt der Anleger aufgebürdet wird.[530] Wird ein solcher Beschluss vom in § 147 AktG festgesetzten Quorum getragen, ist die Bedeutung des gesetzlich zugewiesene Kostenrisikos ohnehin verringert, da ein Missbrauch des Klagerechts durch sogenannte räuberische Aktionäre nicht mehr zu befürchten ist. Gerade diesen Missbrauch durch einzelne Aktionäre, denen nicht am Gesellschaftswohl gelegen ist, hatte der Gesetzgeber ohne das drohende Kostenrisiko befürchtet.[531] Entsprechend erscheint es nachvollziehbar, warum es an einer dem § 148 Abs. 6 AktG vergleichbaren Regelung fehlt.

Mit der Einbeziehung der konzernrechtlichen Ansprüche in den § 147 AktG kommt es somit nicht zu einer Umgehung der gesetzlichen Zuweisung des Kostenrisikos, sondern vielmehr zu einem Austausch der Sicherheitsbarrieren. Das Gesellschaftsinteresse wird ausreichend von den Regelungen über die erforderlichen Quoren für eine Geltendmachung von Ersatzansprüchen geschützt. Das gilt sowohl für jenes aus § 147 Abs. 1 S. 1 AktG als auch für das, welches einer Minderheit bei der Bestellung eines besonderen Vertreters zugutekommen soll (vgl. § 147 Abs. 2 S. 2 AktG).

Für einen ausreichenden Schutz durch die aktienrechtlichen Quoren spricht auch die Regelung in § 148 Abs. 6 S. 2 AktG, die bei der Aktionärsklage das Kostenrisiko – im Gegensatz zu den konzernrechtlichen Einzelklagemöglichkeiten – verringert. Auch hier hat der Gesetzgeber nach § 148 Abs. 1 S. 1 AktG nur Aktionären eine Klagezulassung in eigenem Namen eingeräumt, deren Anteile im Zeitpunkt der Antragstellung zusammen den einhundertsten Teil des Grundkapitals oder einen anteiligen Betrag von 100.000 Euro erreichen. Das fehlende Kostenrisiko wird somit an eine Mindestbeteiligung an der Gesellschaft geknüpft, wodurch einem Missbrauch der Klagemöglichkeit vorgebeugt wird.

---

528 *Kling*, ZGR 2009, 190, 205 f.

529 Zumindest im Ansatz ähnlich *Bernau*, AG 2011, 894, 899.

530 Zur Problematik der Abwägung der Kosten einer Geltendmachung von Ersatzansprüchen durch den Aktionär vgl. oben E.II.2.c).

531 MüKo AktG-*Altmeppen*, § 309 Rn. 129 m.w.N.

Auch aus diesem Grund ist der herrschenden Meinung zu folgen und davon auszugehen, dass § 147 AktG auch die Anwendung konzernrechtlicher Ansprüche erfasst. Im Übrigen wird dadurch auch ein attraktives Alternativinstrument zur Zulassung zur Aktionärsklage (§ 148 AktG) für Aktionäre geschaffen.

Im Ergebnis bleibt damit festzuhalten, dass § 147 Abs. 1 AktG auch konzernrechtliche Ersatzansprüche beinhaltet. Dementsprechend kann auch die Geltendmachung konzernrechtlicher Ansprüche (§§ 309, 310, 317 318 AktG) Inhalt eines Hauptversammlungsbeschusses sein, den der besonderen Vertreter durchzuführen hat.

c) Grenzen des Bestellungsbeschlusses

Erörterungswürdig erscheint außerdem, inwieweit es gestattet ist, Regelungen im Bestellungsbeschluss zu treffen, die über die Bestimmung der geltend zu machenden Ersatzansprüche und der Bestellung eines Sondervertreters hinausgehen. Nach den bisherigen Ergebnissen bleibt festzuhalten, dass die Bezeichnung der konkret geltend zu machenden Ansprüche und die Person, die als besonderer Vertreter fungieren soll, im Bestellungsbeschluss genannt werden müssen. Auch einzelne Regelungen bezüglich des Geschäftsbesorgungsvertrags sind möglich.[532] Dies beinhaltet auch die Zusicherung, dass der besondere Vertreter sich qualifizierte Berufsträger als Unterstützung zur Seite stellen kann,[533] und Vergütungsmodalitäten.[534]

Weitergehend umfassende Gestaltungsmöglichkeiten des Bestellungsbeschlusses durch die Hauptversammlung sind nicht vorgesehen. Der Vorstoß *Verhoevens,* der Hauptversammlung ein zusätzliches Regelungsrecht durch ihren Bestellungsbeschluss einzuräumen, geht fehl. *Verhoeven* plädiert dafür, dass es möglich sein solle Auskunfts- und Einsichtsrechte sowie das Recht auf Kontaktaufnahme mit Mitarbeitern der Gesellschaft und Organen im Beschluss festzuschreiben.[535] Außerdem solle es gestattet sein, dort eine Vertretungsmacht in möglichen Anfechtungsverfahren gegen den Beschluss niederzulegen,[536] Regelungen zur Verlängerung der Sechs-Monats-Frist des § 147 Abs. 1 S. 2 AktG zu

---

532 Vgl. dazu C.

533 *Wirth*, FS Hüffer, 1129, 1151; *Böbel*, Rechtsstellung, 94, der dies richtigerweise auch ohne Regelung im Bestellungsbeschluss annimmt.

534 Vgl. dazu C.III.2.

535 *Verhoeven*, ZIP 2008, 245, 249.

536 *Verhoeven*, ZIP 2008, 245, 250.

treffen, besondere Weisungen hinzuzufügen und die Entscheidungsfreiheit über das *Ob* einer Geltendmachung von möglichen Ansprüchen zu erweitern.[537]

Im Verlauf dieser Arbeit hat sich bereits[538] oder wird sich im Weiteren zeigen[539], dass viele der von *Verhoeven* angesprochenen Kompetenzen dem besonderen Vertreter überhaupt nicht zuzusprechen sind, weswegen sie auch nicht durch einen entsprechenden Bestellungsbeschluss in die Hände des Sondervertreters gelegt werden dürfen. Ebenso ist es ausgeschlossen, gesetzliche Regelungen durch einen Hauptversammlungsbeschluss zu umgehen oder dem besonderen Vertreter besondere Weisungen zu erteilen.[540] Eine Ausdehnung der oben beschriebenen Grenzen ist somit weder erlaubt noch notwendig.

4. Zivilprozessuale Durchsetzung der Informationsrechte

Auf die Ermittlungsrechte und Informationsbeschaffungsbefugnisse des besonderen Vertreters wurde bereits ausführlich eingegangen.[541] Fest steht, dass sich die Informationsbeschaffung lediglich auf die Unterlagen beziehen darf, die in engem Zusammenhang mit dem Hauptversammlungsbeschluss stehen und deren Einsichtnahme durch den besonderen Vertreter dahingehend notwendig ist, dass dieser seine Arbeit ordentlich aufnehmen kann. Zudem wurde bereits eingeräumt, dass ihm bei hinreichend substantiierter Glaubhaftmachung eines dringenden Bedürfnisses für die Einsicht in diese Korrespondenz grundsätzlich einstweiliger Rechtsschutz – in Form der ausnahmsweise zulässigen Leistungsverfügung nach § 940 ZPO – zustehen muss.[542] Darüber hinaus hat der Sondervertreter keine Informationsrechte, die er selbst geltend machen kann.

Auch das OLG München[543] hat einem besonderen Vertreter im einstweiligen Verfügungsverfahren Rechtsschutz gewährt.[544] Insoweit geht der Senat zutreffend

537 *Verhoeven*, ZIP 2008, 245, 255.

538 Vgl. E.II.2.c).

539 Vgl. G.III.3.

540 Bürgers/Körber-*Holzborn/Jänig*, § 147 AktG Rn. 13; *Mock*, DB 2008, 393, 396; Schmidt/Lutter-*Spindler*, § 147 AktG Rn. 26; Spindler/Stilz-*Mock*, § 147 AktG Rn. 98; *Wirth*, FS Hüffer, 1129, 1150; a.A. *Böbel*, Rechtsstellung, 60 f.; Heidel-*Lochner*, § 147 AktG Rn. 28; MüKo AktG-*Arnold*, § 147 Rn. 83; vgl. dazu vertiefend auch unten F.I.

541 E.II.

542 E.II.2.d).

543 OLG München, Urt. v. 28.11.2007 – 7 U 4498/07, AG 2008, 172, 175; so auch zuvor LG München I, Urt. v. 6.9.2007 – 5 HKO 12570/07, ZIP 2007, 1809, 1812 f.; sowie im Falle der GmbH OLG München, Urt. v. 10.11.1995 – 23 U 2987/95, DB 1996, 1967, 1967.

544 Dabei geht das OLG München, Urt. v. 28.11.2007 – 7 U 4498/07, AG 2008, 172, 175 jedoch entgegen der hier vertretenen Ansicht davon aus, dass sich der Sondervertreter

von einem gestuften Vorgehen aus: Danach kann der besondere Vertreter etwa dann Rechtsschutz begehren, wenn der Vorstand die für den besonderen Vertreter notwendige Korrespondenz nicht herausgibt. Für einen erfolgreichen Antrag des Sondervertreters müsse dieser allerdings hinreichend bestimmt sein und damit einen vollstreckungsfähigen Inhalt haben.[545] Der Verfügungsanspruch ergebe sich aus der Stellung und den damit einhergehenden Informationsrechten des Sondervertreters.[546]

Für einen Verfügungsgrund spricht nach Ansicht des Senats insbesondere der Umstand, dass § 147 Abs. 1 S. 2 AktG die Geltendmachung der Ersatzansprüche binnen sechs Monaten vorsieht.[547] Unbeschadet dessen, dass es sich dabei nur um eine Sollvorschrift handele, deren Nichteinhaltung keine unmittelbaren rechtlichen Konsequenzen habe, bringe das Gesetz dadurch eine Eilbedürftigkeit zum Ausdruck.[548] Verwiese man den besonderen Vertreter darauf, seine Rechte ausschließlich im Hauptsacheverfahren geltend zu machen, wäre gerade bei komplexen Sachverhalten zu befürchten, dass er die Ersatzansprüche auch nicht annähernd so zeitnah verfolgen könne, wie § 147 Abs. 1 S. 2 AktG ihm vorgebe.[549] Darüber hinaus würde bei einer unter Umständen zu erwartenden sehr langen Verfahrensdauer eines Hauptsacheprozesses durchaus auch eine erhebliche Schwächung seiner Rechtsposition insbesondere durch Beweismittelverluste (zum Beispiel Vernichtung oder Löschung nicht dauerhaft aufzubewahrender Unterlagen beziehungsweise Dateien) drohen.[550]

Durch den HVB/UniCredit-Komplex ist gerade die Nutzung des eben beschriebenen einstweiligen Rechtsschutzes oftmals zur *ultima ratio* des besonderen Vertreters geworden. Gerade im Falle der Geltendmachung von

neben den Unterlagen, die in engem Zusammenhang mit dem Hauptversammlungsbeschluss stehen und deren Einsichtnahme dahingehend notwendig ist, dass er seine Arbeit ordentlich aufnehmen kann, noch weitere Informationskorrespondenz verschaffen kann.

545 OLG München, Urt. v. 28.11.2007 – 7 U 4498/07, AG 2008, 172, 172.

546 LG München, Urt. v. 6.9.2007 – 5 HKO 12570/07, ZIP 2007, 1809, 1812; OLG München, Urt. v. 28.11.2007 – 7 U 4498/07, AG 2008, 172, 172.

547 OLG München, Urt. v. 28.11.2007 – 7 U 4498/07, AG 2008, 172, 175; so auch MüKo AktG-*Arnold*, § 147 Rn. 74; *Kling*, ZGR 2009, 190, 215.

548 OLG München, Urt. v. 28.11.2007 – 7 U 4498/07, AG 2008, 172, 175.

549 OLG München, Urt. v. 28.11.2007 – 7 U 4498/07, AG 2008, 172, 175.

550 OLG München, Urt. v. 28.11.2007 – 7 U 4498/07, AG 2008, 172, 175; dem zustimmend *Kling*, ZGR 2009, 190, 215 f.

Ersatzansprüchen gegen die amtierenden Vorstände wird man um diese Vorgehensweise in der Praxis nicht herum kommen.

Bisher – soweit ersichtlich – noch nicht praktiziert, jedoch neben dem Verfahren zum einstweiligen Rechtsschutz ebenfalls möglich, wäre eine Stufenklage im Sinne von § 254 ZPO.[551] Dies gilt im Besonderen für den Fall, in dem der Sondervertreter im Namen der Gesellschaft gegen Vorstandsmitglieder die Herausgabe von Informationen verlangt und zudem Ersatzansprüche gegen alle Vorstandsmitglieder durchzusetzen hat.[552] Voraussetzung einer Stufenklage nach § 254 ZPO ist nämlich grundsätzlich, dass sie sich gegen denselben Beklagten richtet,[553] was ansonsten in der Regel bei der Informationserlangung des Sondervertreters nicht der Fall ist.[554]

Sinnvoll erscheint dies, da auf diesem Wege grundsätzlich jedes Informationsrecht geltend gemacht werden kann.[555] Dies umfasst im ersten Schritt der Klage auch einen Auskunftsanspruch gemäß § 260 Abs. 1 BGB.[556]

Diese Vorgehensweise hat mehrere Vorteile. Zum einen wird dadurch die Verjährung gehemmt.[557] Zum anderen kann hierdurch die Höhe möglicher Ersatzansprüche gegen Mitglieder der Verwaltungsorgane beziffert werden.[558] Außerdem könnte durch eine Stufenklage, insbesondere bei mehreren einzuholenden Informationen oder besonders komplexen Sachverhalten, durch den besonderen Vertreter, eine gewisse Prozessökonomie[559] hilfreich sein.

5. Nebenintervention § 66 ZPO

Eng verbunden mit der Durchsetzung von Informationsrechten ist die Frage einer möglichen Nebenintervention des besonderen Vertreters gemäß § 66 ZPO. Durch § 66 ZPO wird einem Dritten die Möglichkeit eingeräumt, an einem zwischen anderen Parteien anhängigen Rechtsstreit teilzunehmen. Dabei kann der Dritte durch Unterstützung einer Partei Einfluss auf den Prozess nehmen, sofern

---

551 MüKo AktG-*Arnold*, § 147 Rn. 74; *Kling*, ZGR 2009, 190, 216.

552 *Beneke*, Der Geltendmachungsbeschluss, 215.

553 Vgl. nur BGH, Urt. v. 26.05.1994 – IX ZR 39/93, BB 1994, 1751,1752; MüKo ZPO-*Becker-Eberhard*, § 254 Rn. 6.

554 *Beneke*, Der Geltendmachungsbeschluss, 215.

555 Musielak/Voit-*Foerste*, § 254 Rn. 2; MüKo ZPO-*Becker-Eberhard*, § 254 Rn. 9.

556 Musielak/Voit-*Foerste*, § 254 Rn. 2; MüKo ZPO-*Becker-Eberhard*, § 254 Rn. 9.

557 Musielak/Voit-*Foerste*, § 254 Rn. 1; MüKo ZPO-*Becker-Eberhard*, § 254 Rn. 19.

558 MüKo ZPO-*Becker-Eberhard*, § 254 Rn. 9; *Kling*, ZGR 2009, 190, 216.

559 Die Prozessökonomie der Stufenklage sehen auch Musielak/Voit-*Foerste*, § 254 Rn. 1; MüKo ZPO-*Becker-Eberhard*, § 254 Rn. 1; Saenger-*Saenger*, § 254 ZPO Rn. 2.

sich die Entscheidung des Prozesses auf seine eigene Rechtsstellung negativ auswirken kann.[560] Neben der Gewährung rechtlichen Gehörs gehört die Vermeidung von widersprüchlichen Prozessergebnissen zu den wichtigsten Wirkungen der Nebenintervention.[561]

Geht man von der Parteifähigkeit des besonderen Vertreters gemäß § 50 ZPO[562] aus[563], ist Voraussetzung des § 66 ZPO, neben der Anhängigkeit eines Rechtsstreits zwischen anderen Personen, vor allem ein eigenes rechtliches Interesse des Dritten. Dieser sogenannte Interventionsgrund des Dritten ist dann zu bejahen, wenn er zumindest ein rechtliches Interesse daran hat, dass eine der Hauptparteien obsiegt. Ein rein tatsächliches, wirtschaftliches oder ideelles Interesse reicht hierfür nicht aus.[564] Die Entscheidung des Hauptprozesses muss sich durch seinen Inhalt oder die Vollstreckung mittelbar oder unmittelbar auf seine rechtlichen oder öffentlich-rechtlichen Verhältnisse rechtlich auswirken.[565] Ein rechtliches Interesse ist auch gegeben, wenn zwar der Sieg der Hauptpartei dem Nebenintervenienten einen Vorteil verschafft, eine Niederlage im Prozess aber keinen Nachteil für ihn hat. Es ist lediglich relevant, dass die Ansprüche gegen den Nebenintervenient nicht unabhängig von der Entscheidung des Hauptprozesses sind.[566]

In seiner jüngsten Entscheidung hat der BGH[567] einen Beitritt des Sondervertreters als Nebenintervenient sowohl für die Anfechtungsklage gegen den Beschluss über die Verfolgung von Ersatzansprüchen, als auch über seine Bestellung auf Seiten der Gesellschaft gebilligt. Der Senat hat als rechtliches Interesse des Sondervertreters ausreichen lassen, dass die Gestaltungswirkung

---

560 Musielak/Voit-*Weth*, § 66 Rn. 1; MüKo ZPO-*Schultes*, § 66 Rn. 1; Saenger-*Bendtsen*, § 66 ZPO Rn. 1.

561 Musielak/Voit-*Weth*, § 66 Rn. 1; MüKo ZPO-*Schultes*, § 66 Rn. 1; Saenger-*Bendtsen*, § 66 ZPO Rn. 1.

562 Nebenintervenient kann nur sein, wer parteifähig ist, vgl. MüKo ZPO-*Schultes*, § 66 Rn. 23.

563 BGH, Urt. v. 28.04.2015 – II ZB 19/14, AG 2015, 564, 565 wonach es sich bei einem besonderen Vertreter um eine natürliche Person handelt, die auch nach § 50 ZPO allgemein parteifähig ist.

564 BGH, Beschl. v. 10.2.2011 – I ZB 63/09, MDR 2011, 831, 831; OLG Koblenz, Beschl. v. 14.4.2009 – 5 U 309/09, MDR 2009, 708, 709.

565 Musielak/Voit-*Weth*, § 66 Rn. 6; MüKo ZPO-*Schultes*, § 66 Rn. 8; Saenger-*Bendtsen*, § 66 ZPO Rn. 6.

566 Musielak/Voit-*Weth*, § 66 Rn. 5; MüKo ZPO-*Schultes*, § 66 Rn. 9; Saenger-*Bendtsen*, § 66 ZPO Rn. 6.

567 BGH, Urt. v. 28.04.2015 – II ZB 19/14, AG 2015, 564, 565 f.

einer Nichtigerklärung der Beschlüsse ihn und sein Amt berührt, da der mit der Rechtskraft der Nichtigerklärung des Bestellungsbeschlusses auch die Befugnis verliere, für die Gesellschaft Ersatzansprüche geltend zu machen.[568]

Nach der hier vertretenen Auffassung, ist bezüglich des besonderen Vertreters allerdings zwischen Verfahren, welche mit der Geltendmachung von Schadensersatzansprüchen zusammenhängen, und denen, die sich lediglich auf die Existenz des Instituts des Sondervertreters auswirken, zu unterscheiden. Namentlich betreffen letztere die Rechtsstreitigkeiten, in denen es um die Bestellung und den Widerruf der Bestellung des besonderen Vertreters geht. In diesem Fall muss die Nebenintervention ausgeschlossen bleiben.[569] Da es dem besonderen Vertreter bereits an der Anfechtungsbefugnis für die Beschlüsse bezüglich seiner funktionellen Existenz fehlt, weil er diese mitunter alleine der Hauptversammlung verdankt, die ihn bestellt hat,[570] muss folglich auch der Weg über die Nebenintervention für ihn versperrt sein.[571]

Kritischer ist es bei Verfahren, die sich auf die Geltendmachung von Schadensersatzansprüchen durch den besonderen Vertreter auswirken können, beispielsweise bei einem Verfahren zwischen der Gesellschaft und Aktionären als Hauptparteien. Die Schwierigkeit besteht darin, zu bestimmen, welches Verfahren sich wirklich auf den von § 147 Abs. 2 S. 1 AktG gesetzlich festgelegten Aufgabenbereich des Sondervertreters bezieht. Das OLG München schließt dies aus, wenn sich ein Prozess lediglich auf das Bestehen von Ersatzansprüchen der Gesellschaft auswirkt.[572] Ein rechtliches Interesse ließe sich nicht allein damit begründen, dass es nicht ausgeschlossen sei, dass das Prozessergebnis das Bestehen oder die Durchsetzbarkeit der geltend zu machenden Ersatzansprüche beeinflusse. Denn dies betreffe nicht eigene Rechte des besonderen Vertreters, sondern die Ansprüche der Gesellschaft. Rechtliche Interessen der Gesellschaft können einen Beitritt nach § 66 ZPO aber schon deshalb nicht rechtfertigen, weil es sich bei der Gesellschaft nicht um einen Dritten im Sinne von § 66 ZPO, sondern um eine Partei des vorliegenden Rechtsstreit handele. Ein rechtliches

568 BGH, Urt. v. 28.04.2015 – II ZB 19/14, AG 2015, 564, 565 f.

569 a.A. BGH, Urt. v. 28.04.2015 – II ZB 19/14, AG 2015, 564, 565 f.

570 Vgl. dazu ausführlich G.III.3.

571 Gleiches muss für Verfahren gelten, welche die Existenz des besonderen Vertreters auch nur mittelbar bedrohen. Beispielhaft hierfür ist der aktienrechtliche „Squeeze-Out“ gemäß § 327a ff. AktG. Vgl. hierzu auch OLG München, Beschl. v. 3.9.2008 – 7 W 1432/08, AG 2008, 746–748.

572 OLG München, Beschl. v. 7.10.2008 – 7 W 1034/08, AG 2009, 119, 120; zustimmend *Westermann*, AG 2009, 237, 245; Spindler/Stilz-*Mock*, § 147 AktG Rn. 69.

Interesse des besonderen Vertreters könnte allenfalls dann angenommen werden, wenn das Prozessergebnis gerade auf seine Stellung als besonderer Vertreter, also beispielsweise auf seine Informationsrechte, sein Recht zur Prozessführung etc., einwirke. Dies sei indes nicht der Fall. Selbst wenn sich durch das Ergebnis des Rechtsstreits die Erfolgsaussichten der ihm aufgetragenen Rechtsverfolgung verschlechtern würden, ließe dies die Rechtsstellung des besonderen Vertreters unberührt. Anders ausgedrückt: Der besondere Vertreter habe kein eigenes rechtliches (allenfalls ein tatsächliches oder persönliches) Interesse daran, dass die Ersatzansprüche, zu deren Geltendmachung er eingesetzt sei, tatsächlich bestehen. Ebenso wenig könne beispielsweise ein Rechtsanwalt einem Rechtsstreit als Nebenintervenient mit der Begründung beitreten, der Ausgang des Prozesses habe Auswirkungen auf eine Rechtsverfolgung seines Mandanten in einem anderen Verfahren.[573]

Eine andere Auffassung vertritt vor allem *Nietsch*.[574] Er widerspricht dem OLG München und äußert, dass die Sichtweise des Senats erkennbar von formalen Überlegungen getragen sei und der Frage nach der Interventionsbefugnis nicht gerecht werde. Das Tatbestandsmerkmal des rechtlichen Interesses im Sinne des § 66 ZPO bezwecke, den Beitritt aus rein tatsächlichen oder wirtschaftlichen Erwägungen auszuschließen. Gegeben sei es dagegen nach allgemeiner Definition, wenn die Rechtsstellung des Nebenintervenienten durch ein ungünstiges Urteil „irgendwie" verschlechtert oder durch ein günstiges Urteil verbessert werde. Zur Rechtsstellung des Nebenintervenienten als besonderer Vertreter gehöre seine Verpflichtung, sämtliche Erkenntnis-, Darlegungs- und Beweismittel zu nutzen, die den zu verfolgenden Anspruch betreffen, und prozessualen Entwicklungen entgegenzuwirken, die die Durchsetzung des Ersatzanspruchs vereiteln oder erschweren könnten. Ersteres könne die Interventionswirkung des § 68 ZPO bewirken, Letzteres die mit der Stellung als Nebenintervenient verbundenen Befugnisse. Dass die Sachlegitimation hinsichtlich des geltend zu machenden Ersatzanspruchs der Aktiengesellschaft und nicht ihm persönlich zustehe, sei unerheblich. In der Konsequenz sei eine Nebenintervention des besonderen Vertreters im Rahmen von Prozessen, die im unmittelbaren Zusammenhang mit dem geltend zu machenden Anspruch stehen, zuzulassen.[575] Der notwendige Zusammenhang bestehe nicht nur, wenn das Ergebnis des Verfahrens vorgreiflich ist, sondern bereits dann, wenn die tatsächlichen

573 OLG München, Beschl. v. 7.10.2008 – 7 W 1034/08, AG 2009, 119, 121.

574 *Nietsch*, ZGR 2011, 589, 626; im Ergebnis ebenso MüKo AktG-*Arnold*, § 147 Rn. 79.

575 So auch *Mock*, AG 2015, 652, 657.

Fragestellungen, insbesondere nach einer Beweisaufnahme, im Haftpflichtprozess genutzt werden könnten.[576]

Nietsch legt das Merkmal des rechtlichen Interesses des besonderen Vertreters sehr weit aus. Indem er in seiner Definition des Interventionsgrundes jegliche Verschlechterung der Position des potentiellen Nebenintervenienten gelten lässt, sorgt er jedoch gleichzeitig für eine unangemessene Erweiterung der Kompetenzen des Sondervertreters. Seiner Überlegung liegt zugrunde, dass dem besonderen Vertreter zur Erfüllung seiner Aufgabe, der Geltendmachung von Ersatzansprüchen gemäß § 147 Abs. 2 S. 1 AktG, mehr als nur das Ergreifen von herkömmlichen Geltendmachungsmaßnahmen zugestanden werden muss. Vielmehr sollten dem besonderen Vertreter anscheinend auch Maßnahmen erlaubt sein, die der Verteidigung der Geltendmachung von Ersatzansprüchen dienen.

Durch eine solche Erweiterung der Befugnisse des Sondervertreters könnte es jedoch zu einer ungewollten Veränderung im Organisationsgefüge der Gesellschaft kommen. Das Rechtsinstitut des besonderen Vertreters ist durch § 147 Abs. 2 S. 1 AktG mit einem klaren Auftrag belegt. Zum Schutz des Gesellschaftsvermögens agiert er auf Seite der Gesellschaft und der Aktionäre bei der Geltendmachung von Ersatzansprüchen. Diese Ansprüche sind im jeweiligen Geltendmachungsbeschluss genauer zu bezeichnen.[577] Dabei ist es jedoch zum Beispiel nicht Aufgabe des besonderen Vertreters, diese Beschlüsse in Frage zu stellen oder gar Anfechtungs- oder Nichtigkeitsklagen gegen Hauptversammlungsbeschlüsse zu erheben, die Ansprüche im Sinne von § 147 AktG bewirken. [578] Dementsprechend hat das OLG München auch richtigerweise eine dahingehende Nebenintervention des besonderen Vertreters abgelehnt. Allein die Tatsache, dass der Ausgang eines Verfahrens faktische Wirkung auf die vom Sondervertreter zu führenden Ersatzanspruchsprozesse gemäß § 147 Abs. 2 S. 1 AktG haben könnte, begründen kein rechtliches Interesse zur Nebenintervention im Sinne von § 66 ZPO.[579]

Die Rechtsstellung des besonderen Vertreters bleibt in der Tat unverändert. Umstände, die sich auf den Auftrag, nämlich die Geltendmachung von Ersatzansprüchen des Sondervertreters auswirken, betreffen allein die Gesellschaft

576 *Nietsch*, ZGR 2011, 589, 626.
577 Vgl. hierzu oben E.II.3.a).
578 So auch *Fabritius*, GS Gruson 2009, 133, 147.
579 So auch OLG München, Beschl. v. 7.10.2008 – 7 W 1034/08, AG 2009, 119, 121; Spindler/Stilz-*Mock*, § 147 AktG Rn. 89.

oder Aktionäre. Letztendlich wirken sich die Folgen von Verfahren, die sich im weitesten Sinne um die Geltendmachung von Ersatzansprüchen drehen, auf das Gesellschaftsvermögen aus. Dies ist jedoch unabhängig von der Rechtsstellung des besonderen Vertreters, der als Werkzeug zur Geltendmachung der Ansprüche der Gesellschaft fungiert und unabhängig vom Ausgang der eben genannten Verfahren als solches seinen Auftrag weiterhin uneingeschränkt verfolgen kann.

Im Hinblick auf Schadensersatzprozesse, die bereits vor Bestellung eines besonderen Vertreters aufgenommen wurden, besteht ebenfalls keine Notwendigkeit einer Nebenintervention des Sondervertreters. Das Argument, gewonnene Erkenntnisse aus diesen Prozessen könnten dem Sondervertreter von Nutzen für seinen eigenen Auftrag sein, steht dabei im Widerspruch zum Wortlaut des § 147 Abs. 2 S. 1 AktG, der eine ermittelnde Funktion des besonderen Vertreters nicht vorsieht. Eine eigene Beweisaufnahme, auch mittelbar durch eine Nebenintervention in anderen Verfahren, ist somit nicht notwendig.

F. Weitere Pflichten des besonderen Vertreters

Neben der in § 147 Abs. 2 S. 1 AktG geregelten Pflicht zur Geltendmachung von Ersatzansprüchen aus § 147 Abs. 1 S. 1 AktG können den besonderen Vertreter weitere Pflichten treffen. Dabei handelt es sich vornehmlich um eventuell bestehende Berichts-, Auskunfts-, Publizitätspflichten und einer Verschwiegenheitspflicht. Aber auch die Frage nach einer möglichen Weisungsabhängigkeit gegenüber der Hauptversammlung muss nachgegangen werden. Aufgrund fehlender gesetzlicher Regelungen stellt sich auch bei diesen Pflichten – ähnlich zur Problematik bei der Bestimmung der Rechte – des besonderen Vertreters die Frage, ob und in welchem Umfang diese bestehen.

I. Weisungsabhängigkeit

In der Literatur besteht Einigkeit darüber, dass der gerichtlich bestellte besondere Vertreter nicht weisungsgebunden ist.[580] Gleiches gilt für den von der Hauptversammlung bestellten Sondervertreter gegenüber dem Vorstand und Aufsichtsrat, die möglicherweise seine Anspruchsgegner sind. Dies wäre zwar Grund genug, eine Weisungsabhängigkeit durch die Verwaltungsorgane abzulehnen, hinzu kommt jedoch, dass gerade diese aufgrund eines eigenen Versagens vom Sondervertreter abgelöst werden.[581]

Während die überwiegende Meinung in der Literatur die Auffassung vertritt, dass der von der Hauptversammlung bestellte besondere Vertreter auch gegenüber dieser weisungsunabhängig fungieren kann,[582] sieht eine Mindermeinung in diesem Fall eine Weisungsabhängigkeit.[583] Die Vertreter letzterer Meinung führen dazu an, dass der Hauptversammlung bereits in ihrem Geltendmachungs- beziehungsweise Bestellungsbeschluss das Recht obliegt, konkrete Bestimmungen zum Auftrag des Sondervertreters zu machen. Dementsprechend könne es nicht darauf ankommen, ob die Hauptversammlung diese

580 Ebenso Heidel-*Lochner*, § 147 AktG Rn. 27; MüKo AktG-*Arnold*, § 147 Rn. 84, die jedoch eine Weisungsgebundenheit von der Hauptversammlung sehen.

581 Zumindest in dem engen Aufgabenbereich des besonderen Vertreters.

582 Bürgers/Körber-*Holzborn/Jänig*, § 147 AktG Rn. 13; *Mock*, DB 2008, 393, 396; Schmidt/Lutter-*Spindler*, § 147 AktG Rn. 25; Spindler/Stilz-*Mock*, § 147 AktG Rn. 98; *Wirth*, FS Hüffer, 1129, 1150.

583 *Böbel*, Rechtsstellung, 60 f.; Heidel-*Lochner*, § 147 AktG Rn. 28; MüKo AktG-*Arnold*, § 147 Rn. 83.

Angaben bereits dort, oder erst nachträglich macht.[584] Insbesondere *Böbel* geht noch weiter. Er sieht keine sachliche Notwendigkeit, dem besonderen Vertreter einen eigenen weisungsunabhängigen Aufgabenbereich, im Sinne dessen, den ordentliche Verwaltungsorgane innehaben, zuzuschreiben.[585] Er hält den besonderen Vertreter im Verhältnis zur Hauptversammlung für einen untergeordneten und weisungsabhängigen Exekutivfunktionär.[586]

Die Angehörigen der Mehrheitsmeinung leiten die Weisungsfreiheit, im Gegensatz dazu, fast ausschließlich aus der Organ- beziehungsweise organangenäherten Stellung ab.[587] Der besondere Vertreter müsse im Rahmen seines Auftrags die gleiche Freiheit genießen, die auch ordentliche Verwaltungsmitglieder bei der Ausführung des gleichen Auftrags hätten.

Im Ergebnis ist sich der Mehrheitsmeinung anzuschließen. Allerdings ist auch hier einer Herleitung aus einer Organ- oder organangenäherten Stellung nicht zu folgen.[588] Vielmehr lässt sich die Weisungsfreiheit des besonderen Vertreters damit erklären, dass eine solche Unabhängigkeit des Sondervertreters gesetzlich nicht vorgesehen ist. Dabei handelt es sich jedoch um keine Nachlässigkeit des Gesetzgebers, sondern sie ergibt sich aus den Grundsätzen einer konkreten Bezeichnung des Hauptversammlungsbeschlusses.[589] Hiernach ist die Weisungsfreiheit kein Resultat einer besonderen Unabhängigkeit des besonderen Vertreters. Sein Auftrag sollte durch den Hauptversammlungsbeschluss vielmehr so eng umschrieben sein, dass weitere Weisungen obsolet werden. Denn gerade durch einen konkreten – und damit anfechtungsresistenten – Beschluss wird das Terrain des Sondervertreters unmissverständlich festgelegt. Das geht sogar so weit, dass sollte der Sondervertreter dieses pflichtwidrig verlassen, macht er sich einerseits haftbar, andererseits kann die Hauptversammlung ihn ohne Weiteres abberufen.

---

584 Heidel-*Lochner*, § 147 AktG Rn. 28; MüKo AktG-*Arnold*, § 147 Rn. 83; von einer „erst recht Befugnis“ spricht *Böbel*, Rechtsstellung, 60.

585 *Böbel*, Rechtsstellung, 61.

586 *Böbel*, Rechtsstellung, 62, der ansonsten ein mit umfassenden Rechten ausgestattetes Organ im Sondervertreter sieht.

587 Schmidt/Lutter-*Spindler*, § 147 AktG Rn. 26; Spindler/Stilz-*Mock*, § 147 AktG Rn. 98.

588 Zur Ablehnung einer Organstellung des besonderen Vertreters vgl. D.II.4.

589 Vgl. hierzu E.II.3.a).

II. Verschwiegenheitspflicht

Nach einhelliger Meinung im Schrifttum besteht eine Verschwiegenheitspflicht des besonderen Vertreters hinsichtlich der im Rahmen seines Auftrags erlangten vertraulichen Informationen.[590] Begründet wird die Pflicht zur Verschwiegenheit zum einen aus seinem Geschäftsbesorgungsvertrag nach § 675 BGB mit der Gesellschaft.[591] Es handelt sich dabei um eine vertragliche Verschwiegenheitspflicht, die als Teil der Hauptpflicht nach § 662 BGB bestimmt wird.[592] Hiernach hat der Beauftragte die Pflicht, seinen Auftrag nicht nur mit der nötigen Sorgfalt und Sachkunde auszuführen, sondern ist daneben auch zur Loyalität gegenüber dem Auftraggeber verpflichtet.[593] Diese Loyalitätspflicht beruht auf der Fremdnützigkeit der zu erbringenden Leistung und des damit erhöhten Bedarfs an Vertrauen bei der Interessensvertretung des Auftraggebers.[594]

Zum anderen wird die Verschwiegenheitspflicht des besonderen Vertreters aus seiner treuhänderischen Verwaltung der gesellschaftlichen, also fremden Vermögensinteressen hergeleitet.[595] Die treuhänderische Verwaltung fremder Vermögensinteressen des Sondervertreters ergibt sich dabei aus der Bestellung zur Geltendmachung von Ersatzansprüchen durch die Hauptversammlung nach § 147 Abs. 2 S. 1 AktG.[596]

III. Berichtspflicht/Auskunftspflicht

1. Gegenüber Vorstand und Aufsichtsrat

Einer Berichtspflicht gegenüber Aufsichtsrat und Vorstand unterliegt der besondere Vertreter bei einer Geltendmachung von Ersatzansprüchen gegen Mitglieder dieser Organe nicht.[597] Dies ergibt sich zum einen daraus, dass der

---

590 Bürgers/Körber-*Holzborn/Jänig*, § 147 AktG Rn. 13; Schmidt/Lutter-*Spindler*, § 147 AktG Rn. 34; Spindler/Stilz-*Mock*, § 147 AktG Rn. 92; *Böbel*, Rechtsstellung, 120 f.

591 MüKo AktG-*Arnold*, § 147 Rn. 82 mit Verweis auf MüKo BGB-*Heermann*, § 675 Rn. 13; *Mock*, AG 2008, 839, 839 f.

592 MüKo BGB-*Heermann*, § 675 Rn. 13 mit Verweis auf MüKo BGB-*Seiler*, § 662 Rn. 33 ff; Jauernig-*Mansel*, § 662 BGB Rn. 12.

593 MüKo BGB-*Seiler*, § 662 Rn. 33.

594 MüKo BGB-*Seiler*, § 662 Rn. 36.

595 MüKo AktG-*Arnold*, § 147 Rn. 82; Spindler/Stilz-*Mock*, § 147 AktG Rn. 92; *Mock*, AG 2008, 839, 840.

596 *Böbel*, Rechtsstellung, 120 f.; Spindler/Stilz-*Mock*, § 147 AktG Rn. 92; *Mock*, AG 2008, 839, 839 f.

597 MüKo AktG-*Arnold*, § 147 Rn. 80; *Mock*, AG 2008, 839, 841 f.

besondere Vertreter im Rahmen seiner Geltendmachung insbesondere solche Ersatzansprüche verfolgen wird, die mit Verfehlungen ebendieser Organe zusammenhängen. Es entspräche nicht dem aktienrechtlichen Sinn und Zweck des § 147 AktG, wenn gerade den Personen, die von einer solchen Verfolgung durch den besonderen Vertreter betroffen sind, auch noch Berichte über die vorgenommenen oder einzuleitenden Maßnahmen geliefert werden müssten. Der besondere Vertreter muss im Sinne der Norm unabhängig von denen im Rahmen dieser Aufgabe verdrängten Personen bleiben, da sonst die Erfolgsaussichten des Sondervertreters stark eingeschränkt wären.[598]

Zum anderen spricht die aktienrechtliche Organisationsstruktur gegen die Berichtspflicht an die Mitglieder des Vorstands beziehungsweise des Aufsichtsrats. Nach der grundsätzlichen aktienrechtlichen Struktur der Aufgabenverteilung von Vorstand und Aufsichtsrat besteht eine wechselseitige Überwachungspflicht. Hieraus begründet sich beispielsweise die Notwendigkeit einer Berichtspflicht des Vorstands an den Aufsichtsrat gemäß § 90 Abs. 1 AktG. Im Falle des besonderen Vertreters besteht diese Notwendigkeit jedoch nicht. Der Sondervertreter ist allein von der Hauptversammlung (§ 147 Abs. 2 S. 1 AktG) beziehungsweise dem Gericht (§ 147 Abs. 2 S. 2 AktG) bestellt und unterliegt nicht der Überwachung des Aufsichtsrats.[599]

Darüber hinaus kann eine Berichtspflicht des Sondervertreters gegenüber dem Vorstand der Aktiengesellschaft auch nicht aus einer Parallele zu dem Verhältnis zwischen Vorstandsmitgliedern untereinander konstruiert werden. Dieses Verhältnis gewinnt insbesondere dann an Bedeutung, wenn es um die Geltendmachung von Ansprüchen gegen Dritte durch den Sondervertreter geht. Während der Vorstand regelmäßig in einem kollegialen Verhältnis sowohl intern als auch extern fungiert, findet ein solches mit dem Sondervertreter nicht statt.[600]

Vielmehr ist das Gegenteil der Fall. Der besondere Vertreter wird quasi von außen gegen den Willen der Leitungsorgane in die Gesellschaft gebracht. Dabei löst er sogar die Leitungsorgane in ihrer Aufgabe, Ersatzansprüche geltend zu machen, ab.[601] Die Zuständigkeiten von besonderem Vertreter und Vorstand sind dementsprechend streng voneinander getrennt. Eine gegenseitige Berichtspflicht im Sinne einer einheitlichen und kollegialen Leitung der Gesellschaft

598 *Mock*, AG 2008, 839, 841 f.

599 MüKo AktG-*Arnold*, § 147 Rn. 80; *Mock*, AG 2008, 839, 841.

600 MüKo AktG-*Arnold*, § 147 Rn. 80; *Mock*, AG 2008, 839, 841.

601 GroßKomm. AktG-*Bezzenberger*, § 147 Rn. 52; Heidel-*Lochner*, § 147 AktG Rn. 24; Spindler/Stilz-*Mock*, § 147 AktG Rn. 84.

entsprechend der, die unter den Vorstandsmitgliedern herrscht, ist somit nicht zwingend erforderlich.[602]

Ob eine Berichtspflicht des besonderen Vertreters gegenüber dem Aufsichtsrat bei der Geltendmachung von Ersatzansprüchen gegen Dritte besteht, ist fragwürdiger. Denkbar wäre in solch einem Fall die Herleitung einer Berichtspflicht über eine Analogie von § 90 Abs. 1 AktG.[603] Dabei wäre die entsprechende Anwendung von § 90 Abs. 1 AktG die Folge einer Ausweitung des Kontroll- und Überwachungsauftrags des Aufsichtsrats nach § 111 AktG auf den besonderen Vertreter. Für die Erstreckung der Überwachung könnte sprechen, dass die Verfolgung von Ersatzansprüchen durch den besonderen Vertreter möglicherweise der Gesellschaft schaden könnte. Der besondere Vertreter hat nämlich die Pflicht alle Ansprüche, die vom Hauptversammlungsbeschluss umfasst sind, geltend zu machen. Eine wirtschaftliche Abwägung im Sinne des Gesellschaftswohls obliegt ihm dabei nicht. Zum Schutz der Gesellschaft könnte deshalb eine Erstreckung der Kontrolle des Aufsichtsrats auf den besonderen Vertreter geboten sein.[604]

Dem lässt sich jedoch entgegenhalten, dass auch in diesem Fall die aktienrechtliche Haftungsverfassung für die Unabhängigkeit des besonderen Vertreters spricht.[605] § 147 AktG soll gerade als Korrektiv dafür dienen, dass Ersatzansprüche nicht wie vom Aktiengesetz vorgesehen durch Vorstand oder Aufsichtsrat durchgesetzt werden. Insofern steht der Hauptversammlung mit § 147 Abs. 2 AktG ein Instrument zur Verfügung, sich diesbezüglich von den Leitungsorganen unabhängig um eine Verfolgung der Ansprüche zu kümmern. Sowohl dem Aufsichtsrat als auch dem Vorstand werden durch den Bestellungsbeschluss der Hauptversammlung sämtliche Kompetenzen hinsichtlich der Geltendmachung dieser Ersatzansprüche entzogen. Eine Überwachung des besonderen Vertreters würde diese Maßnahme untergraben. Dementsprechend darf sich insbesondere die Kontrollverantwortung des Aufsichtsrats aus § 111 AktG nicht auf den Bereich erstrecken, der im Rahmen des Geltendmachungsbeschlusses der Hauptversammlung im Sinne von § 147 Abs. 1 AktG bestimmt wird. Eine entsprechende Anwendung von § 90 Abs. 1 AktG, die eine Berichtspflicht des besonderen Vertreters zur Folge hätte ist somit abzulehnen[606]

602 MüKo AktG-*Arnold*, § 147 Rn. 80; *Mock*, AG 2008, 839, 841.

603 Diese sieht GroßKomm. AktG-*Bezzenberger*, § 147 Rn. 58.

604 Im Ergebnis wohl auch GroßKomm. AktG-*Bezzenberger*, § 147 Rn. 58.

605 *Kling*, ZGR 2009, 190, 219; *Mock*, AG 2008, 839, 842.

606 *Kling*, ZGR 2009, 190, 219; *Mock*, AG 2008, 839, 842; im Ergebnis die Analogie zu § 90 Abs. 1 AktG auch ablehnend MüKo AktG-*Arnold*, § 147 Rn. 80; a.A. GroßKomm. AktG-*Bezzenberger*, § 147 Rn. 58.

2. Gegenüber der Hauptversammlung

Aufgrund der bereits dargelegten Pflichtenentbindung der Leitungsorgane, durch den Bestellungsbeschluss des Sondervertreters durch die Hauptversammlung, kommt dieser eine besondere Rolle zu, wenn es um Berichts- und Auskunftspflichten des Sondervertreters geht. Der besondere Vertreter wurde alleine auf Bestrebungen der Hauptversammlung ohne Einfluss der Leitungsorgane eingesetzt. Man könnte meinen, dass sich demnach zwangsläufig die Pflichten des Sondervertreters ihr gegenüber, von denen gegenüber Leitungsorganen, unterscheiden müssen.

Teilweise wird deshalb auch eine Berichts- und Auskunftspflicht gegenüber der Hauptversammlung aus § 666 BGB analog abgeleitet.[607]

Gegen eine entsprechende Anwendung des Auftragsrechts, spricht allerdings die mangelnde Weisungsgebundenheit des besonderen Vertreters zur Hauptversammlung. Gerade die Weisungsgebundenheit ist jedoch ein essentielles Merkmal eines Auftragsverhältnisses (vgl. § 665 BGB). Ein, für die Bildung der Analogie notwendiger, vergleichbarer Sachverhalt, zwischen einem Beauftragtem und dem besonderen Vertreter, ist damit bereits nicht gegeben.[608]

Eine Auskunftspflicht lässt sich auch nicht aus einer entsprechenden Anwendung von § 131 AktG konstruieren.[609]

Nach § 131 Abs. 1 S. 1 AktG ist jedem Aktionär auf Verlangen in der Hauptversammlung vom Vorstand Auskunft über Angelegenheiten der Gesellschaft zu geben, soweit sie zur sachgemäßen Beurteilung des Gegenstands der Tagesordnung erforderlich ist.

Aufgrund dieses Aktionärsrechts und der Tatsache, dass der besondere Vertreter den Vorstand in seiner Aufgabe Ersatzansprüche geltend zu machen verdrängt, könnte eine Analogie durchaus denkbar sein.[610]

Richtigerweise ist eine Analogie des § 131 AktG hier jedoch nicht möglich und eine Auskunftspflicht des Sondervertreters somit nicht aus der Norm her leitbar. Der in § 131 AktG verankerte Auskunftsanspruch der Hauptversammlung besteht nämlich ausschließlich gegenüber der Gesellschaft. Der Vorstand

---

607 *Böbel*, Rechtsstellung, 123; MüKo AktG-*Arnold*, § 147 Rn. 81; *Kling*, ZGR 2009, 190, 219.

608 LG München I, Beschl. v. 28.7.2008 – 5 HKO 12504/08, AG 2008, 794, 796; *Mock*, AG 2008, 839, 844.

609 Ebenso LG München I, Beschl. v. 28.7.2008 – 5 HKO 12504/08, AG 2008, 794, 796; *Mock*, AG 2008, 839, 844.

610 Diese sieht *Böbel*, Rechtsstellung, 123.

wird im Zuge dessen als auskunftsgebendes Institut lediglich organschaftlich für die Gesellschaft tätig.[611] Dementsprechend kann die Auskunftspflicht auch nicht einfach auf Dritte wie beispielsweise den Aufsichtsrat übertragen werden.[612] Gleiches gilt selbst dann, wenn der Aufsichtsrat Ersatzansprüche nach § 112 AktG in eigener Person geltend macht und dadurch möglicherweise die beste Informationsquelle für die Aktionäre in der Hauptversammlung darstellen würde.

Neben diesen formalen Argumenten lässt sich zudem noch hören, dass das Bundesverfassungsgericht die Übertragbarkeit des Auskunftsanspruchs gegen den Vorstand aus § 131 Abs. 1 AktG auf den Aufsichtsrat auch aus Vertraulichkeitsgründen ausgeschlossen hat. So wird dargelegt, dass die Vertraulichkeit, auf die der Aufsichtsrat für eine effektive Aufgabenwahrnehmung angewiesen sei, es nicht erlaube, Auffassungen, Überlegungen und Motive einzelner Aufsichtsratsmitglieder als „Angelegenheit der Gesellschaft" einzustufen.[613]

Diese Begründung lässt sich auf den besonderen Vertreter übertragen. Auch der Sondervertreter ist bei der Geltendmachung von Ersatzansprüchen dingend von ebendieser Vertraulichkeit abhängig. Würde diese Vertraulichkeit durch eine Analogie von § 131 AktG umgangen, wäre eine zielführende Aufgabenerfüllung nicht möglich. Die Gefahr von Gegenmaßnahmen der in Anspruch zu nehmenden Gegner wäre zu groß, sobald der besondere Vertreter Informationen, auf diese Art, preisgeben müsste.[614]

Dass die Auskunft gemäß § 131 Abs. 1 AktG ausschließlich vom Vorstand in Vertretung der Gesellschaft getätigt werden kann wird noch deutlicher, wenn man berücksichtigt, dass nicht nur der Aufsichtsrat hinsichtlich des § 131 Abs. 1 AktG ausgenommen ist. Gleiches gilt für Bestrebungen, dahingehend, etwa den Abschlussprüfer (§ 176 Abs. 2 S. 3 AktG) oder den Sonderprüfer[615] zu Auskünften zu verpflichten.

Eine Auskunftspflicht gegenüber den Aktionären besteht somit auch aus einer analogen Anwendung des § 131 AktG nicht.

---

611 BVerfG, Beschl. 20.9.1999 – 1 BvR 636/95, AG 2000, 74, 75; Spindler/Stilz-*Siems*, § 131 AktG Rn. 16.

612 BVerfG, Beschl. 20.9.1999 – 1 BvR 636/95, AG 2000, 74, 75; Spindler/Stilz-*Siems*, § 131 AktG Rn. 17.

613 BVerfG, Beschl. 20.9.1999 – 1 BvR 636/95, AG 2000, 74, 75.

614 *Mock*, AG 2008, 839, 844 weist in diesem Zusammenhang auf eine komplette Anspruchsvereitelung und mögliche frühzeitige Vermögensverschiebungen hin.

615 Hüffer/Koch-*Koch*, § 147 AktG Rn. 8; Schmidt/Lutter-*Spindler*, § 145 AktG Rn. 34; Spindler/Stilz-*Mock*, § 145 AktG Rn. 48; *Mock*, AG 2008, 839, 844.

IV. Teilnahmepflicht/-recht an der Hauptversammlung

Durch die fehlende Auskunftspflicht gegenüber der Hauptversammlung stellt sich die grundsätzliche Frage, ob für den Sondervertreter überhaupt ein Teilnahmerecht beziehungsweise eine Teilnehmerpflicht in der Hauptversammlung der Gesellschaft besteht.[616] Ein allgemeines Recht zu Teilnahme ist dem besonderen Vertreter grundsätzlich nicht zuzusprechen, da es für eine Teilnahme ohne ausdrücklichen Tagesordnungspunkt nach der hier vertretenen Ansicht keinen Anlass gibt.

Durch einen konkret verfassten Auftrag[617] aus dem Geltendmachungs- beziehungsweise Bestellungsbeschluss der Hauptversammlung ist nämlich für eine Verfolgung der Ansprüche nach § 147 Abs. 1 AktG genüge getan. Dies gilt insbesondere für den Fall, in dem das gesetzlich vorgesehene zweistufige Verfahren von Sonderprüfung und Geltendmachung eingehalten wurde.[618] In diesem Fall hat der besondere Vertreter alle nötigen Informationen und Legitimationen, um seinen Auftrag ordentlich zu erfüllen. Die Teilnahme an weiteren Hauptversammlungen ist entsprechend nicht notwendig.

Aus diesem Grund geht auch *Mocks*[619] Herleitung eines allgemeinen Teilnahmerechts des Sondervertreters nach dem Vorbild von § 118 Abs. 3 S. 1 AktG[620] fehl. *Mock* führt dies auf die bereits erwähnte Kompetenzverdrängung der Verwaltungsorgane bezüglich der vom Sondervertreter geltend zu machenden Ansprüche zurück. Nach *Mock* nimmt der besondere Vertreter letztlich nur eine Aufgabe wahr, die eigentlich dem Vorstand beziehungsweise dem Aufsichtsrat zukomme. Das Fehlen einer Teilnahmepflicht des besonderen Vertreters würde somit den Regelungszweck von § 118 Abs. 2 AktG (sic) unterminieren, da die Hauptversammlung bei der Bestellung des besonderen Vertreters sich andernfalls selbst in Ihren Rechten beschneiden würde. Es wäre dann nur noch der um die Geltendmachung der Ersatzansprüche in seiner Zuständigkeit verkürzte Vorstand und Aufsichtsrat anwesend, der selbst aufgrund seines fehlenden

---

616 Eine Teilnahmepflicht grundsätzlich ablehnend: LG München I, Beschl. v. 28.7.2008 – 5 HKO 12504/08, AG 2008, 794, 795 f.; Schmidt/Lutter-*Spindler*, § 147 AktG Rn. 36; a.A. Heidel-*Lochner*, § 147 AktG Rn. 24; *Mock*, AG 2008, 839, 842 f.

617 Zum konkret zu bezeichnenden Beschluss vgl. auch E.II.3.a).

618 Zum zweistufigen Verfahren vgl. oben E.II.2.c).

619 *Mock*, AG 2008, 839, 842 f.

620 Nach ganz herrschender Meinung besteht trotz der Formulierung („sollen") des § 118 Abs. 2 S. 1 AktG eine Pflicht von Aufsichtsrat und Vorstand an der Hauptversammlung teilzunehmen vgl. Spindler/Stilz-*Hoffmann*, §118 AktG Rn. 22; MüKo AktG-*Kubis*, § 118 Rn. 99 ff.; *Mock*, AG 2008, 839, 842 f.

Auskunftsrechts gegenüber dem besonderen Vertreter keine weiterführenden Angaben zur Tätigkeit des besonderen Vertreters machen könne.[621]

Dabei verkennt *Mock* jedoch, dass sich die Teilnahmepflicht der Verwaltungsmitglieder aus ihrer organschaftlichen Funktion ergibt.[622] Allein die Übernahme einzelner geltend zumachender Ansprüche begründet aber gerade keine organschaftliche Funktion.[623] Darüber hinaus besteht die Teilnahmepflicht der Verwaltungsorgane nicht nur aufgrund beziehungsweise in Form einer körperlichen Anwesenheitspflicht, sondern soll auch dem Zweck dienen, ihrer Mitwirkungspflicht bei hauptversammlungsbezogenen Organpflichten nachzukommen.[624] Diese entfällt jedoch für den besonderen Vertreter. Die einzige Pflicht, die er zu erfüllen hat, ist die aus § 147 Abs. 1 AktG. Diese ist jedoch nicht hauptversammlungsbezogen, wodurch eine Teilnahme an der Hauptversammlung nicht nötig ist.

Auch das Argument, die Verwaltungsorgane könnten keine Angaben über die Arbeit des besonderen Vertreters machen, greift für die Übertragung der Pflicht aus § 118 Abs. 3 S. 1 AktG auf den Sondervertreter nicht. Wie bereits oben dargelegt, ist es grundsätzlich auch nicht nötig, dass der Hauptversammlung Auskünfte erteilt werden. Wurden die Regularien eines konkreten Hauptversammlungsbeschlusses beziehungsweise die eines zweistufigen Verfahrens eingehalten, sind alle Hintergründe zur Arbeit des Sondervertreters offengelegt. Dies mag beim Regelfall einer Geltendmachung durch die Organe selbst nicht der Fall sein. Entschließt sich der Vorstand beispielsweise solche Ansprüche geltend zu machen, bleibt den Aktionären unter Umständen unbekannt, woraus sich dieses Vorgehen begründet. In diesem Fall ist eine Teilnahmepflicht des Vorstands nach § 118 Abs. 3 S. 1 AktG auch gewinnbringend. Die Situation ist jedoch nicht mit der des besonderen Vertreters vergleichbar.

Eine allgemeine Teilnahmepflicht besteht demnach für den besonderen Vertreter nicht. Dabei ist jedoch zu beachten, dass möglicherweise Ausnahmesituationen eintreten könnten, in denen eine Teilnahme des besonderen Vertreters an der Hauptversammlung nötig wird. *Mock* weist diesbezüglich treffend darauf hin, dass die Verwaltungsorgane den Aktionären in manchen Situationen keine Auskünfte über die Arbeit des Sondervertreters erteilen könnten. Eine solche Situation könnte vorliegen, wenn die Hauptversammlung in Erwägung zieht,

---

621 *Mock*, AG 2008, 839, 843.

622 MüKo AktG-*Kubis*, § 118 Rn. 96.

623 Vgl. oben E.II.1.

624 MüKo AktG-*Kubis*, § 118 Rn. 101; Spindler/Stilz-*Hoffmann*, § 118 AktG Rn. 22.

den besonderen Vertreter abzuberufen. Für die Abberufung selbst bedarf es zwar keiner Teilnahme des Sondervertreters, die Hauptversammlung könnte jedoch von einer Teilnahme und einem damit verbundenen Vortrag[625] des besonderen Vertreters eine Weiterbeschäftigung abhängig machen. Hierfür bedarf es dann jedoch eines eigenen Tagesordnungspunktes in der Hauptversammlung.[626]

Diesen darf der besondere Vertreter allerdings nicht selbst einbringen. Dafür fehlt es an der nötigen Gesetzesgrundlage.[627] Denkbar wäre zwar, dem Sondervertreter dieses Recht einzuräumen, weil andernfalls eine Ergänzung der Tagesordnung blockiert werden könnte.[628] Der im Regelfall für die Tagesordnung zuständige Vorstand könnte dies in Erwägung ziehen, da dieser naturgemäß nicht an einer unterstützenden Leistung gegenüber dem besonderen Vertreter interessiert ist. Schließlich könnte er selbst Thema eines Vortrags des Sondervertreters über die Geltendmachung von Ersatzansprüchen sein.

Dem lässt sich jedoch entgegenhalten, dass dem Aktionär ausreichend Mittel zur Verfügung stehen, einer solchen Vereitelung durch den Vorstand, entgegenzuwirken. Diesbezüglich kommen vor allem §§ 122 Abs. 2, 127a AktG in Frage.[629] Davon abgesehen könnte eine solche Behinderung pflichtwidrig sein und somit möglicherweise Ersatzansprüche auslösen. Aufgrund der fehlenden Auskunfts- und Berichtspflichten des besonderen Vertreters gegenüber dem Vorstand könnte es zu Fragen von Aktionären kommen, die der Vorstand deshalb nicht beantworten kann. Deutet sich eine solche Entwicklung an, müsste der Vorstand die Tagesordnung um einen Punkt erweitern und dem Sondervertreter ein Rederecht einräumen.[630] Freilich ist es unter praktischen Gesichtspunkten schwer einzuschätzen, ob und vor allem welche Fragen möglicherweise von Aktionären zur Arbeit des besonderen Vertreters im Rahmen der Hauptversammlung gestellt werden könnten. Allein diese Tatsache würde jedenfalls

---

625 Vgl. F.V.

626 Insoweit auch MüKo AktG-*Arnold*, § 147 Rn. 81; Schmidt/Lutter-*Spindler*, § 147 AktG Rn. 36; *Mock*, AG 2008, 839, 843 f.; a.A. wohl LG München I, Beschl. v. 28.7.2008 – 5 HKO 12504/08, AG 2008, 793, 795 f.; Heidel-*Lochner*, § 147 AktG Rn. 24, der von einem allgemeinen Teilnahmerecht ausgeht.

627 MüKo AktG-*Arnold*, § 147 Rn. 81.

628 So *Mock*, AG 2008, 839, 843 f.

629 MüKo AktG-*Arnold*, § 147 Rn. 81; vgl. ausführlich zu den Rechten nach § 122 AktG auch *Heeg*, NZG 2012, 1056, 1057 ff.

630 a.A. MüKo AktG-*Arnold*, § 147 Rn. 81; *Böbel*, Rechtsstellung, 120 f., der eine Verpflichtung sieht, die Sondervertretung auf jede Tagesordnung zu setzen; dem zustimmend *Verhoeven*, EWiR 2009, 65, 66.

was die Haftung des Vorstands bei einer pflichtwidrigen Auskunftsvereitelung betrifft, für den Vorstand entlastend wirken.

In jedem Fall kann jedoch festgehalten werden, dass das Recht bzw. die Pflicht des besonderen Vertreters zur Teilnahme an einer Hauptversammlung nur im Ausnahmefall besteht. Nämlich dann, wenn diese konkret in die Tagesordnung der Hauptversammlung aufgenommen wurde.[631]

V. Redepflicht/-recht in der Hauptversammlung

Wird der besondere Vertreter beziehungsweise sein Handeln in einer der oben beschriebenen Ausnahmesituationen Gegenstand der Tagesordnung in der Hauptversammlung, dann muss ihm dort auch ein Rederecht eingeräumt werden. Dabei gelten hinsichtlich seines Rederechts die allgemeinen Bedingungen des Rederechts auf der Hauptversammlung.[632] Darüber hinaus ist der besondere Vertreter ausschließlich befugt, sich im Rahmen des für ihn vorgesehenen Tagesordnungspunkts zu äußern.[633] Inhaltlich darf nur der von der Hauptversammlung beschlossene Auftrag betroffen sein. Dies erstreckt sich ausschließlich auf die von ihm betriebene Geltendmachung von Ersatzansprüchen. Alles andere unterfällt nicht seiner Kompetenz und muss im Sinne der aktienrechtlichen Verfassungsordnung den entsprechenden Organen zugewiesen bleiben.

Dem besonderen Vertreter steht es allerdings frei, im Rahmen seines Rederechts eine Sonderprüfung anzuregen. Dies gilt insbesondere dann, wenn diese vor seiner Bestellung nicht erfolgte und er sich wegen dieses Versäumnisses einer mangelnden Substantiierung seiner Anspruchsverfolgung gegenüber gestellt sieht.

VI. Haftung des besonderen Vertreters

Nicht auszuschließen sind Pflichtverletzungen des besonderen Vertreters. In Frage kommen unter anderen auch eine mutwillige Klageerhebung oder die von ihm verschuldete Verjährung von Ansprüchen.[634] Vielfach wird in solchen Fällen die Haftung aus einer Gesamtanalogie zu den Organhaftungstatbeständen

---

631 Schmidt/Luther/*Spindler*, § 147, Rn. 36, der ansonsten eine Teilnahme des Sondervertreters in der Hauptversammlung ebenfalls ablehnt.

632 Zu den allgemeinen Einschränkungen vgl. MüKo AktG-*Kubis*, § 118 Rn. 75 ff.

633 So auch *Mock*, AG 2008, 839, 844.

634 Spindler/Stilz-*Mock*, § 147 AktG Rn. 96; *Kling*, ZGR 2009, 190, 226.

der §§ 93, 116 AktG hergeleitet, zumeist unter Hinweis auf seine Organ- oder organähnlichen Stellung.[635]

Nach der hier vertretenen Auffassung ist konsequenterweise auch bezüglich der Haftung des besonderen Vertreters von einer Analogie zu den Organregelungen abzusehen. Wie schon bei der Bestimmung der Rechte des besonderen Vertreters ausgeführt,[636] fehlt es auch hinsichtlich der Pflichten am subsumtionsfähigen Oberbegriff des „Organs", an den diese geknüpft sind.[637]

Außerdem ist zweifelhaft, ob eine – was für eine Analogie notwendig ist – planwidrige Regelungslücke vorliegt. Gegen eine Lücke sprechen insbesondere die jüngsten Neuerungen im Aktiengesetz. Bemerkenswert ist vor allem die Regelung des § 144 AktG, in der für den mit dem besonderen Vertreter zusammenhängenden Institut des Sonderprüfers ausdrückliche Haftungsregeln in Anlehnung an die des Abschlussprüfers normiert worden sind. Der dort vorgenommene Verweis auf die Vorschriften des Handelsgesetzbuchs, also eben nicht auf die Regelungen der aktiengesetzlichen Organhaftung, sind Grund genug, um eine planwidrige Regelungslücke im Hinblick auf den besonderen Vertreter abzulehnen.[638]

Ohnehin bedarf es eines Rückgriffs auf die Regelungen über die Organhaftung auch ansonsten nicht. Angesichts der engen Verknüpfung zwischen der Bestellung des besonderen Vertreters und dem mit ihm geschlossenen schuldrechtlichen Vertrag kann auf die schuldrechtliche Haftung aus dem entgeltlichen Geschäftsbesorgungsvertrag zurückgegriffen werden.[639]

Auch aufgrund dieser Verknüpfung lassen sich alle denkbaren Pflichtverletzungen mit den schuldrechtlichen Haftungswerkzeugen verfolgen.

---

635 Spindler/Stilz-*Mock*, § 147 AktG Rn. 96; *Böbel*, Rechtsstellung, 114; *Kling*, ZGR 2009, 190, 226.

636 Vgl. E.II.1.

637 Vgl. *Hüffer*, ZHR 2010, 642, 676.

638 So auch MüKo AktG-*Arnold*, § 147 Rn. 85.

639 Zum schuldrechtlichen Verhältnis zwischen Gesellschaft und besonderen Vertreter vgl. C.

G. Beendigung und Abberufung des besonderen Vertreters

Die Beendigung des Mandats des Sondervertreters kann auf unterschiedliche Weise zustande kommen. Unzweifelhaft ist das Mandat beendet, wenn die Geltendmachung von Ersatzansprüchen zu ihrem Abschluss gekommen ist. In diesem Fall hat der besondere Vertreter seinen Auftrag erledigt und muss nicht weiter wirken.

Grundsätzlich ist darüber hinaus zu unterscheiden, ob der besondere Vertreter von der Hauptversammlung oder gerichtlich bestellt wurde.

I. Beendigung nach einer Bestellung durch die Hauptversammlung (§ 147 Abs. 2 S. 1 AktG)

Genauso wie die Hauptversammlung den Sondervertreter nach § 147 Abs. 2 S. 1 AktG von der Hauptversammlung bestellen kann, kann sie auch seine Bestellung jederzeit widerrufen.[640] Diese Kompetenz folgt aus dem *actus contrarius*-Gedanken. Ebenso kann die Hauptversammlung durch erneuten Bestellungsbeschluss den bisher eingesetzten besonderen Vertreter durch einen Neuen ersetzen.[641] Für den Beschluss ist eine einfache Stimmenmehrheit ausreichend. Als Ausgestaltung des Minderheitenschutzes in der Aktiengesellschaft kann eine Minorität in der Hauptversammlung jedoch nach wie vor nach § 147 Abs. 2 S. 2 AktG die Bestellung eines anderen Vertreters durch das Gericht beantragen.[642]

Für den Widerruf der Bestellung des Sondervertreters durch die Hauptversammlung bedarf es nach herrschender Meinung, anders als im Rahmen von § 84 Abs. 3 AktG für die Abberufung des Vorstandes, keines wichtigen Grundes.[643]

---

640 Bürgers/Körber-*Holzborn/Jänig*, §147 AktG Rn. 14a; GroßKomm. AktG-*Bezzenberger*, § 147 Rn. 61; MüKo AktG-*Arnold*, § 147 Rn. 100; Spindler/Stilz-*Mock*, § 147 AktG Rn. 116 ff.

641 So auch Heidel-*Lochner*, § 147 AktG Rn. 30; *Nietsch*, ZGR 2011, 589, 627.

642 Bürgers/Körber-*Holzborn/Jänig*, §147 AktG Rn. 14a; GroßKomm. AktG-*Bezzenberger*, § 147 Rn. 61; Wachter-*Zwissler*, §147 AktG Rn. 18; siehe auch oben B.II.2.

643 BGH, Beschl. v. 18.6.2013 – II ZA 4/12, ZIP 2013, 1467, 1468; Bürgers/Körber-*Holzborn/Jänig*, §147 AktG Rn. 14a; GroßKomm. AktG-*Bezzenberger*, § 147 Rn. 61; Wachter-*Zwissler*, §147 AktG Rn. 18; a.A. Heidel-*Lochner*, § 147 AktG Rn. 30.

Des Weiteren kann auch eine erfolgreiche Anfechtungs- oder Nichtigkeitsklage gegen den Bestellungsbeschluss zur Beendigung des Mandates des Sondervertreters führen.[644] Ob dem Vertreter hiergegen selbst Rechtsmittel zur Verfügung stehen, muss später noch geklärt werden.[645] Wird mittels der Klage lediglich der Bestellungs-, nicht aber der verpflichtende Hauptversammlungsbeschluss nach § 147 Abs. 1 AktG beseitigt, besteht die Verpflichtung der Geltendmachung von Ersatzansprüchen auch ohne die Bestellung eines besonderen Vertreters fort. Diese muss dann weiterhin im Sinne des Beschlusses vollzogen werden, indes ohne ein darüber hinausgehendes Ermessen bezüglich der Geltendmachung. An die Stelle des Sondervertreters treten in diesem Fall wieder die regulären Leitungsorgane Vorstand und Aufsichtsrat.[646] Außerdem endet die Bestellung der Person des besonderen Vertreters freilich mit dessen Tod[647] oder durch Niederlegung[648] des Mandats durch den besonderen Vertreter. Für diese Fälle gilt ebenfalls, dass der von der Hauptversammlung gefasste Bestellungsbeschluss entfällt und lediglich der zur Geltendmachung der Ersatzansprüche fortbesteht. Hieraus folgt wiederum, dass die Verpflichtung zur Geltendmachung gleichfalls zurückfällt an Vorstand beziehungsweise Aufsichtsrat.[649]

II. Beendigung nach gerichtlicher Bestellung (§ 147 Abs. 2 S. 2 AktG)

Wurde der Sondervertreter durch ein Gericht auf Antrag einer Aktionärsminderheit bestellt (§ 147 Abs. 2 S. 2 AktG), kann nur ein Gerichtsbeschluss die

644 Bürgers/Körber-*Holzborn/Jänig*, §147 AktG Rn. 14a; Schmidt/Lutter-*Spindler*, § 147 AktG Rn. 41; siehe dazu auch G.V.

645 Siehe unten G.III.

646 Spindler/Stilz-*Mock*, § 147 AktG Rn. 117; sowie *Wirth/Pospiech*, DB 2008, 2471, 2474, die allerdings mit dem Wegfall der bestellten Person auch den Wegfall des besonderen Vertreters als Rechtsinstitut einhergehen sehen.

647 Spindler/Stilz-*Mock*, § 147 AktG Rn. 113; Wachter-*Zwissler*, § 147 AktG Rn. 18.

648 Bürgers/Körber-*Holzborn/Jänig*, §147 AktG Rn. 14a; Spindler/Stilz-*Mock*, § 147 AktG Rn. 113; Schmidt/Lutter-*Spindler*, § 147 AktG Rn. 41; Wachter-*Zwissler*, § 147 AktG Rn. 18.

649 Anders wohl Spindler/Stilz-*Mock*, § 147 AktG Rn. 114, der in einem solchen Fall das Fortbestehen des Organs besonderer Vertreter annimmt und lediglich bei einer erfolgreichen Anfechtung des Bestellungsbeschlusses eine Rückübertragung der Verpflichtung auf den Vorstand bzw. Aufsichtsrat annimmt, vgl. dazu weiterführend Spindler/Stilz-*Mock*, §147 AktG Rn. 117.

Bestellung widerrufen.[650] Voraussetzung dafür soll grundsätzlich ein in der Person des besonderen Vertreters liegender Grund (§§ 626 Abs. 1, 627 Abs. 1 BGB) sein.[651]

Wird der Widerrufsantrag dagegen von der für die ursprüngliche Bestellung verantwortlichen Aktionärsminderheit gestellt, bedarf es eines solchen Grundes nicht.[652] Dies trägt dem Umstand Rechnung, dass es sich bei § 147 Abs. 2 S. 2 AktG um ein Minderheitenrecht handelt. Auch im Falle der Beendigung des Bestellungsverhältnisses oder dem Wechsel der Person des besonderen Vertreters darf dieses nicht nachträglich untergraben werden. Ebenso wie bei der Bestellung durch die Hauptversammlung, muss die Minderheit bei gerichtlicher Bestellung ihre Entscheidung ebenfalls ohne Grund als *actus contrarius* durchsetzen können.[653]

Ob die Gesellschaft selbst – trotz Vorliegens eines wichtigen Grundes – überhaupt in der Lage sein soll, durch ihre Leitungsorgane einen Widerruf, im Falle einer Bestellung nach § 147 Abs. 2 S. 2 AktG, beantragen zu können, ist umstritten. Während *Bezzenberger*[654] und *Mock*[655] dies annehmen, widerspricht nach Ansicht von *Arnold*[656] ein solches Recht dem Kompetenzgefüge des § 147 AktG, weil nach dieser Norm immer nur die Hauptversammlungsmehrheit oder die qualifizierte Minderheit die Bestellung des Vertreters (mittelbar) bewirken könne. Dementsprechend werde ein Antragsrecht der Gesellschaft im Fall einer Bestellung nach § 147 Abs. 1 S. 1 AktG auch gar nicht diskutiert.[657]

Allerdings lässt sich auch die gegenteilige Argumentation von *Nietsch* hören, der vor dem Hintergrund der gerichtlichen Überprüfbarkeit eines Widerrufsantrags und der Abhängigkeit vom Vorliegen eines wichtigen Grundes dagegen keine durchgreifenden Bedenken hat.[658] Missbrauchsrisiken seien laut *Nietsch* insoweit praktisch ausgeschlossen. Auch sei es dem Verband nicht zuzumuten, bei Vorliegen wichtiger Gründe für den Widerruf der Bestellung auf die entsprechende Initiative der Minderheit zu warten oder eine gegebenenfalls

650 GroßKomm. AktG-*Bezzenberger*, § 147 Rn. 62; MüKo AktG-*Arnold*, § 147 Rn. 101.
651 GroßKomm. AktG-*Bezzenberger*, § 147 Rn. 62; MüKo AktG-*Arnold*, § 147 Rn. 101.
652 So auch *Nietsch*, ZGR 2011, 589, 628.
653 Vgl. oben G.I.
654 GroßKomm. AktG-*Bezzenberger*, § 147 Rn. 62.
655 Spindler/Stilz-*Mock*, §147 AktG Rn. 118.
656 MüKo AktG-*Arnold*, § 147 Rn. 101.
657 MüKo AktG-*Arnold*, § 147 Rn. 101.
658 *Nietsch*, ZGR 2011, 589, 628.

außerordentliche Hauptversammlung zur Herbeiführung eines entsprechenden Mehrheitsbeschlusses abzuhalten.[659]

Vorzugswürdig erscheint es jedoch, dem Vorstand beziehungsweise Aufsichtsrat ein solches Initiativrecht nicht zuzubilligen. Gegen ein Initiativrecht der Leitungsorgane spricht bereits die Teleologie des § 147 Abs. 2 S. 2 AktG. Bei dieser Vorschrift handelt es sich um eine Norm, die Minderheitenschutz in der Aktiengesellschaft gewährleisten möchte. Geht die qualifizierte Minderheit den Weg über die Gerichte, um einen besonderen Vertreter gegen die klassischen Leitungsorgane durchzusetzen, darf dieses Privileg grundsätzlich nicht durch einen Austausch des ursprünglich eingesetzten Sondervertreters durch die Leitungsorgane entzogen werden. Hätten Vorstand und Aufsichtsrat im Falle der gerichtlichen Bestellung das Recht, einen Widerrufsantrag zu stellen, würde dies mittelbar dazu führen, dass diese entgegen der Zielrichtung des Minderheitenschutzes wieder einen Sondervertreter nach ihren eigenen Vorstellungen installieren könnten.

Freilich könnte diese Überlegung zunächst theoretisch erscheinen, wenn man mit *Nietsch* das Vorliegen eines wichtigen, in der Person des abzuberufenden Sondervertreters liegenden Grundes verlangt. Man könnte argumentieren, dass es in der Praxis für Vorstand und Aufsichtsrat schwer sein wird, bei jedem eingesetzten Sondervertreter, der nicht ihren Vorstellungen entspricht, einen wichtigen in der Person liegenden Grund zu finden, diesen auszutauschen.

Allerdings darf nicht außer Acht gelassen werden, dass der Vorstand/Aufsichtsrat in der Regel seine Chance auf eine gehörige Geltendmachung von Ersatzansprüchen bereits verwirkt hat, wenn es zur Bestellung eines besonderen Vertreters nach § 147 Abs. 2 S. 2 AktG gekommen ist. Die Hürde für einen Widerrufsantrag durch Vorstand und Aufsichtsrat kann dementsprechend nicht hoch genug sein. Andernfalls erhielten beide nur eine weitere Gelegenheit, die Geltendmachung etwaiger Schadensersatzansprüche (die unter Umständen auch gegen sie selbst gerichtet sind) zeitlich zu verschleppen. Auch die Suche nach einem wichtigen Grund beziehungsweise die Prüfung, ob ein solcher vorliegt, beansprucht schließlich kostbare Zeit. Diese würde dem besonderen Vertreter dann fehlen und ihm die Arbeit wegen der Geltendmachungsfrist gemäß § 147 Abs. 1 S. 2 AktG zusätzlich erschweren.

Die Annahme von *Nietsch*, einen wichtigen in der Person des besonderen Vertreters liegenden Grund für dessen Abberufung durch die Leitungsorgane ausreichen zu lassen, genügt dem Gedanken des effektiven Minderheitenschutzes

659 *Nietsch*, ZGR 2011, 589, 628.

aus § 147 Abs. 2 S. 2 AktG nicht. Dies zeigt sich insbesondere durch die von *Arnold*[660] angesprochene Gesetzessystematik, wonach die Bestellung eines besonderen Vertreters entweder an die einfache Mehrheit in der Hauptversammlung (§ 147 Abs. 2 S. 1 AktG) oder ein qualifiziertes Minderheitsverlangen (§ 147 Abs. 2 S. 2 AktG) geknüpft ist. Dies resultiert daraus, dass eine Geltendmachung der Ansprüche aus § 147 Abs. 1 AktG durch die Gesellschaft bis dahin nicht erfolgt ist. Eine Einsetzung oder ein Tausch des besonderen Vertreters kann entsprechend nur von diesen Quoren initiiert werden. Diese Kompetenz ist – auch unter gewissen Einschränkungen – nicht für die Leitungsorgane der Gesellschaft vorgesehen. Der besondere Vertreter tritt als neu eingesetztes Institut zur Geltendmachung der Ansprüche an die Stelle von Vorstand und Aufsichtsrat.

Wie bereits festgestellt, kann bei einer Bestellung durch die Minderheitsaktionäre (§ 147 Abs. 2 S. 2 AktG) diese den besonderen Vertreter durch das Gericht abberufen lassen. Spiegelbildlich zur Bestellung nach § 147 Abs. 2 S. 1 AktG durch ein Mehrheitsverlangen, als *actus contrarius*, kann der Widerruf ohne Vorlage eines wichtigen, in der Person Sondervertreters liegenden Grundes initiiert werden. Dass die Gesellschaft, vertreten durch Vorstand und Aufsichtsrat, daneben über die gesetzlichen Bestimmungen hinaus ein Antragsrecht bekommen soll, ist nicht gerechtfertigt. Das muss auch weiterhin, trotz der Einschränkung hinsichtlich des Vorliegens eines wichtigen in der Person des besonderen Vertreters liegenden Grundes gelten.

III. Rechtsmittel des besonderen Vertreters gegen den Widerruf der Bestellung/Anfechtungsbefugnis

Zu klären ist, ob der besondere Vertreter befugt ist, gegen den Beschluss über den Widerruf seiner Bestellung Rechtsmittel einzulegen. Insoweit ist zwischen der in § 147 Abs. 2 S. 4 AktG vorgesehenen Beschwerdebefugnis gegen eine gerichtliche Auswechslung und der – im Folgenden näher zu besprechenden – Anfechtungsbefugnis nach § 245 Nr. 4 AktG (analog) zu unterscheiden. Grundsätzlich ist in § 245 AktG ausdrücklich geregelt, wer Träger des Anfechtungsrechts ist. So sind sowohl Aktionäre als auch der Vorstand als Kollegialorgan anfechtungsbefugt.[661] Unter den Voraussetzungen des § 245 Nr. 5 AktG gilt Gleiches auch für die einzelnen Mitglieder von Vorstand und Aufsichtsrat.

660 MüKo AktG-*Arnold*, § 147 Rn. 100.
661 Vgl. § 245 Nr. 1–4 AktG.

1. Rechtsprechung

Das LG München I[662] billigt dem Sondervertreter eine Anfechtungsbefugnis nach § 245 Nr. 4 AktG (analog) zu. Freilich legt es seiner Begründung auch insoweit die umstrittene Organstellung des Sondervertreters zu Grunde.[663] Nach Ansicht der Kammer lässt allein der Umstand, dass der besondere Vertreter in § 245 AktG nicht genannt ist, nicht auf eine fehlende Parteifähigkeit schließen. Dem stünden auch die Vorschriften des § 147 Abs. 1 und Abs. 2 AktG nicht entgegen; denn sie würden keine umfassende und abschließende Regelung der Stellung und Befugnisse des besonderen Vertreters beinhalten, sondern umrissen diese allenfalls grob und lückenhaft. Deshalb könne auf den Rechtsgedanken des § 245 Nr. 4 AktG zurückgegriffen werden.[664] Nach dieser Norm sei der Vorstand für die Anfechtungsklage aktiv parteifähig; sie sei von der Überlegung geprägt, dem Vorstand im Rahmen seiner ihm durch § 76 Abs. 1 AktG eingeräumten Leitungsbefugnis eine Kontrollmöglichkeit als Ausfluss seiner Organstellung einzuräumen, weil zur Leitungsaufgabe auch die Überwachung der Einhaltung von Gesetz und Satzung gehöre. Diese Organstellung des Vorstandes werde indes im Zuständigkeitsbereich des besonderen Vertreters verdrängt; der besondere Vertreter sei gesetzlicher Vertreter der Gesellschaft, seine Befugnis, Ersatzansprüche zu verfolgen, müsse als ein abgespaltener Teil der umfassenden gesetzlichen Vertretungsmacht des Vorstandes angesehen werden. Dann aber sei der Schluss zu ziehen, dass ihm nicht nur eine zumindest organähnliche Stellung zukomme, sondern dass er im Rahmen seiner Kompetenz tatsächlich Organ sei und insoweit den Vorstand und den Aufsichtsrat verdränge.[665]

Die Kammer führt weiter aus, dass die Anfechtungsbefugnis des besonderen Vertreters aus einer analogen Anwendung von § 245 Nr. 4 AktG folge.[666] Allein der Umstand, dass es sich bei dieser Norm um eine Ausnahmeregelung handele, könne einer analogen Anwendung nicht entgegenstehen. Die Ermöglichung der Erhebung einer Anfechtungsklage durch das zur Umsetzung verpflichtete und

662 LG München I, Urt. v. 27.8.2009 – 5 HK O 21656/08, AG 2009, 796, 797 f.; in der Berufungsinstanz hat das OLG München, Urt. v. 3.3.2010 – 7 U 4744/09, AG 2010, 673–677 diese Frage ausdrücklich offengelassen, weil die Anfechtungsklage des besonderen Vertreters auch mangels Rechtsverstoßes (§ 243 Abs. 1 AktG) erfolglos bleiben musste.

663 LG München I, Urt. v. 27.8.2009 – 5 HK O 21656/08, AG 2009, 796, 798.

664 LG München I, Urt. v. 27.8.2009 – 5 HK O 21656/08, AG 2009, 796, 797.

665 LG München I, Urt. v. 27.8.2009 – 5 HK O 21656/08, AG 2009, 796, 797.

666 LG München I, Urt. v. 27.8.2009 – 5 HK O 21656/08, AG 2009, 796, 798.

damit auch zur Kontrolle befugte Organ entspreche der Systematik des Kapitalgesellschaftsrechts. Angesichts der bereits geschilderten und begründeten Stellung des besonderen Vertreters müsse folglich in analoger Anwendung von § 245 Nr. 4 AktG seine Anfechtungsbefugnis bejaht werden.[667]

In anderem Zusammenhang[668] führt das OLG München[669] dagegen aus, dass die Bezeichnung des besonderen Vertreters als Organ der Gesellschaft weder etwas über die Parteifähigkeit noch über den Umfang seiner Kompetenzen aussage. Den – spärlichen – gesetzlichen Regelungen über den besonderen Vertreter in § 147 Abs. 2 AktG sei eine Parteifähigkeit des besonderen Vertreters nicht zu entnehmen.[670]

Im Grundsatz sei davon auszugehen, dass selbst Organe einer Aktiengesellschaft nicht parteifähig sind. Ausnahmen könnten gelten, soweit ein Organ eigene Rechte (z.B. Informationsrechte) aus seiner Organstellung gegenüber einem anderen Organ oder der juristischen Person geltend mache. Um eine solche Organstreitigkeit handele es sich vorliegend jedoch nicht. Darüber hinaus sehe § 245 Nr. 4 AktG die Befugnis des Vorstands vor, einen Hauptversammlungsbeschluss anzufechten. Der Meinungsstreit, ob der Vorstand als Organ selbst diese Anfechtungsbefugnis habe oder er nur für die Ausübung des der Aktiengesellschaft zustehenden Anfechtungsrechts zuständig sein solle, bedürfe im Rahmen dieses Rechtsstreits keiner Entscheidung, weil jedenfalls eine analoge Anwendung des § 245 Nr. 4 AktG auf den besonderen Vertreter nicht gerechtfertigt sei. Gegen eine Analogie spreche nicht nur der Ausnahmecharakter der Bestimmung, es fehle auch an einer vergleichbaren Interessenlage. Die Anfechtungsbefugnis des Vorstands sei Ausfluss seiner Kontrollrechte: Der Vorstand sei zur Anfechtung befugt, weil die Wahrung von Gesetz und Satzung in der Gesellschaft vor allem seine Aufgabe sei. Die Anfechtungsbefugnis des Vorstands stelle eine Konkretisierung seines umfassenden Rechts zur weisungsfreien Leitung der Gesellschaft (§ 76 Abs. 1 AktG) dar, die sich nicht in der unternehmerischen Tätigkeit erschöpfe, sondern die Verantwortung für die Rechtmäßigkeit der Selbstverwaltungsakte der Gesellschaft einschließe. Hinzu komme, dass der Vorstand von einem Hauptversammlungsbeschluss in der Regel auch insofern selbst betroffen sei, als er ihn als ausführendes Organ umzusetzen habe. Vergleichbare

---

667 LG München I, Urt. v. 27.8.2009 – 5 HK O 21656/08, AG 2009, 796, 798.

668 In der Entscheidung ging es um eine mögliche Nebenintervention des besonderen Vertreters.

669 OLG München, Beschl. v. 7.10.2008 – 7 W 1034/08, AG 2009, 119–121.

670 OLG München, Beschl. v. 7.10.2008 – 7 W 1034/08, AG 2009, 119, 120.

Überwachungsaufgaben und -rechte habe der besondere Vertreter nicht. Auch sei er, abgesehen von der Ausführung eines Beschlusses nach § 147 AktG, nicht mit der Umsetzung von Hauptversammlungsbeschlüssen befasst.[671]

Selbst wenn man jedoch in analoger Anwendung des § 245 Nr. 4 AktG eine Anfechtungsbefugnis (und damit partielle Parteifähigkeit) des besonderen Vertreters annähme, müsse diese auf den gesetzlich festgelegten Aufgabenbereich des besonderen Vertreters beschränkt bleiben. Nach § 147 Abs. 2 S. 1 AktG werde er zur Geltendmachung von Ansprüchen der Gesellschaft bestellt. Die Anfechtung des Anfechtungsbeschlusses (oder die Unterstützung der Anfechtungskläger durch Beitritt als Nebenintervenient) kann selbst dann, wenn der Beschluss Auswirkungen auf das Bestehen der Ersatzansprüche der Gesellschaft haben sollte, nicht als Geltendmachung der Ansprüche angesehen werden.[672]

2. Schrifttum

Das Schrifttum ist genau wie die Rechtsprechung geteilter Ansicht über eine Anfechtungsbefugnis des besonderen Vertreters in der Aktiengesellschaft. Ein Teil lehnt die Anfechtungsbefugnis des Sondervertreters ab. So ist insbesondere *Arnold*[673] der Auffassung, dass von der Befugnis Ersatzansprüche geltend zu machen, die Berechtigung zur Vertretung der Gesellschaft im Prozess über die Anfechtung des Bestellungsbeschlusses nicht umfasst sei. Dies müsse auch gelten, wenn der in einer späteren Hauptversammlung gefasste Beschluss, die Bestellung des besonderen Vertreters aufzuheben, angefochten werde. In dieser Fallgestaltung stehe dem besonderen Vertreter insbesondere auch kein eigenes Anfechtungsrecht zu. Dies scheitere nicht bereits an der Parteifähigkeit. Vielmehr sei es damit zu begründen, dass der von der Hauptversammlung bestellte besondere Vertreter seine funktionelle Existenz allein der Hauptversammlung verdanke. Wenn diese, ohne dass ein Aktionär dagegen vorginge, seine Existenz beenden wolle, müsse der besondere Vertreter dies hinnehmen. Schließlich könne die Hauptversammlung ihn auch jederzeit abberufen. Es bestehe daher kein Bedürfnis, den Kreis der nach § 245 AktG Anfechtungsberechtigten auszuweiten, sodass eine analoge Anwendung des § 245 Nr. 4 AktG ausscheide. Im Gegensatz zum Vorstand benötige der besondere Vertreter ein Anfechtungsrecht

671 OLG München, Beschl. v. 7.10.2008 – 7 W 1034/08, AG 2009, 119, 120.
672 OLG München, Beschl. v. 7.10.2008 – 7 W 1034/08, AG 2009, 119, 120.
673 MüKo AktG-*Arnold*, § 147 Rn. 75.

auch nicht zur Durchsetzung seiner Leitungs- und Kontrollrechte, weshalb es für eine Analogie auch an der vergleichbaren Interessenslage fehle.[674]

Differenzierter, wenn auch im Ergebnis ähnlich, äußert sich *Nietsch*.[675] Auch er zweifelt nicht an einer vom LG München I in der Anspruchsverfolgung des besonderen Vertreters liegenden Kontrollfunktion. Weiter vertritt er, dass anders als der Vorstand der Sondervertreter zumindest bei seiner Bestellung von der Hauptversammlung unmittelbar legitimiert sei.[676] Zudem greife eine zum Erhalt seiner Stellung führende Ausübung des Anfechtungsrechts als solche hier nicht in die Kompetenzen der übrigen Gesellschaftsorgane ein, sondern trete allenfalls neben diese.[677] Die Zuerkennung der Anfechtungsbefugnis als solche begründe insbesondere keinen Eingriff in die der Hauptversammlung obliegende Willensbildung, sondern nur ein Kontrollrecht. *Nietsch* wirft jedoch die Frage auf, ob die dem Sondervertreter obliegende Kontrollfunktion auch den Erhalt der eigenen Stellung als besonderer Vertreter umfasst.[678] Sachgerecht erscheint es *Nietsch*, zwischen dieser Frage und der Berechtigung zur Abwehr von Eingriffen in die mit der Geltendmachung des Ersatzanspruchs verbundenen Einzelrechte zu differenzieren.[679] Er führt aus, dass sich für letzteres eine Kontrollfunktion bejahen ließe. Der besondere Vertreter könne sich der durch Hauptversammlungsbeschluss angeordneten Beschränkung seiner Tätigkeit also prinzipiell erwehren. Sofern man sodann berücksichtige, dass mit der Stellung als besonderer Vertreter das Geschäftsinteresse zu wahren sei, könnte das auch für Beschlüsse gelten, die auf die Beseitigung seiner Funktion gerichtet seien.[680] Denn zumindest dann, wenn der Widerruf nicht mit einer gleichzeitigen Bestellung eines (geeigneten) Nachfolgers einhergeht, könne dieses in demselben Maße beeinträchtigt werden, wie bei Behinderungen seiner Funktion.[681] Bei der mehrgliedrigen Gesellschaft spreche allerdings entscheidend gegen die analoge Anwendung des § 245 Nr. 4 AktG, dass der Beschluss durch dissentierende Aktionäre angefochten werden könne und es deswegen einer Erweiterung des Kreises der anfechtungsbefugten Personen zur Lückenschließung nicht bedürfe.[682] Zugleich liefe

674 MüKo AktG-*Arnold*, § 147 Rn. 75; ebenso Hüffer/Koch-*Koch*, § 147 AktG Rn. 7.
675 *Nietsch*, ZGR 2011, 589, 626 ff.
676 *Nietsch*, ZGR 2011, 589, 630.
677 *Nietsch*, ZGR 2011, 589, 630.
678 *Nietsch*, ZGR 2011, 589, 630.
679 *Nietsch*, ZGR 2011, 589, 630.
680 *Nietsch*, ZGR 2011, 589, 630.
681 *Nietsch*, ZGR 2011, 589, 630.
682 *Nietsch*, ZGR 2011, 589, 630.

die Anfechtungsbefugnis des Vorstands nicht von vornherein leer. Denn diesem drohe von der verbleibenden Minderheit betriebene Haftung wegen Verletzung seiner Kontrollpflicht nach § 245 Nr. 4 AktG.[683] Und schließlich stehe der Analogie als Vergleichsvoraussetzung entgegen, dass der Sondervertreter kein Kollegialorgan sei und die Einzelanfechtung nur zur Abwehr persönlicher Nachteile bestehe.[684]

Anders sehen dies *Hirte* und *Mock*.[685] Beide schließen sich der Rechtsprechung des LG München I an. Ihrer Meinung nach schließe das LG München I konsequenterweise eine Regelungslücke, die der Gesetzgeber durch die nahezu vollständige Nichtregelung des Rechtsinstituts des besonderen Vertreters in § 147 Abs. 2 AktG hinterlassen habe.[686] Denn es sei mit der durch das Gesetz zugewiesenen Aufgabe der Geltendmachung von Ersatzansprüchen unvereinbar, wenn der besondere Vertreter für die Geltendmachung der Rechtswidrigkeit seiner Abberufung auf eine Zuschauerrolle reduziert beziehungsweise auf Schützenhilfe einzelner Aktionäre oder einer Aktionärsminderheit angewiesen sei.[687] Die Aufgabe der Geltendmachung von Ersatzansprüchen setzte gerade voraus, dass sich der besondere Vertreter nicht nur Versuchen der Abwehr einer Inanspruchnahme durch die entsprechenden Ersatzverpflichteten, sondern darüber hinaus auch einer Abberufung seiner Person selbst erwehren können müsse. Dies gelte umso mehr, als konzernrechtliche Ersatzansprüche gegen den Hauptaktionär geltend gemacht werden sollten.[688]

3. Stellungnahme

Außer Frage steht, dass weder § 147 AktG noch § 245 AktG eine Anfechtungsbefugnis des Sondervertreters vorsehen. Es erscheint höchst zweifelhaft, für den Fall des besonderen Vertreters nach dem Vorbild des LG München I eine Analogie zu § 245 Nr. 4 AktG bilden zu können. Das LG München I stützt sein Ergebnis insbesondere auf die Organ- oder zumindest organähnliche Stellung des besonderen Vertreters.[689] Dabei verdränge der besondere Vertreter den Vorstand

683 *Nietsch*, ZGR 2011, 589, 630.
684 *Nietsch*, ZGR 2011, 589, 630.
685 *Hirte/Mock*, BB 2010, 775, 775.
686 *Hirte/Mock*, BB 2010, 775, 775.
687 *Hirte/Mock*, BB 2010, 775, 775.
688 *Hirte/Mock*, BB 2010, 775, 775.
689 LG München I, Urt. v. 27.8.2009 – 5 HK O 21656/08, AG 2009, 796, 797.

nicht nur im Rahmen der von ihm geltend zu machenden Ersatzansprüche, sondern auch bei in diesem Zusammenhang stehenden Rechtsstreitigkeiten.[690]

Die allgemeine These, der besondere Vertreter habe vorstandsähnliche Befugnisse oder sei gar ein Organ mit umfassenden Rechten, wurde bereits in Frage gestellt und im Ergebnis abgelehnt.[691] Auch hier darf es nicht zu einer Kompetenzaufwertung des Instituts des besonderen Vertreters aus einer abgeleiteten Organstellung kommen. Dabei kann die Frage nach der Parteifähigkeit, ob nun partiell oder in seiner Gesamtheit vorliegend offenbleiben. Selbst wenn man davon ausgeht, dass der besondere Vertreter parteifähig im Sinne von § 50 ZPO ist, würde er zwar eine Voraussetzung zur Führung eines Anfechtungsprozesses erfüllen. Dennoch könnte ihm der Zugang aufgrund mangelnder Anfechtungsbefugnis im Gegensatz zum Vorstand der Aktiengesellschaft verwehrt bleiben.

Die Anfechtungsbefugnis des Vorstands gemäß § 245 Nr. 4 AktG folgt aus seiner Verantwortung für das gesetz- und satzungsmäßige Handeln der Aktiengesellschaft.[692] Diese erstreckt sich auch auf die Rechtmäßigkeit von Hauptversammlungsbeschlüssen. Gerade eine solche Verantwortung liegt jedoch nicht in der Kompetenz des besonderen Vertreters in der Aktiengesellschaft. Auch kann diese nicht aus einer konstruierten Organstellung abgeleitet werden. Ihm fehlt es an der dem Vorstand ähnlichen Rechtsstellung im aktienrechtlichen Gefüge und damit auch am Recht Hauptversammlungsbeschlüsse auf ihre Rechtmäßigkeit hin prüfen zu dürfen. Wäre der besondere Vertreter eigenes Kontrollorgan für seine Abberufung, käme dies einer unangemessenen Einschränkung der Vorstands- und Aktionärsrechte gleich.[693]

Richtigerweise hat das OLG München entschieden, dass der § 245 Nr. 4 AktG darüber hinaus nicht analogiefähig ist.[694] Insoweit ist maßgeblich, dass selbst der Aufsichtsrat keine solche Anfechtungsbefugnis besitzt. Auch er wird – wie der besondere Vertreter – von der Hauptversammlung bestellt und abberufen. Trotz seiner Organschaft steht dem Aufsichtsrat jedoch keine Befugnis aus § 245 Nr. 4 AktG analog noch aus § 245 Nr. 5 AktG zu, die ihn einen Beschluss über seine Abberufung anfechten ließe.[695] Der durch den Beschluss

---

690 LG München I, Urt. v. 27.8.2009 – 5 HK O 21656/08, AG 2009, 796, 797 f.

691 Siehe oben D.II.4.

692 OLG München, Beschl. v. 7.10.2008 – 7 W 1034/08, AG 2009, 119, 120; Hüffer/Koch-*Koch*, § 245 AktG Rn. 4.

693 So auch *Peters/Hecker*, NZG 2009, 1294, 1295.

694 Vgl. OLG München, Beschl. v. 7.10.2008 – 7 W 1034/08, AG 2009, 119, 120.

695 Vgl. GroßKomm. AktG-*Hopt/Roth*, § 103 Rn. 13; Semler/v. Schenk-*Doralt,* § 12 Rn. 51.

der Hauptversammlung einhergehende Verlust der Handlungskompetenz und Existenz des besonderen Vertreters begründet somit nicht dessen Anfechtungsbefugnis.

Aber auch im Vergleich mit dem gegen seinen Widerruf klageberechtigten Vorstand lässt sich keine Parallele zum besonderen Vertreter ziehen. Dies zeigt sich bereits an der Tatsache, dass der Vorstand gemäß § 84 Abs. 3 AktG nur aus wichtigem Grund vom Aufsichtsrat abberufen werden kann. Nicht zuletzt gegen die angeführten Gründe kann sich der Vorstand zur Wehr setzen. Der besondere Vertreter kann dagegen frei von der Hauptversammlung abberufen werden. Wie *Arnold* richtig erkennt, verdankt der besondere Vertreter damit, anders als der Vorstand seine funktionelle Existenz allein der Hauptversammlung, die ihn bestellt hat.[696] Deshalb bedarf es keiner gesetzlichen Hürde im Sinne von § 84 Abs. 3 S. 1 AktG für den besonderen Vertreter. Aus diesem Grund besteht keine Notwendigkeit, dem besonderen Vertreter ein Schutzrecht gleich dem des Vorstands gegen seine Abberufung zuzugestehen.[697]

IV. Sonderfall der Abberufung: „Squeeze Out"/Einmann-Gesellschaft

Erörterungswürdig ist, wie es sich auf die Anfechtungsbefugnis des besonderen Vertreters auswirkt, wenn dieser in einer Einmann-Gesellschaft abberufen wird. Dies gilt insbesondere dann, wenn die für die einstige Bestellung des Sondervertreters verantwortliche Aktionärsminderheit zuvor nach § 327a AktG zwangsweise aus der Gesellschaft gedrängt wurde oder es sich bei der abberufenden Alleinaktionärs-Hauptversammlung um den Aktionär handelt, gegen den sich vor dem sogenannten *Squeeze-Out* die Ersatzansprüche richteten und der damals gemäß § 136 Abs. 1 S. 1 AktG von der Abstimmung über die Geltendmachung der Ansprüche ausgeschlossen war.[698]

In einem solchen Fall ist weder mit einer Beschlussanfechtung noch einer Weiterverfolgung der Geltendmachung von Schadensersatzansprüchen zu

---

696 MüKo AktG-*Arnold*, § 147 Rn. 75; ebenso Hüffer/Koch-*Koch*, § 147 AktG Rn. 7.

697 So auch *Peters/Hecker*, NZG 2009, 1294, 1295.

698 Einen ähnlichen Fall bildet die hier nicht weiter vertiefte Verschmelzung eines Rechtsträgers mit bereits bestelltem Sondervertreter auf einen anderen Rechtsträger. Hierzu hat der BGH, Beschl. v. 18.6.2013 – II ZA 4/12, ZIP 2013, 1467–1467 beschlossen, dass die Geltendmachung der Schadensersatzansprüche des übertragenden Rechtsträgers durch den besonderen Vertreter wieder zurück an die Organe des übernehmenden Rechtsträgers fällt und das Amt des besonderen Vertreters automatisch erlischt.

rechnen.[699] Es käme vielmehr zu einem endgültigen Ausscheiden des Sondervertreters. Bei einer einstigen Minderheitenbestellung aufgrund des Stimmverbots würde damit die Geltendmachung von Ersatzansprüchen im Sinne einer Minderheit hinfällig. Die einst überstimmte Mehrheit hätte sich so im Nachhinein doch zur Wehr setzen können.

Dem Sachverhalt liegt die Frage zugrunde, ob Stimmverbote im Sinne von § 136 AktG überhaupt in einer Einmanngesellschaft anwendbar sind. Die Antwort hierauf wurde im Schrifttum umfassend diskutiert und argumentativ aufgearbeitet.[700] Zusammenfassend kann festgestellt werden, dass im Kern von zwei unterschiedlichen Ansätzen ausgegangen wird. Die Vertreter der Mindermeinung stellen die Selbstständigkeit der juristischen Person und ihrer Qualität als Rechtssubjekt in den Vordergrund.[701] Die Aktiengesellschaft habe demnach eigene Ansprüche und Interessen, die nicht notwendig identisch mit den Interessen ihrer Aktionäre oder ihrer einzigen Aktionärin seien.[702] Stimmverbote

---

699 Zum Rechtsmissbrauch bei Instrumentalisierung eines umwandlungs- bzw. verschmelzungsrechtlichen Squeeze Outs zur Vereitelung der Durchsetzung konzernrechtlicher Ansprüche durch den Sondervertreter, vgl. auch OLG Köln, Beschl. v. 14.12.2017 – 18 AktG 1/17, AG 2018, 126–132 mit Anm. *Goslar*, EWiR 2018, 139–140, sowie ausführlich *Florstedt*, ZIP 2018, 1661–1669): Der Senat hält dabei jedenfalls dann, wenn sich nach den vorliegenden Umständen aufdrängt, dass die Verschmelzung funktionswidrig eingesetzt worden ist, um die Rechte der Minderheitsgesellschafter missbräuchlich zu schmälern, ein höheres Schutzniveau für geboten (OLG Köln, Beschl. v. 14.12.2017 – 18 AktG 1/17, AG 2018, 126, 130). Dem Rechnung tragend müsse aus dem Gedanken der gesellschaftsrechtlichen Treuepflicht zumindest solange ausnahmsweise ein Verschmelzungshindernis angenommen werden, als Bedenken gegen die Eignung des Spruchverfahrens zur Berücksichtigung von Schadensersatzansprüchen nach § 317 AktG nicht ausgeräumt seien und im Zeitpunkt der Beschlussfassung auch keine andere Abhilfe geschaffen worden sei, mit der die gebotene Rücksichtnahme auf die Interessen der opponierenden Anteilsinhaber gewährleistet werden könne (OLG Köln, Beschl. v. 14.12.2017 – 18 AktG 1/17, AG 2018, 126, 130).

700 Ein Stimmverbot ablehnend *Bachmann*, NZG 2001, 961, 968; GroßKomm. AktG-*Grundmann*, § 136 Rn. 19; Bürgers/Körber-*Holzborn*, § 136 AktG Rn. 2; Hüffer/Koch-*Koch*, § 136 AktG Rn. 5; *Matthießen*, Stimmrecht, 90; Heidel-*Krenek/Pluta*, § 136 AktG Rn. 14; *Raiser/Veil*, § 16 Rn. 83; Schmidt/Lutter-*Spindler*, § 136 AktG Rn. 8; *Surminski*, DB 1971, 417, 419; Michalski-*Römermann*, § 47 GmbHG Rn. 94 f.; Roth/Altmeppen-*Roth*, § 47 GmbHG Rn. 78; Spindler/Stilz-*Rieckers*, § 136 AktG Rn. 22; Gehrlein GmbHG-*Teichmann*, § 47 Rn. 34 (GmbH); a.A. Scholz-*Schmidt*, § 47 GmbHG Rn. 105 (GmbH); GroßKomm. AktG-*Mülbert*, § 120 Rn. 114.

701 Vgl. *Lutter*, ZIP 2009, 2198, 2203.

702 So *Lutter*, ZIP 2009, 2198, 2203.

müssten demnach weiterhin anwendbar bleiben. Die herrschende Meinung geht dagegen davon aus, dass Stimmverbote in diesem Fall nicht greifen, weil die wirtschaftlichen Folgen von Entscheidungen lediglich den Alleinaktionär treffen können.[703] So gehe es niemanden etwas an, dass ein Alleinaktionär auf Schadensersatzansprüche der Aktiengesellschaft verzichte, die sich gegen ihn selbst – den Alleinaktionär – richten.[704]

Folgt man der Mindermeinung, dürfte ein bereits eingesetzter besonderer Vertreter nicht nachträglich vom Alleinaktionär abberufen werden. Schließt man sich der herrschenden Meinung in der Literatur an, bestünde kein Grund, die weitere Verfolgung von Schadensersatzansprüchen durch den besonderen Vertreter fortzuführen. Diese Ansicht überzeugt. Bei einer Einmann-AG ist zwischen dem Verzicht des Alleinaktionärs auf Schadensersatzansprüche gegen sich selbst zu Lasten unbefriedigter Gläubiger einerseits und der Geltendmachung von Ansprüchen nur gegen sich selbst andererseits zu unterscheiden. Ersteres ist schon aus Gläubigerschutzinteressen gesetzlich ausgeschlossen (vgl. §§ 93 Abs. 5, 116, 117 Abs. 5, 309 Abs. 4 S. 3–5, 310 Abs. 4, 317 Abs. 4, 318 Abs. 4 AktG).[705] Eines zusätzlichen Stimmverbots zum Schutz des Verbandes bedarf es insoweit sowieso nicht. Letzteres steht jedoch allein in der Kompetenz der Hauptversammlung. Bei mehr als einem Gesellschafter bleibt es allerdings dabei, dass der in Anspruch zu nehmende Gesellschafter nach § 136 AktG diesbezüglich nicht mitstimmen darf. Die Norm verhindert insoweit Interessenskollisionen und vermeidet, dass einzelne Gesellschafter Richter in eigener Sache sein können. Im Kern geht es darum, das Gesellschaftsvermögen zum Wohle der Aktionärsgesamtheit vor einzelnen Gesellschaftern zu schützen.[706]

Dieses Schutzes bedarf es jedoch in einer Einmanngesellschaft nicht. Der Gesellschaftswille wird in diesem Fall nur von einem einzigen Gesellschafter gebildet. Vermögenseinbußen träfen gleichwohl nur diesen Alleingesellschafter. Unterzöge man den Alleingesellschafter einem Stimmverbot im Sinne von § 136 Abs. 1 S. 1 AktG, wäre dies eine Verletzung des Eigentumsrechts des

---

703 *Altmeppen*, NJW 2009, 3757, 3758 f.

704 So *Altmeppen*, NJW 2009, 3757, 3758 f.

705 *Nietsch*, ZGR 2011, 589, 632; ähnlich auch *Goslar/von der Linden*, EWiR 2010, 305, 306.

706 Vgl. BGH, Beschl. v. 24.10.1988 – II ZB 7/88, BGHZ 105, 324, 333; bestätigt durch BGH, Beschl. v. 12.07.2011 – II ZR 58/10, AG 2011, 702–703; so auch im Falle des GmbH-Geschäftsführers, der nicht Richter in eigener Sache sein darf: *Semler/Asmus*, NZG 2004, 881, 882.

Alleingesellschafters aus Art. 14 Abs. 1 GG.[707] Ohne Stimmrecht wäre eine Willensbildung der Gesellschaft durch den Alleineigentümer unmöglich.

Kann der Einmanngesellschafter sein Stimmrecht uneingeschränkt ausüben, muss es ihm auch gestattet sein, auf die Geltendmachung von Ersatzansprüchen gegen sich selbst zu verzichten. Als *argumentum a fortiori* kann der Alleinaktionär auch den zur Geltendmachung solcher Ansprüche eingesetzten besonderen Vertreter abberufen.[708] Dementsprechend darf der besondere Vertreter auch keine besondere Anfechtungsbefugnis gegen den Abberufungsbeschluss eines Alleingesellschafters innehaben. Gelten keine Stimmverbote, steht es der Hauptversammlung frei, über die Geltendmachung von Schadensersatzansprüchen und damit das Schicksal des besonderen Vertreters zu entscheiden.

Auch eine Alleinaktionärsstellung die durch eine Übertragung von Aktien gegen Barabfindung gemäß § 327a ff. AktG – einem sogenannten *Squeeze-Out* – herbeigeführt wurde, ändert an diesem Ergebnis nichts. Freilich kann es durch § 327a ff. AktG zu einem Zwangsausschluss gerade des Aktionärsteils kommen, der durch seinen – vom Stimmausschluss des Hauptaktionärs getragenen – Minderheitsbeschluss eine Bestellung des Sondervertreters überhaupt erst möglich gemacht hat. Auf den ersten Blick müsste man damit eine Unterwanderung des vom Aktiengesetz bezweckten Minderheitenschutzes befürchten. Man könnte daher annehmen, dass in solch einem Fall das Verbandsinteresse zum Schutz der ausgeschlossenen Mitglieder durch die Anfechtungsbefugnis „ihres" Sondervertreters weiterhin gewahrt werden müsse. Denn nur durch eine solche Befugnis wäre es dem besonderen Vertreter möglich, sich weiterhin gegenüber der Dispositionshoheit des Alleingesellschafters durchzusetzen.[709]

Allerdings ist zu beachten, dass der besondere Vertreter unabhängig davon, ob er von einer Aktionärsminderheit oder Aktionärsmehrheit bestellt wird, immer für die Gesellschaft als Ganzes handelt. Der Sondervertreter wird gerade nicht für einzelne Aktionärsgruppen oder im öffentlichen Interesse tätig.[710] Eine Minderheitenbestellung rechtfertigt somit keine Sonderbefugnis über den Ausschluss durch § 327a ff. AktG oder die Abberufung durch den Alleinaktionär nach dem *Squeeze-Out*.

707 So auch OLG München, Urt. v. 3.3.2010 – 7 U 4744/09, AG 2010, 673, 676.
708 So auch *Altmeppen*, NJW 2009, 3757, 3759.
709 Diese Überlegung stellt auch *Nietsch*, ZGR 2011, 589, 632 an.
710 Ebenso OLG München, Urt. v. 3.3.2010 – 7 U 4744/09, AG 2010, 673, 676; zustimmend *Peters/Hecker*, NZG 2010, 503, 507.

Die Interessen der Minderheit werden ausreichend durch das Reglement der § 327a ff. AktG geschützt. So werden ausgeschlossene Aktionäre beispielsweise gemäß § 327b AktG bar abgefunden. Diese Abfindung muss nach § 327a Abs. 1 S. 1 AktG angemessen sein und nach § 327b Abs. 1 S. 1 2. Hs. AktG die Verhältnisse der Gesellschaft im Zeitpunkt der Beschlussfassung ihrer Hauptversammlung berücksichtigen. Dies schließt noch nicht geltend gemachte Ersatzansprüche also grundsätzlich nicht aus.

Bei der Bestimmung der Angemessenheit der Barabfindung handelt es sich um eine rechtliche Aufgabe, die in ihrer Gesamtheit der gerichtlichen Überprüfung zugänglich ist.[711] So steht Minderheitsaktionären, die ihrer Meinung nach unangemessen abgefunden werden sollen, weil beispielsweise noch nicht geltend gemachte Schadensersatzansprüche noch zu berücksichtigen seien, das Spruchverfahren gemäß § 327f S. 2 AktG offen. Das dann zuständige Gericht prüft von Amts wegen, ob die Abfindung trotz etwaiger Ersatzansprüche angemessen ist.

Diese Prüfung sowie die Unterstützung der Beweislage der ausgeschlossenen Aktionärsgruppe liegen nicht in der Kompetenz des besonderen Vertreters.[712] Diese Kompetenz darf auch in diesem speziellen Fall nicht ausgeweitet werden. Das Aktiengesetz entfaltet hier genügend Schutz für die Minderheitsaktionäre, was eine zusätzliche Anfechtungsbefugnis für den besonderen Vertreter gegen den Widerruf seiner Bestellung nicht rechtfertigt.

V. Folgen einer Anfechtung von Klageerzwingungs- und Bestellungsbeschluss; Anwendung der Lehre vom fehlerhaften Bestellungsbeschluss

Minderheitsbeschlüsse wie der zur Klageerzwingung und Bestellung des besonderen Vertreters werden regelmäßig durch die ausgeschlossene Aktionärsmehrheit oder die Verwaltungsorgane angefochten.[713] Gleiches wäre im umgekehrten Fall möglich. Auch eine Aktionärsminderheit könnte sich beispielsweise gegen den Austausch des bestellten Vertreters nach § 147 Abs. 2 S. 2 AktG mithilfe der §§ 241 ff. AktG gegen die Aktionärsmehrheit zur Wehr setzen.

---

711 OLG München, Beschl. v. 10.5.2007 – 31 WX 19/06, AG 2008, 37, 37; BayObLG, Beschl. v. 11.12.1995 – 3Z BR 36/91, AG 1996, 176, 178; Geibel/Süßmann-*Grzimek*, § 327b Rn. 11; Hüffer/Koch-*Koch*, § 305 AktG Rn. 17; Emmerich/Habersack-*Habersack*, § 327b AktG Rn. 8.

712 So auch OLG München, Urt. v. 3.3.2010 – 7 U 4744/09, AG 2010, 673, 676.

713 *Nietsch*, ZGR 2011, 589, 606; *Westermann*, AG 2009, 237, 238; im Fall der HVB/UniCredit: LG München I, Urt. v. 4.10.2007 – 5 HK O 12615/07, ZIP 2007, 2420–2426.

Interessant sind hierbei die Folgen, die ein erfolgreiches Anfechtungsverfahren beziehungsweise eine Nichtigkeitsklage im Falle der Beschlussfassungen in Bezug auf den besonderen Vertreters nach sich ziehen. Grundsätzlich wird die Wirksamkeit der Beschlüsse *ex tunc* beseitigt.[714] Zu klären ist, ob es dann, wie bei Mitgliedern von Leitungsorganen, zur Anwendung der Grundsätze der Lehre vom fehlerhaften Bestellungsverhältnis kommt. Die Lehre vom fehlerhaften Bestellungsverhältnis steht rechtsdogmatisch auf den gleichen Säulen wie die Lehre vom fehlerhaften Verband.[715] Nach der Lehre vom fehlerhaften Verband wird eine auf einem fehlerhaften Vertrag beruhende und in Vollzug gesetzte Gesellschaft wie eine wirksam gegründete behandelt.[716] Mit Hilfe des hierauf beruhenden Rechtsinstituts des fehlerhaften Bestellungsverhältnisses, soll der Problematik einer umfassenden Rückabwicklung von Maßnahmen, die durch ein einst fehlerhaft bestelltes Organ getätigt wurden, aus dem Weg gegangen werden.[717] Dies wird dadurch erreicht, dass die bisherigen Maßnahmen trotz gerichtlicher Nichtigkeitserklärung der Bestellung des Organs weiterhin als wirksam behandelt werden. Eine in Vollzug gesetzte Bestellung bleibt demnach vorläufig wirksam und wird somit lediglich mit *ex-nunc*-Wirkung beendet.[718] Auf diese Weise werden im Außenverhältnis die Interessen des redlichen Rechtsverkehrs geschützt; gleichzeitig wird innerhalb der Gesellschaft eine gewisse Rechtssicherheit aufrechterhalten.[719]

Die Lehre unterscheidet allerdings zwischen der fehlerhaften Bestellung von Vorstands- und Aufsichtsratsmitgliedern.[720] Während bei Geschäftsleitern von Kapitalgesellschaften von einer trotz Nichtigkeitsbeschluss vorläufig wirksamen Organstellung ausgegangen wird[721], äußert sich die Rechtsprechung[722] im

---

714 Hüffer/Koch-*Koch*, § 241 AktG Rn. 35; Hölters-*Weber*, § 84 AktG Rn. 30.

715 *Bayer/Lieder*, NZG 2012, 1, 2 f.; *Schäfer*, Die Lehre vom fehlerhaften Verband, 476; *Schürnbrand*, Organschaft im Recht der privaten Verbände, 269.

716 *Bayer/Lieder*, NZG 2012, 1, 1; *Schäfer*, Die Lehre vom fehlerhaften Verband, 476; *Schürnbrand*, Organschaft im Recht der privaten Verbände, 269; *Schürnbrand*, NZG 2008, 609, 609.

717 Hüffer/Koch-*Koch*, § 84 AktG Rn. 13; Hölters-*Weber*, § 84 AktG Rn. 30.

718 *Schürnbrand*, Organschaft im Recht der privaten Verbände, 267 f.; *Schürnbrand*, NZG 2008, 609, 609 m.w.N.

719 *Bayer/Lieder*, NZG 2012, 1, 2.

720 Ausführlich zum Meinungsstand *Bayer/Lieder*, NZG 2012, 1, 6.

721 Für die AG, vgl. Hüffer/Koch-*Koch*, § 84 AktG Rn. 10; MüKo AktG-*Spindler*, § 84 Rn. 238 ff.; *Lutter/Krieger/Verse*, Rechte und Pflichten des Aufsichtsrats, Rn. 360; *Stein*, Das faktische Organ, 119 ff.; für GmbH-Geschäftsführer vgl. Baumbach/Hueck-*Zöllner/Noack*, § 35 GmbHG Rn. 8 m.w.N.

722 BGH, Urt. v. 6.4.1964 – II ZR 75/62, BGHZ 41, 282, 284.

Gegensatz zur weit verbreiteten Meinung in der Literatur[723] diesbezüglich bei Aufsichtsratsmitgliedern nur verhalten.[724] Alleine aufgrund der Tatsache, dass schon bezüglich der Leitungsorgane offensichtlich ein Unterschied zur Anwendbarkeit der Lehre von der fehlerhaften Bestellung gemacht wird, deutet darauf hin, dass eine Übertragbarkeit der Lehre auf den besonderen Vertreter nicht ohne weiteres möglich ist.

1. Rechtsprechung

Ohne auf den Konflikt, ob die Lehre von der fehlerhaften Bestellung auch auf ungültig bestellte Aufsichtsratsmitglieder anzuwenden ist näher einzugehen, hat der BGH[725] die Grundsätze der Lehre auch auf den besonderen Vertreter nach § 147 Abs. 2 AktG übertragen. Diese Ausdehnung stützt der BGH auf die Organqualität, die der besondere Vertreter im Rahmen seines Aufgabenkreises inne habe; insoweit sei Vergleichbarkeit mit den übrigen Organen der Aktiengesellschaft gegeben.[726] Indem der Senat dem Sondervertreter eine Organstellung bescheinigte, umschiffte er die – hinsichtlich der Problematik der Anwendbarkeit der Lehre auch auf ungültig bestellte Aufsichtsräte – an sich notwendige dogmatische Begründung für die Anwendbarkeit der Lehre von der fehlerhaften Bestellung auf den besonderen Vertreter.[727] Hier hätte durchaus die Chance bestanden, Meinungskonflikte zwischen Rechtsprechung und Schrifttum zu lösen, ohne dem Sondervertreter eine fragwürdige Organstellung[728] zuzusprechen.[729]

Bereits ein Jahr zuvor hatte das OLG München[730] die Lehre von der fehlerhaften Bestellung auf den besonderen Vertreter angewandt. Der Senat des OLG München hat zwar anders als der BGH ausdrücklich die Frage offengelassen,

723 MüKo AktG-*Habersack*, § 101 Rn. 69 f.; *Happ*, FS Hüffer, 293, 305 ff.; GroßKomm. AktG-*Hopt/Roth*, § 101 Rn. 216 ff.; Hüffer/Koch-*Koch*, § 101 AktG Rn. 18; Spindler/Stilz-*Spindler*, § 101 AktG Rn. 112; *Schäfer*, Die Lehre vom fehlerhaften Verband, 481 ff.; *Schürnbrand*, Organschaft im Recht der privaten Verbände, 286 ff.; *Stein*, Das faktische Organ, 119 ff.

724 Vgl. zuletzt BGH, Urt. v. 3.7.2006 – II ZR 151/04, AG 2006, 667, 670.

725 BGH, Beschl. v. 27.9.2011 – II ZR 225/08, AG 2008, 875–876.

726 BGH, Beschl. v. 27.9.2011 – II ZR 225/08, AG 2008, 875, 876.

727 Siehe zur Frage nach einer Organstellung des besonderen Vertreters ausführlich unter D.

728 Siehe hierzu ausführlich D.II.4.

729 Zur alternativen Begründung siehe sogleich G.V.3.

730 OLG München, Beschl. v. 21.10.2010 – 7 W 2040/10, ZIP 2010, 2202–2204.

ob der besondere Vertreter Organ der Gesellschaft ist. Dennoch führte der Senat eine vom LG München I[731] ausgehende Überlegung einer quasi-analogen Anwendung der Lehre von der fehlerhaften Gesellschaft auf den hier besprochenen Fall fort. Diese Vorgehensweise beinhaltete eine bloße *ex-nunc*-Wirkung der Aufhebung oder Nichtigerklärung des Beschlusses.[732] Dabei begründete der Senat die Anwendbarkeit der Lehre von der fehlerhaften Bestellung beim Sondervertreter damit, dass diesem gemäß § 147 Abs. 2 AktG Aufgaben übertragen werden, die auch den Organen der Gesellschaft obliegen. Er nehme durch die Beauftragung mit der Geltendmachung von Ersatzansprüchen Aufgaben eines Organs wahr und sei daher im Hinblick auf die Bestellung wie ein Organ zu behandeln. Im Ergebnis wie auch in der Vorgehensweise unterscheiden sich die Senate des OLG München und des BGH nur unwesentlich. Als Ausgangspunkt der Begründung einer Anwendbarkeit der Lehre vom fehlerhaften Bestellungsbeschluss diente in beiden Fällen die Einordnung des besonderen Vertreters als Organ oder zumindest organähnlich. Einer weitergehenden dogmatischen Herleitung blieb die Rechtsprechung in ihrer Gesamtheit schuldig.

2. Schrifttum

Während im Schrifttum einige Stimmen die Begründungen der Gerichte und damit die Anwendbarkeit der Lehre vom fehlerhaften Bestellungsverhältnis auf den besonderen Vertreter begrüßen, sind andere hinsichtlich der Herleitung skeptisch oder lehnen die Anwendbarkeit insgesamt ab.[733] So äußert sich *Westermann*[734], ohne sich weiter für oder gegen die Anwendbarkeit der Lehre zu bekennen, zumindest dahingehend, dass eine *ex tunc* wirkende Nichtigkeit nicht gewinnbringend sei. Er verweist insoweit auf die unnötigerweise entstehende Kostenlast für die Gesellschaft sowie dem damit wohl einhergehenden Hemmnis des Sondervertreters, eine Schadensersatzklage innerhalb der Frist

731 LG München I, Urt. v. 6.9.2007 – 5 HK O 12570/07, ZIP 2007, 1809, 1814 f.

732 LG München I, Urt. v. 6.9.2007 – 5 HK O 12570/07, ZIP 2007, 1809, 1814 f.; anerkennend *Wilsing/Ogorek*, EWiR 2007, 611, 612 zu § 147 AktG; zustimmend auch *Verhoeven*, ZIP 2008, 245, 254; bestätigt durch OLG München, Beschl. v. 21.10.2010 – 7 W 2040/10, AG 2011, 177, 178.

733 Befürwortend: *Bayer/Lieder*, NZG 2012, 1, 7 ff.; *Nietsch*, ZGR 2011, 589, 607 f.; *Nikoleyczik/Graßl*, EWiR 2016, 135, 136; Schmidt/Lutter-*Spindler*, § 147 AktG Rn. 41; *Verhoeven*, ZIP 2008, 245, 252 ff; ablehnend: *Böbel*, Rechtsstellung, 87 f.; *Schürnbrand*, Organschaft im Recht der privaten Verbände, 293; kritisch: *Westermann*, AG 2009, 237, 245.

734 *Westermann*, AG 2009, 237, 245.

des § 147 Abs. 1 S. 2 AktG einzureichen.[735] In Frage stellt er den Lösungsversuch einer schlichten *ex-nunc*-Wirkung insbesondere etwa durch eine Analogie.[736]

Verhoeven[737] allerdings rechtfertigt den Ansatz – ohne dabei von einer Analogie zu sprechen – damit, dass ein Wechsel auf eine *ex-nunc*-Wirkung nach den Grundsätzen der faktischen Gesellschaft[738] oder des in Vollzug gesetzten fehlerhaften Anstellungsverhältnisses auch in anderen Bereichen des Rechts angewandt wird.[739] Seiner Ansicht nach sollte daher aus diesem Grund auch eine *ex-nunc*-Wirkung für den Fall einer Nichtigkeitserklärung von Beschlüssen nach § 147 Abs. 1 und 2 S. 1 AktG gelten.[740] Des Weiteren führt er aus, dass nur dadurch die in Vollzug gesetzten Ausführungshandlungen des Sondervertreters geschützt würden, und zwar nicht nur zu seinen Gunsten, sondern auch zu Gunsten des Rechtsverkehrs.[741]

Böbel[742] lehnt die Anwendung der Lehre von der fehlerhaften Bestellung auf den besonderen Vertreter offensichtlich nicht per se ab, verweist aber lediglich auf eine notwendige Einzelfallprüfung bezüglich einer Anwendbarkeit, ohne dabei näher auf notwendige Prüfungsparameter einzugehen. Er vertritt jedoch die Meinung, dass die vom fehlerhaft bestellten Sondervertreter getätigten Geschäfte zumindest durch die Gesellschaft genehmigungsfähig bleiben.[743]

---

735 Auch *Verhoeven*, ZIP 2008, 245, 253, geht hiervon aus, wenn der Kläger Gefahr läuft, auf halber Strecke seine Legitimation zu verlieren.

736 *Westermann*, AG 2009, 237, 245, spricht von einer höchst gewagten, sehr erweiternden analogen Anwendung.

737 *Verhoeven*, ZIP 2008, 245, 254.

738 So bei nach Anfechtung für nichtig erklärten eingetragenen Kapitalerhöhungsbeschlüssen; dann jedoch Rückabwicklung: Hüffer/Koch-*Koch*, § 248 AktG Rn. 7a m.w.N.; Spindler/Stilz-*Dörr*, § 248 AktG Rn. 14 m. w. N.

739 vgl. hierzu BGH, Urt. v. 6.4.1964 – II ZR 75/62, BGHZ 41, 282, 287; Hüffer/Koch-*Koch*, § 84 AktG Rn. 19 m.w.N.; Spindler/Stilz-*Fleischer*, § 84 AktG Rn. 84 f. m. w. N.; ausführlich zur ex-nunc-Wirkung bei fehlerhaft bestellten Organen: *Stein*, Das faktische Organ, 119 ff.; für den Fall der fehlerhaften Bestellung des Vorstands: BGH, Urt. v. 6.4.1964 – II ZR 75/62, BGHZ 41, 282, 288 ff.; Hüffer/Koch-*Koch*, § 84 AktG Rn. 10; Spindler/Stilz-*Fleischer*, § 84 AktG Rn. 20 ff.

740 *Verhoeven*, ZIP 2008, 245, 254; dem zustimmend Schmidt/Lutter-*Spindler*, § 147 AktG Rn. 41.

741 *Verhoeven*, ZIP 2008, 245, 254.

742 *Böbel*, Rechtsstellung, 87 f.

743 *Böbel*, Rechtsstellung, 87 f.

3. Stellungnahme

Richtigerweise ist die Lehre vom fehlerhaften Bestellungsbeschluss auch auf den Sondervertreter übertragbar. Allerdings sollte ihre Herleitung nicht auf einer durchaus fragwürdigen[744] Organ- oder organähnlichen Stellung des besonderen Vertreters gestützt werden. Vielmehr kann man eine Anwendung der Lehre auch mit dem bereits erwähnten dogmatischen Hintergrund ihrer selbst rechtfertigen. Hierbei steht das Verlangen nach Bestands- und Verkehrsschutz im Vordergrund. Nur mithilfe der Lehre vom fehlerhaften Bestellungsbeschluss lassen sich beim fehlerhaft bestellten Sondervertreter Schwierigkeiten vermeiden, die eine Rückabwicklung der bereits getroffenen Maßnahmen mit sich bringen. Gerade die Vermeidung dieser, unter Zuhilfenahme einer trotz Nichtigkeitserklärung lediglich bestehenden *ex-nunc*-Wirkung, sorgen für die Aufrechterhaltung der Rechtssicherheit im Unternehmen sowie des Vertrauensschutzes im Rechtsverkehr außerhalb der Gesellschaft.

In diesem weiter fortbestehenden Bedürfnis nach Rechtsschutz unterscheiden sich die Maßnahmen des besonderen Vertreters nicht von denen von Vorstandsmitgliedern. Hierfür spricht vor allem der Wortlaut des Gesetzes. Schließlich macht der besondere Vertreter die in § 147 Abs. 1 S. 1 AktG umrissenen Ansprüche geltend,[745] die idealerweise von den Leitungsorganen selbst hätten geltend gemacht werden sollen. Es wäre widersprüchlich, wenn solche Ersatzansprüche zwar von einem fehlerhaft bestellten Leitungsorgan geltend gemacht werden könnten, nicht aber von einem fehlerhaft bestellten besonderen Vertreter.[746]

Durch die mithilfe der Lehre vom fehlerhaften Bestellungsverhältnis gewährleistete Sicherheit im Rechtsverkehr kommt es zudem zu positiven Effekten auf beiden Seiten. Insoweit sind nicht nur die Vermeidung eines durch die Nichtigkeitserklärung (mit *ex-tunc*-Wirkung) schwebenden Verfahrens[747] für den Anspruchsgegner, sondern auch die Festigung der Rechtsstellung des Sondervertreters zu nennen. So geht beispielsweise das Argument von Klagegegnern des Sondervertreters, dieser sei nicht wirksam bestellt worden und könne deshalb

---

744 Zur Alternative vgl. D.II.4.

745 Welche freilich durch einen Hauptversammlungsbeschluss genauer bestimmt werden müssen, siehe dazu E.II.3.a).

746 Vgl. dazu auch BGH, Urt. v. 21.04.1997 – II ZR 175/95, NJW 1997, 1926, 1927. Diesen Wertungswiderspruch sehen auch *Bayer/Lieder*, NZG 2012, 1, 8.

747 Auch eine Aussetzung des Verfahrens verändert hieran nichts Wesentliches. Vgl. zur Zulässigkeit dessen, *Gärtner/Daghles*, BB 2009, 2393, 2394; Spindler/Stilz-*Mock*, § 147 AktG Rn. 54; *Westermann*, AG 2009, 237, 244.

erhobene Ersatzansprüche gar nicht geltend machen, ins Leere. Der besondere Vertreter kann sich bei allen selbst vorgenommenen Handlungen darauf verlassen, aus einer sicheren Position heraus aufzutreten.[748] Die Gefahr einer andauernd drohenden nachträglichen Nichtigkeitserklärung seiner Bestrebungen entfällt. Dieser Faktor ist hinsichtlich der mit der Prozessführung des Sondervertreters einhergehenden Nebengeschäfte nicht zu vernachlässigen.

Ohne die Lehre vom fehlerhaften Bestellungsverhältnis wäre der besondere Vertreter ohne Schutz bezüglich seiner Legitimation dauerhaft anhaltende, wirksame Rechtsgeschäfte – beispielsweise mit externen Gutachtern – zu schließen. Weder das Handels- noch das bürgerliche Recht bieten hierfür ausreichend Sicherheit durch ihre Rechtsscheintatbestände. So sind besondere Vertreter im Gegensatz zu Geschäftsführern nicht ins Handelsregister einzutragen.[749] Für durch den Sondervertreter geschlossene Verträge kommt demnach § 15 HGB nicht zur Anwendung.

Als Legitimation für seine Vertretungsmacht kann der besondere Vertreter lediglich auf die Vorlage des Hauptversammlungs- oder des gerichtlichen Bestellungsbeschluss zurückgreifen.[750] Diese Beschlüsse stellen insoweit Rechtsscheinvollmachten im Sinne des § 172 BGB dar.[751] Sollte es aber zu einem Nichtigkeitsbeschluss der Bestellung des Sondervertreters kommen, entfaltet diese keinen tauglichen Rechtsschein für ein wirksames Rechtsgeschäft.[752]

VI. Übertragungsmöglichkeit rechtshängiger Schadensersatzklagen und Auswirkung eines Bestellungswiderrufs des besonderen Vertreters

Im Falle des Bestellungswiderrufs fällt die Kompetenz der Fortführung einer rechtshängigen Schadensersatzklage, die bis dato vom besonderen Vertreter geführt wurde, zurück auf die originär zuständigen Verwaltungsorgane.[753] Im

748 So auch *Bayer/Lieder*, NZG 2012, 1, 8, die von einem sicheren Auftreten in allen gerichtlichen und außergerichtlichen Angelegenheiten sprechen.

749 GroßKomm. AktG-*Bezzenberger*, §147 Rn. 53; Spindler/Stilz-*Mock*, § 147 AktG Rn. 36.

750 GroßKomm. AktG-*Bezzenberger*, §147 Rn. 53; Spindler/Stilz-*Mock*, § 147 AktG Rn. 36.

751 *Bayer/Lieder*, NZG 2012, 1, 8.

752 *Bayer/Lieder*, NZG 2012, 1, 8, der die Anwendung des § 172 BGB aufgrund der übergreifenden Lehre vom unwirksamen Rechtsträger nach *Lieder*, AcP 2010, 857–912 ablehnt.

753 *Nietsch*, ZGR 2011, 589, 634.

Regelfall wird dann jedoch mit der Erledigung des Verfahrens im Sinne von § 91a ZPO, einer Klagerücknahme nach § 269 ZPO oder einem Verzichtsurteil gemäß § 306 ZPO zu rechnen sein.[754] Dagegen erscheint es nicht praxisnah, dass das vom besonderen Vertreter verdrängte Organ das Verfahren fortführt. Schließlich wurde der besondere Vertreter höchstwahrscheinlich aus gerade dem Grund bestellt, welcher das vorangegangene Versäumnis einer Geltendmachung durch die Verwaltungsorgane begründet hat. Die Interessenlage der Organe dürfte sich allein wegen eines Bestellungsbeschlusses eines Sondervertreters nicht verändert haben.

Anders könnte die Lage jedoch im Falle eines zwischenzeitlich erfolgten personellen Wechsels innerhalb der Verwaltungsorgane sein.[755] In dieser Konstellation erscheint eine Fortführung des vom besonderen Vertreter geführten Streits durchaus denkbar.

Dies gibt Grund genug für die Überlegung, ob es für ein personell verändertes Verwaltungsorgan die Möglichkeit gibt beziehungsweise geben sollte, auch ohne explizite Abberufung des Sondervertreters ein Verfahren zu übernehmen. Dieser Gedanke ist nicht weit hergeholt. Genau diese Möglichkeit steht der Gesellschaft im Rahmen der Aktionärsklage nach § 148 AktG zu. Gemäß § 148 Abs. 3 AktG ist die Gesellschaft jederzeit berechtigt, ihren Ersatzanspruch selbst gerichtlich geltend zu machen; mit Klageerhebung durch die Gesellschaft wird ein anhängiges Zulassungs- oder Klageverfahren von Aktionären über diesen Ersatzanspruch unzulässig. Die Gesellschaft ist nach ihrer Wahl berechtigt, ein anhängiges Klageverfahren über ihren Ersatzanspruch in der Lage zu übernehmen, in der sich das Verfahren zur Zeit der Übernahme befindet.

Gegen eine Übertragbarkeit dieses Rechtsgedankens auf den Fall einer durch den besonderen Vertreter geführten Klage spricht jedoch, dass der Gesetzgeber eine solch explizite Regelung im Falle der Klageerhebung durch den besonderen Vertreter gerade nicht vorgesehen hat. In Folge dessen steht dem Selbsteintritt der Verwaltungsorgane weiterhin der Einwand der anderweitigen Rechtshängigkeit entgegen.[756] Dies ist auch konsequent. Es stünde dem Sinn des Rechtsinstituts entgegen den besonderen Vertreter insofern in seiner Kompetenz zu beschneiden beziehungsweise im die Daseinsberechtigung zu nehmen. Der besondere Vertreter wurde von der Hauptversammlung und damit im Sinne der Gesellschaft und gerade entgegen der ordentlichen Haftungsorganisation

---

754 *Nietsch*, ZGR 2011, 589, 634.

755 Diese Überlegung stellt auch *Westermann*, AG 2009, 237, 241 an.

756 MüKo AktG-*Arnold*, § 147 Rn. 104; *Böbel*, Rechtsstellung, 126 f.; *Nietsch*, ZGR 2011, 589, 634; *Westermann*, AG 2009, 237, 241.

der Aktiengesellschaft eingesetzt. Dieser Vorgang der Willensbildung der Gesellschaftseigner zur außerordentlichen Geltendmachung darf nicht einfach umgangen werden, indem man den Verwaltungsorganen – in welcher Besetzung auch immer – eine zweite Chance einräumt.[757] Darüber hinaus würde eine solche Umgehung eine nicht hinnehmbare Verletzung der mitgliedschaftlichen Rechte der Aktionäre darstellen.

Durch § 148 Abs. 3 AktG soll die Prozessführung der Gesellschaft anstelle des Aktionärs gefördert werden.[758] Einer solchen Regelung bedarf es bei § 147 Abs. 2 AktG gerade nicht.

Die Bestellung eines Sondervertreters dient, anders als die Aktionärsklage gemäß § 148 AktG, nicht ausschließlich dem Minderheitenschutz. Nach § 147 Abs. 2 S. 1 AktG wird ein besonderer Vertreter grundsätzlich von der Hauptversammlung als Ganzes bestellt. Eine Abwägung im Sinne von § 148 Abs. 1 S. 2 AktG, wie zum Beispiel zwischen der Geltendmachung und dem Gesellschaftswohl, hinsichtlich einer Klagezulassung erfolgt nicht und ist auch nicht notwendig. Die Entscheidung, dass nicht die Gesellschaft selbst in Person der Verwaltungsorgane, sondern ein Sondervertreter für die Gesellschaft klagen soll, wird schließlich von der Mehrheit der Anteilseigner getragen.[759] Einer Abkehr von dieser Entscheidung kann somit ausschließlich durch einen Widerruf des Beschlusses durch die Hauptversammlung erfolgen.

Im Gegensatz zu § 147 Abs. 2 S. 1 AktG bezweckt § 147 Abs. 2 S. 2 AktG einen tatsächlichen[760] Minderheitenschutz. Dem angetragenen Gericht obliegt jedoch weiterhin ein Ermessen, ob ihm die Berufung des jeweiligen Sondervertreters für eine gehörige Geltendmachung zweckmäßig erscheint. Bejaht das Gericht diese Frage und bestellt in der Folge den Sondervertreter, widerspricht dies § 148 Abs. 3 AktG dahingehend, dass eine Geltendmachung durch die Gesellschaft beziehungsweise durch ihre Verwaltungsorgane selbst nicht mehr zielführend ist. Eine dem § 148 Abs. 3 AktG entsprechende Handhabung bei § 147 Abs. 2 AktG ist somit unabhängig von der personellen Besetzung der Verwaltungsorgane verfehlt.

---

757 Ähnlich, allerdings mit einem „Einmischungsverbot" argumentierend *Westermann*, AG 2009, 237, 241.

758 MüKo AktG-*Arnold*, § 148 Rn. 73; wohl auch Spindler/Stilz-*Mock*, § 148 AktG Rn. 128.

759 Sofern keine Stimmverbote vorliegen. Siehe zu den Stimmverboten auch oben B.III; Vgl. zur damit verbundenen Abwägungsproblematik auch oben E.II.2.c).

760 Insofern „tatsächlich", als dass auch § 147 Abs. 2 S. 1 AktG aufgrund von Stimmverboten nach § 136 AktG einen solchen Schutzcharakter aufweisen kann, vgl. oben B.III.

H. Ausblick auf die weitere Entwicklung des besonderen Vertreters in der Aktiengesellschaft

I. Reformüberlegungen

Im Rahmen dieser Arbeit wurden die Anfänge des Rechtsinstituts und der *status quo* beleuchtet. Im Folgenden wird ein kurzer Blick in die Zukunft geworfen, um festzustellen, was *de lege ferenda* zu erwarten beziehungsweise wünschenswert ist.

1. Der wegweisende Ansatz des zweistufigen Verfahrens

Bisher ist es zu keiner Gesetzesreform des § 147 Abs. 2 AktG gekommen. Dabei gäbe es aufgrund der in dieser Arbeit behandelten und in Rechtsprechung und Fachliteratur bestehenden Streitfragen im Rahmen des § 147 Abs. 2 AktG ausreichend Konkretisierungsbedarf der Rechtsnorm. Rechtssicherheit kann hier nur durch eine fortschreitende Rechtsprechung des BGH oder aber ein Eingreifen des Gesetzgebers geschaffen werden.[761] Nach den weitreichenden Entwicklungen der letzten Jahre hat es die Rechtsprechung und im Besonderen der BGH jedoch verpasst, den *Malus* mangelnder Bestimmtheit des § 147 Abs. 2 AktG richterrechtlich zu kompensieren. Es wäre entsprechend an der Zeit, dass der Gesetzgeber tätig wird.

Logische Konsequenz der bisher gemachten Ausführungen zum Rechtsinstitut des besonderen Vertreters wäre, die Brisanz aus dem interpretationsoffenen § 147 Abs. 2 AktG zu nehmen. Es muss in einem novellierten § 147 Abs. 2 AktG klar erkennbar sein, dass der besondere Vertreter grundsätzlich die zweite Stufe nach dem Sonderprüfer bildet. Wobei der besondere Vertreter lediglich „Rechtsdurchsetzer" und kein dem Sonderprüfer gleichender „Sachverhaltsaufklärer" mit zusätzlichen Durchsetzungsrechten. Ein besonderer Vertreter darf entsprechend nicht einfach ohne substantiierte Ansprüche bestellt werden, sondern nur, wenn die von ihm durchzusetzenden Ansprüche ausreichend bestimmt und bekannt sind. Denkbar wäre es auch, diesen Zusammenhang einer notwendigen und hinreichenden Substantiierung der vom Sondervertreter durchzusetzenden

761 Dies erkannte in ähnlichem Zusammenhang schon *Bayer*, NJW 2000, 2609, 2613.

Ansprüche durch die Angleichung der Bestellungsvoraussetzungen herbeizuführen.

Dass die Bestimmung für das Rechtsinstitut maßgeschneiderter Bestellungsvoraussetzungen äußerst schwierig ist, zeigt die bereits dargestellte Entwicklung der Rechtsnorm mit seinen ständig wechselnden Bestellungsanforderungen für einen besonderen Vertreter.[762] Die Erkenntnis der Vergangenheit ist, dass die Bestellungsmodalitäten nicht zu scharf sein dürfen. Es muss gewährleistet sein, dass zwar eine pflichtgemäße Geltendmachung möglicher Ansprüche durch die originär zuständigen Institute forciert wird, aber daneben trotzdem der Minderheitsrechtscharakter des § 147 Abs. 2 S. 2 AktG nicht außer Acht gelassen wird.

Allerdings ist die jetzige Hürde, einen besonderen Vertreter in die Gesellschaft zu bringen, im Vergleich zu den höheren Anforderungen beim Sonderprüfer oder der Aktionärsklage, nach der hier vertretenen Auffassung zu leicht zu nehmen, insbesondere dann, wenn der Sondervertreter mit umfassenden Ermittlungsrechten ähnlich denen eines Sonderprüfers ausgestattet würde.[763] Infolge dessen besteht die stetige Gefahr von innerbetrieblichen Störungen und der möglichen Beeinträchtigung der gesellschaftlichen Außenwirkung durch die Bestellung eines Sondervertreters. Es muss ein gewisses Maß an Rechtssicherheit für die Leitungsorgane und auch die Gesellschaft als Gesamtheit existieren. Momentan kann ein besonderer Vertreter vergleichsweise leicht und unabhängig vor der Substantiierung der möglichen Ansprüche installiert werden. Dies kann je nach Angriffslust der das Institut ausfüllenden Person zu vielen ungewollten öffentlichen Auseinandersetzungen führen.[764] Zusätzlich bleibt das Problem bestehen, dass zwar ein besonderer Vertreter bestellt ist, dieser aber mangels Befugnisse[765] wirkungslos bleibt, da er aufgrund seines gesetzlichen Auftrags tätig werden muss, was entsprechenden Misserfolg nach sich ziehen würde. Im Rahmen dessen könnte auch bei einer Bestellung nach § 147 Abs. 2 S. 1 AktG eine Nachbesserung angestrebt werden.

---

762 Zur historischen Entwicklung vgl. oben A.II.

763 So hatten es offensichtlich auch das LG München I, Urt. v. 6.9.2007 – 5 HK O 12570/07, ZIP 2007, 1809–1816 und *Verhoeven*, ZIP 2008, 245, 247, der sogar Befugnisse eines „Staatsanwalts“ forderte, vor.

764 Vgl. HVB/UniCredit-Komplex und die damit verbundene Rechtsprechung oben A.IV.

765 Ausführlich oben E.

2. Reformvorschlag von *Nietsch*

Ein Modell, das eine Angleichung der in § 147 AktG geregelten Bestellungsvoraussetzungen an die des § 142 Abs. 2 AktG und § 148 AktG vorsieht, stellt *Nietsch*[766] vor. Auch in seiner Überlegung, versucht er eine gesetzliche Regelung zu finden, die sowohl den von § 147 AktG auf die Organe ausgehenden Geltendmachungsdruck aufrechterhält und dennoch umfassende Störungen der unternehmerischen Freiheit verhindert.[767] Im Kern hält *Nietsch* es für zweckmäßig, eine der Voraussetzung des § 142 Abs. 2 S. 1 AktG entsprechende Regelung in § 147 AktG hinzuzufügen. Eine Bestellung des Sondervertreters wäre dann nur möglich, wenn verdachtsbegründende Tatsachen bereits vorlägen.[768]

Laut *Nietsch* hätte dies vor allem den Vorteil, dass damit eine gewisse Beurteilung der Erfolgsaussichten der Klage eröffnet wäre. Diese selbst solle zwar nicht zum Tatbestandsmerkmal erhoben werden. Die Anknüpfung an die Tatsachengrundlage würde aber eine gezieltere Auseinandersetzung mit der Frage, inwieweit die Anspruchsverfolgung im Interesse der Gesellschaft läge und für die Bewertung des Beschlusses als rechtsmissbräuchlich seien, hervorrufen.[769]

3. Beurteilung

Der von *Nietsch* eingeschlagene Weg wäre zwar zielführend, ist aber nach den bereits gemachten Ausführungen zu der vom Gesetz vorgesehenen Zweistufigkeit der außerordentlichen Geltendmachung durch den besonderen Vertreter, problematisch. Es wäre zwar wünschenswert, dass Sachverhalte, die zu einer Geltendmachung durch den Sondervertreter führen, bereits so offengelegt wären, dass sie entsprechend beurteilt werden könnten. Tatsächlich wird dies in der Praxis nicht der Fall sein. Es wird auch unter *Nietschs* Voraussetzungen zu einem erhöhten Ermittlungsbedarf des Sondervertreters kommen. Dieser ist aber durch das zweistufige Verfahren der Geltendmachung nicht vorgesehen. Die Bestellungsvoraussetzung, die nach *Nietschs* Modell zu erfüllen ist, entspricht in der Praxis der bereits bestehenden Voraussetzung eines konkreten Hauptversammlungsbeschlusses.[770] Selbst in der momentanen Regelungssituation – bei der die Bestellung des Sondervertreters ohne vorherige Sonderprüfung möglich ist – sind die Erfolgsaussichten durchaus bewertbar. Dies gilt zumindest dann,

766 *Nietsch*, ZGR 2011, 589, 621 f.
767 *Nietsch*, ZGR 2011, 589, 621.
768 *Nietsch*, ZGR 2011, 589, 622.
769 *Nietsch*, ZGR 2011, 589, 622.
770 Vgl.hierzu oben E.II.3.a).

wenn die Regelungen zur hinreichend konkreten Beschlussfassung, in der oben dargestellten Art und Weise,[771] angewandt werden. Dementsprechend gilt, dass bei einem bereits offensichtlichen und damit konkret zu bezeichnenden Sachverhalt, eine Verfolgung auch ohne Sonderprüfung möglich ist. Im gegenteiligen Fall würde ein nicht hinreichend konkreter Beschluss sowieso durch eine erfolgreiche Anfechtungsklage beseitigt.

Selbst ein konkreter Beschluss ersetzt eine Sonderprüfung jedoch in den wenigsten Fällen. Nur anhand des Sonderprüfungsberichts lässt sich in der Regel zu genüge einschätzen, wie die Erfolgsaussichten einer Klage sind. Freilich spiegelt dies den aktuellen, unbefriedigenden Stand des § 147 AktG wieder. Es zeigt aber auch, dass der Schritt von *Nietsch* zu kurz ist. Eine stringente Einhaltung der vom Gesetz vorgesehenen Zweistufigkeit der Sachverhaltsaufklärung und der Durchsetzung offengelegter und substantiierter Ansprüche kann durch den Reformvorschlag von *Nietsch* nicht erzielt werden.

Diese müsste jedoch *de lege ferenda* erstrebenswert sein. Dafür spricht auch die für jede Gesellschaft immens wichtige Bewertung des Gesellschaftswohls durch die Verwaltungsorgane bei Entscheidungen über die Geltendmachung möglicher Ersatzansprüche.[772] Zwar ist dieses allein aufgrund der Durchführung einer Sonderprüfung bereits in Gefahr. Fatal könnte jedoch werden, wenn nach Vorlage des Sonderprüfungsberichts, keine eigene Beurteilung der offengelegten, potentiellen Ansprüche durch die Leitungsorgane mehr geschehen würde. Dieser Zwischenschritt der Bewertung, ob ein überwiegendes Gesellschaftsinteresse einer Geltendmachung entgegensteht, ist jedoch unerlässlich.[773] Dessen ist sich auch *Nietsch* bewusst und regt eine dem § 148 Abs. 1 Nr. 4 AktG entsprechende Schranke für § 147 AktG an.[774] Auch diese Überlegung führt im Ergebnis zu den bereits gemachten Ausführungen, die hier *de lege ferenda* angestrebt werden.

Allein durch eine Änderung der Bestellungsvoraussetzungen, wird man den Zusammenhang zwischen Sonderprüfung und Geltendmachung von Ansprüchen durch den besonderen Vertreter nicht erzielen können, wenn man nicht, wie oben angesprochen, die Bestellung neben dem erforderlichen Quorum von einer vorausgehenden Sonderprüfung direkt abhängig macht.

---

771 Vgl. oben E.II.3.a).

772 Vgl. dazu im Grundsatz auch BGH, Urt. v. 21.4.1997 – II ZR 175/95, AG 1997, 377, 379 (ARAG/Garmenbeck).

773 Vgl. dazu ausführlich oben E.II.2.c).

774 *Nietsch*, ZGR 2011, 589, 622.

4. Ursprünglicher Vorschlag der Arbeitsgruppe „Managerverantwortlichkeit"

Es gab aber auch schon Modelle, die einen ganz anderen Ansatz verfolgten. Während die Rechtsgelehrten zur Zeit des HVB/UniCredit-Komplexes mit der Aufschlüsselung des Rechtsinstituts beschäftigt waren, wurde der besondere Vertreter als willkommenes Politikum missbraucht. Durch die von der Wirtschafts- und Bankenkrise stark forcierten Frage nach der Managerhaftung im Bund und den Ländern[775] wurde auch der besondere Vertreter im Sinne der politischen Stimmung instrumentalisiert. So wurde im Herbst 2008 von der Justizministerkonferenz der Länder unter der Federführung Bayerns eine Arbeitsgruppe „Managerverantwortlichkeit" ins Leben gerufen. Diese Arbeitsgruppe sollte überprüfen, ob die existierenden zivil- oder strafrechtlichen Regeln zur Managerverantwortlichkeit auch die für die Krise ursächlichen Verhaltensweisen in ausreichendem Maße erfassen oder ob Anpassungsbedarf bestehe.[776]

Aus der Mitte der eigentlich begrüßenswerten Arbeitsgruppe entstand ein äußerst fragwürdiger Ansatz zur Reformierung des besonderen Vertreters, der wohl aufgrund der unmittelbaren wirtschaftspolitischen Entwicklungen verfolgt werden sollte. Die Gruppe hat nämlich der Justizministerkonferenz der Länder einen Vorschlag zur Änderung des Aktiengesetzes präsentiert, der vorsah, dass die Rechte des besonderen Vertreters, der Ersatzansprüche im Auftrag der Hauptversammlung geltend machen soll, denjenigen eines in § 142 AktG geregelten Sonderprüfers anzugleichen seien.[777] Vor allem sollte der besondere Vertreter nach dem Entwurf umfassende Rechte haben, sich von Vorstand und Aufsichtsrat und dem eigenen sowie konzernzugehörigen Unternehmen über die einschlägigen Tatsachen informieren zu lassen. Ferner solle der besondere Vertreter der Hauptversammlung über den Fortgang seiner Tätigkeit berichten müssen.[778]

---

775 Vgl. auch Einleitung.

776 Interview *Wilsing/Heidel,* Juve Rechtsmarkt 2010, 64, 68.

777 Bericht der Arbeitsgruppe „Managerverantwortlichkeit", 1, 3; Interview *Wilsing/Heidel,* Juve Rechtsmarkt 2010, 64, 65; diesen Ansatz begrüßend und sogar noch weiter gehend *Stallknecht,* Der besondere Vertreter, 294, der dem besonderen Vertreter sogar eine selbstständige Ermittlungsbefugnis in Form von Geschäftsführungsrechten geben möchte.

778 Bericht der Arbeitsgruppe „Managerverantwortlichkeit", 1, 3.

5. Beurteilung

Ursprünglich war geplant, auf der Grundlage dieses Berichts einen Gesetzesentwurf zu erarbeiten, was bisher begrüßenswerter Weise noch nicht geschehen ist. Trotz der Gefahren, die eine zu geringe Managerhaftung birgt, darf die Wirtschaftlichkeit der Unternehmen nicht unverhältnismäßig beschnitten werden. Selbst im Hinblick auf eine durchaus begrüßenswerte Verschärfung der Haftbarkeit von Organmitgliedern in der Aktiengesellschaft ist ein Vorschlag nach Vorbild der Arbeitsgruppe „Managerverantwortlichkeit“ nicht gewinnbringend und widerspricht den hier angestrengten Bestrebungen von Grund auf.

Es entspricht sicherlich nicht dem Interesse der Aktionäre, dem besonderen Vertreter die Rechte eines Sonderprüfers zu geben und damit den Zwischenschritt einer weiteren Einschätzung – auf angemessener Sachverhaltsgrundlage – ob eine Geltendmachung von Ansprüchen sinnvoll ist, zu umgehen. Das Resultat wäre wie bereits dargestellt eine Schädigung des Unternehmens.[779]

Vorstände würden bereits kleinste Risiken eher meiden und Aufsichtsräte würden selbst unwesentliche Ansprüche aufgrund leicht fahrlässigen Verhaltens durchzusetzen versuchen, um selbst der Überwachungshaftung aus dem Weg zu gehen, der sie aufgrund der Ermittlungen und der direkten Geltendmachung durch den besonderen Vertreter ausgesetzt wären. Die Organhaftung drohte auszuufern und die Unternehmen könnten dadurch letztlich geschädigt werden.

Wie bereits ausführlich dargestellt wurde, ist die Rolle des besonderen Vertreters auf die Anspruchsverfolgung zu beschränken. Weitreichende Ermittlungsbefugnisse entsprechend derer eines Sonderprüfers, sind im keinesfalls einzuräumen.

6. Die neue Strategie des Gesetzgebers

Geht man von den jüngsten Entwicklungen aus, scheint dies auch die Arbeitsgruppe beziehungsweise der Gesetzgeber erkannt zu haben. Bis heute wurde der Vorschlag der Arbeitsgruppe bezüglich des besonderen Vertreters nicht weiter thematisiert oder überarbeitet. Auch trat er – soweit ersichtlich – auf keiner Landesjustizministerkonferenz mehr bedeutungsvoll in Erscheinung.

Vielmehr wurden in den letzten Jahren – auch von der Arbeitsgruppe – Gesetzesnovellierungen verfolgt, die darauf gerichtet waren, den Ursachen, die einem System entgegenstehen, bei dem sich die Verantwortlichkeit, Verursachung und

---

779 Zur Thematik einer weiteren Einschätzung auf angemessener Sachverhaltsgrundlage vgl. E.II.2.c).

Haftung die Waage halten, nachzugehen und diese zu beseitigen.[780] Namentlich ging es dabei darum, das über kollegiale Beziehungen hinaus bestehende Geflecht, zwischen Vorständen und Aufsichtsräten, zu entwirren.

So wurde beispielsweise über strenge Karenzzeiten bei einem Wechsel von Vorstandsmitgliedern in den jeweiligen Aufsichtsrat der Gesellschaft nachgedacht und im Jahr 2009 auch in § 100 Abs. 2 Nr. 4 AktG auf zwei Jahre normiert.[781] Auch wurden eine Beschränkung der Gesamtzahl möglicher Aufsichtsratsmandate und Stimmrechtsverbote, beziehungsweise Anzeigepflichten bei Interessenskollisionen innerhalb der Mandate, in Erwägung gezogen.[782]

II. Abschließende Stellungnahme unter Berücksichtigung der neuen Strategie des Gesetzgebers

Die neue Strategie des Gesetzgebers ist begrüßenswert und im Sinne der eigenen Reformüberlegung. Es ist in der Gesamtschau effektiver, durch Maßnahmen zur Stärkung des einzelnen Aufsichtsratsmandats, die Vorstände in ihrer Unternehmensleitung zu unterstützen. Gleichzeitig wird den Verwaltungsorganen der Druck der Alleinverantwortung genommen. Entscheidungen unterliegen wieder mehr einer positiven Kontrolle. Der Spielraum für unternehmerische Entscheidungen im Sinne der *Business-Judgement-Rule* wird – anders als bei einem dem Vorschlag der Arbeitsgruppe entsprechenden Reformvorschlag zum besonderen Vertreter – nicht beschnitten. Vielmehr wird die gesetzliche Systematik der Aktiengesellschaft gestärkt. Das Problem wird an der Wurzel bekämpft und nicht am letztmöglichen Ansatzpunkt, der Geltendmachung von Ansprüchen, die von vornherein nicht hätten entstehen müssen.

Dieses Vorgehen entspricht der hier vertretenen Auffassung, die grundsätzlichen aktienrechtlichen Strukturen einzuhalten und bei Bedarf zu verstärken. Die Leitungsorgane müssen wieder mehr dazu angehalten werden, ihre aktienrechtlich bestimmte Aufgabe rechtmäßig zu erfüllen. Ersatzansprüche sind in

---

780 Vgl. dazu *Merk*, http://www.justiz.bayern.de/imperia/md/content/stmj_internet/ministerium/ministerium/reden/2010/2010_06_25_managerverantwortung.pdf

781 Die Karenzzeit gilt nach § 100 Abs. 2 Nr. 4 AktG jedoch dann nicht, wenn die Wahl zum Aufsichtsrat auf Vorschlag von Aktionären, die mehr als 25 Prozent der Stimmrechte an der Gesellschaft halten, erfolgt.
(§ 100 AktG in der Fassung vom 31.7.200925.5.2009)

782 Vgl. dazu *Merk*, http://www.justiz.bayern.de/imperia/md/content/stmj_internet/ministerium/ministerium/reden/2010/2010_06_25_managerverantwortung.pdf

erster Linie von ihnen geltend zu machen. Dabei muss es grundsätzlich bleiben und diesbezüglich ist der vom Gesetzgeber gemachte Vorstoß zu unterstützen.

Würden die Überlegungen, die Problematik der Haftungsursachen im Kern zu bekämpfen fortgeführt, könnte es theoretisch sogar sein, dass der besondere Vertreter ganz aus dem aktienrechtlichen Gefüge verschwände. Dies bleibt aber wohl eine ideelle Wunschvorstellung.

In einem weiteren Schritt bedarf es deshalb einer klaren Regelung für Ausnahmefälle. Wie diese auszusehen hat, wurde in dieser Arbeit bereits ausführlich dargestellt. Sollte der Gesetzgeber seiner jüngsten Linie treu bleiben und sich weiter auf die Grundstruktur der Aktiengesellschaft besinnen, wäre diese Regelung auch logisch der nächste Schritt.

Es darf eben keine Geltendmachung „Dritter" ohne ausreichende Substantiierung der Sachverhalte geben, sondern nur eine, die nach der Grundstruktur der Aktiengesellschaft in §§ 142–149 AktG vorgesehen ist. Und die sieht allein eine außerordentliche Geltendmachung *nach* der Substantiierung durch eine Sonderprüfung vor.

Leider hat der Gesetzgeber diesen letzten Schritt noch nicht vollzogen. Man kann nur hoffen, dass es bis zur nötigen Gesetzesnovelle nicht zu einem weiteren HVB/UniCredit-ähnlichen Komplex kommt. Deshalb wäre gut daran gelegen, die entsprechende Regelungen schnellstmöglich zu treffen. Dabei muss der besondere Vertreter die *utima ratio* der Anspruchsverfolgung bleiben und sich auf diese im Rahmen der oben gemachten Ausführungen beschränken.

I. Ergebnisse

1. Das Rechtsinstitut des besonderen Vertreters kann entweder von einer Hauptversammlungsmehrheit nach § 147 Abs. 2 S. 1 AktG oder durch ein Gericht auf Antrag einer qualifizierten Aktionärsminderheit nach § 147 Abs. 2 S. 2 AktG bestellt werden. Die Aufgabe des besonderen Vertreters ist die Geltendmachung der in § 147 Abs. 1 S. 1 AktG aufgeführten Ersatzansprüche für die Gesellschaft anstelle des Vorstands beziehungsweise des Aufsichtsrats.
2. Die Hauptversammlung kann, mit Ausnahme amtierender Organmitglieder, jede unbeschränkt geschäftsfähige, natürliche Person als besonderen Vertreter bestimmen. Eine juristische Person kommt als besonderer Vertreter nicht in Betracht.
3. Das Stimmverbot nach § 136 Abs. 1 S. 1 3. Alt. AktG ist auch bei der Bestellung des besonderen Vertreters als allgemeiner Verbotstatbestand anzuwenden. Hierbei spielt es keine Rolle, ob der ausgeschlossene Aktionär eine Hauptgesellschaft im Sinne von § 320 AktG, ein herrschendes Unternehmen nach §§ 17, 18 AktG oder gar Hauptaktionär nach § 327a AktG ist.
4. Eine einheitliche Beschlussfassung über die Geltendmachung von Ansprüchen sowohl gegen den Vorstand und Aufsichtsrat als auch gegen den Hauptaktionär der Gesellschaft ist nicht zu beanstanden. Wegen der möglichen gesamtschuldnerischen Haftung der Leitungsorgane erfasst das Stimmverbot nach § 136 Abs. 1 S. 1 3. Alt. AktG alle vom Geltendmachungsbeschluss umfassten Ansprüche gleichermaßen. Hierbei ist eine gemeinsame Beschlussfassung nicht nur vertretbar, sondern im Sinne einer ökonomischen Vorgehensweise sogar geboten.
5. Auch bei einem erfolgreichen Anfechtungsverfahren beziehungsweise einer Nichtigkeitsklage gegen den Bestellungsbeschluss eines besonderen Vertreters findet die Lehre vom fehlerhaften Bestellungsbeschluss Anwendung. Nur durch die Lehre vom fehlerhaften Bestellungsbeschluss lassen sich auch beim fehlerhaft bestellten Sondervertreter Schwierigkeiten vermeiden, die eine Rückabwicklung der bereits getroffenen Maßnahmen mit sich bringen. Gerade die Vermeidung dieser, unter Zuhilfenahme einer trotz Nichtigkeitserklärung lediglich bestehenden *ex-nunc*-Wirkung sorgt für die Aufrechterhaltung der Rechtssicherheit im Unternehmen sowie für den notwendigen Vertrauensschutz im Rechtsverkehr außerhalb der Gesellschaft.

6. Die Beschäftigung des besonderen Vertreters erfolgt in Form eines auf eine Dienstleistung gerichteten entgeltlichen Geschäftsbesorgungsvertrags (§ 675 BGB) mit der Gesellschaft. Im Bestellungsbeschluss der Hauptversammlung beziehungsweise dem gerichtlichen Bestellungsbeschluss liegt die Willenserklärung der Gesellschaft, die auf den Abschluss des Beschäftigungsvertrags mit dem besonderen Vertreter gerichtet ist. Es ist dabei von einer ungeschriebenen Annexkompetenz der Hauptversammlung auszugehen, aufgrund derer sie für die Aktiengesellschaft vertretungsbefugt ist. Die üblichen Vertretungsorgane nehmen somit lediglich eine Botenfunktion ein, sofern die als besonderer Vertreter auserkorene Person erst nach der Hauptversammlung seine Willenserklärung zur Annahme des Angebots abgeben kann. Eine eigene Willenserklärung durch beispielsweise den Vorstand ist in § 147 Abs. 2 AktG nicht vorgesehen. Die Annahme des Angebots kann direkt von einer bei dem Beschluss anwesenden Person gegenüber der Hauptversammlung erfolgen. Daneben ist die Annahme auch in der Folgezeit auf die Versammlung, durch Botenschaft oder gegenüber einem Vertreter, möglich.
7. Grundsätzlich muss der Bestellungsbeschluss so bestimmt wie möglich sein, was selbstverständlich die *essentialia negotii* des Geschäftsbesorgungsvertrags miteinschließt. Bezüglich der näheren Bestimmung von Vertragskonditionen hat die Hauptversammlung aufgrund ihrer außerordentlichen Vertretungsmacht auch die Möglichkeit, diese auf den Vorstand oder Dritte zu übertragen. Dies kann unter Umständen konkludent erfolgen, sofern der Hauptversammlungsbeschluss nicht alle für den Vertragsabschluss benötigten Einzelheiten umfasst. Zur Ausfertigung des Vertrags ist grundsätzlich der Vorstand gemäß § 83 Abs. 2 AktG verpflichtet. Allerdings ist auch dies durch die Hauptversammlung auf andere Personen übertragbar. Entsprechendes gilt für einen gerichtlichen Beschluss nach § 147 Abs. 2 S. 2 AktG.
8. Der Vertrag kommt zwischen der Gesellschaft und der Person des Sondervertreters zustande.
9. Im Falle einer Bestellung durch die Hauptversammlung kann die Vergütung den bereits gemachten Ausführungen entsprechend im Bestellungsbeschluss geregelt werden. Ansonsten ist die Vergütung an der individuellen Qualifikation der Person, welche als Sondervertreter fungiert und am Umfang seiner Tätigkeit zu bemessen (§§ 675, 612 Abs. 1 und 2 BGB). Im Falle einer gerichtlichen Bestellung werden die Auslagen und die Höhe der Vergütung gemäß § 147 Abs. 2 S. 6 AktG vom Gericht festgesetzt.

10. Das Bestellungs- und Beschäftigungsverhältnis des besonderen Vertreters ist streng voneinander zu trennen (Trennungsprinzip). Darüber hinaus ist auch die Fehlerhaftigkeit der beiden Rechtsverhältnisse unabhängig voneinander zu bestimmen (Abstraktionsprinzip). In der Praxis ist die Dauer des Geschäftsbesorgungsvertrags des Sondervertreters an den Zweck der Aufgabe desselbigen zu knüpfen. Durch diese Abhängigkeit vom Bestellungsbeschluss kommt es bei einer vorzeitigen Beendigung der Bestellung auch zur Kündigung der Beschäftigung.
11. Die dem besonderen Vertreter vom BGH ohne weitere Begründung bescheinigte Organqualität im Rahmen seines Auftrags ist verfehlt. Die Bestimmung einer möglichen Organstellung darf nicht aus möglichen Rechten oder Pflichten des besonderen Vertreters erfolgen. Im Ergebnis ist eine Organstellung des Sondervertreters zu verneinen.
12. Allein die Annahme einer Organqualität rechtfertigt genauso wenig einzelne Rechte, wie die Zubilligung von Rechten keine Organstellung begründen kann. Ermittlungs- und Informationsrechte des besonderen Vertreters lassen sich durch die Gesetzessystematik und der Abgrenzung zum Rechtsinstitut des Sonderprüfers (§ 142 ff. AktG) bestimmen. Dem Gesetz schwebt diesbezüglich ein zweistufiges Verfahren vor. In diesem hat der Geltendmachung von Schadensersatzansprüchen durch den besonderen Vertreter eine Sonderprüfung zur Substantiierung der Ansprüche vorauszugehen. Beim besonderen Vertreter handelt es sich lediglich um ein prozessuales Instrument, welches von der Sonderprüfung erfasste und der Hauptversammlung in ihrem Geltendmachungsbeschluss genau bestimmten Ansprüche durchsetzen soll. Eine Vermischung der Institute des Sonderprüfers und des Sondervertreters gilt es zu vermeiden. Dementsprechend sind die Ermittlungs- und Informationsrechte des besonderen Vertreters enger zu fassen als die des Sonderprüfers.
13. Dem besonderen Vertreter kommen keine Geschäftsführungsbefugnisse im Innenverhältnis der Gesellschaft wie zum Beispiel Leitungs-, Direktions- und Hausrechte zu.
14. Die Informationsbeschaffung des besonderen Vertreters bezieht sich lediglich auf die Unterlagen, die in engem Zusammenhang mit dem Hauptversammlungsbeschluss stehen und deren Einsichtnahme durch den besonderen Vertreter dahingehend notwendig ist, dass dieser seine Arbeit ordentlich aufnehmen kann. Ihm steht nur hierzu, bei hinreichend substantiierter Glaubhaftmachung eines dringenden Bedürfnisses für die Einsicht, auch einstweiliger Rechtsschutz zu. Der Sondervertreter hat darüber hinaus keine Informationsrechte, die er selbst geltend machen kann.

15. Neben dem einstweiligen Rechtsschutz als *ultima ratio* zur Informationsbeschaffung steht dem besonderen Vertreter auch die Stufenklage im Sinne von § 254 ZPO zur Verfügung.
16. Zur rechtssicheren Wahrnehmung der Rechtsdurchsetzungspflichten des besonderen Vertreters ist ein hinreichend konkreter Hauptversammlungsbeschluss zu verlangen.
17. § 147 Abs. 1 AktG beinhaltet auch konzernrechtliche Ersatzansprüche. Die Geltendmachung konzernrechtlicher Ansprüche (§§ 307, 309, 317, 318 AktG) kann somit Inhalt eines Hauptversammlungsbeschusses sein, den der besonderen Vertreter auszuführen hat.
18. Weitere Regelungen im Hauptversammlungsbeschluss, die über die Bestimmung der geltend zu machenden Ersatzansprüche, der Bestellung eines Sondervertreters oder den Geschäftsbesorgungsvertrag hinausgehen, sind nicht gestattet. Insbesondere ist es ausgeschlossen, gesetzliche Regelungen durch einen Hauptversammlungsbeschluss zu umgehen.
19. Der besondere Vertreter ist bei der Erfüllung seines Auftrags gegenüber der Hauptversammlung nicht weisungsgebunden. Allerdings ist die Weisungsfreiheit kein Resultat einer besonderen Unabhängigkeit des besonderen Vertreters. Sein Auftrag sollte durch den Hauptversammlungsbeschluss vielmehr so eng umschrieben sein, dass weitere Weisungen obsolet werden.
20. Der besondere Vertreter unterliegt hinsichtlich der im Rahmen seines Auftrags erlangten vertraulichen Informationen der Verschwiegenheitspflicht. Begründet wird die Pflicht zur Verschwiegenheit sowohl aus seinem Geschäftsbesorgungsvertrag nach § 675 BGB mit der Gesellschaft, als auch ergibt sie sich aus seiner treuhänderischen Verwaltung der gesellschaftlichen, also fremder Vermögensinteressen.
21. Der besondere Vertreter unterliegt keiner Berichts- oder Auskunftspflicht über seine Arbeit gegenüber dem Vorstand, dem Aufsichtsrat oder der Hauptversammlung.
22. Ein allgemeines Teilnahmerecht an der Hauptversammlung besteht für den besonderen Vertreter nicht. In Ausnahmesituationen kann dem besonderen Vertreter die Teilnahme jedoch gestattet sein. Hierfür bedarf es allerdings eines eigenen Tagesordnungspunkts in der Hauptversammlung.
23. Ist für den besonderen Vertreter ein eigener Tagesordnungspunkt in der Hauptversammlung vorgesehen, hat er im Rahmen dessen ein beschränktes Rederecht in der Hauptversammlung. Es ist dem besonderen Vertreter dabei jedoch gestattet, eine Sonderprüfung anzuregen. Dies gilt insbesondere dann, wenn diese vor seiner Bestellung nicht erfolgte und er sich wegen

dieses Versäumnisses, einer mangelnden Substantiierung seiner Anspruchsverfolgung gegenüber gestellt sieht.

24. Der besondere Vertreter unterliegt bei Pflichtverletzungen nicht der Organhaftung. Durch die enge Verknüpfung zwischen der Bestellung des besonderen Vertreters und dem mit ihm geschlossenen schuldrechtlichen Vertrag kann aber auf die schuldrechtliche Haftung aus dem entgeltlichen Geschäftsbesorgungsvertrag zurückgegriffen werden.
25. Die Hauptversammlung, die einen Sondervertreter bestellt hat, kann im Wege eines *actus contrarius* die Bestellung des besonderen Vertreters ohne wichtigen Grund jederzeit widerrufen. Ebenso kann die Hauptversammlung durch erneuten Bestellungsbeschluss den bisher eingesetzten besonderen Vertreter durch einen neuen ersetzen.
26. Wurde der Sondervertreter durch ein Gericht auf Antrag einer Aktionärsminderheit bestellt (§ 147 Abs. 2 S. 2 AktG), kann nur ein Gerichtsbeschluss die Bestellung widerrufen. Wird der Widerruf in diesem Fall von der Hauptversammlung initiiert, bedarf es eines wichtigen, in der Person des besonderen Vertreters liegenden Grundes für die Abberufung. Wird der Widerrufsantrag von der für die ursprüngliche Bestellung verantwortlichen Aktionärsminderheit gestellt, muss ein solcher Grund nicht gegeben sein. Ein explizites Initiativrecht des Vorstands/Aufsichtsrats für einen Widerruf ist nicht statthaft.
27. Der besondere Vertreter ist im Falle seiner Abberufung durch die Hauptversammlung nicht anfechtungsberechtigt nach § 245 Nr. 4 AktG (analog). Dies gilt auch im Falle einer Einmann-AG beziehungsweise nach einem erfolgten *Squeeze-Out* durch den – zuvor bei der Bestellung nach § 136 AktG ausgeschlossenen – Alleinaktionär.
28. Der besondere Vertreter hat kein Recht auf eine Nebenintervention im Sinne von § 66 ZPO. Dies gilt sowohl für Verfahren, die mit der Geltendmachung von Schadensersatzansprüchen zusammenhängen, als auch für die Rechtsstreitigkeiten, die sich auf die Existenz des Instituts des Sondervertreters auswirken.
29. Im Falle eines Bestellungswiderrufs des Sondervertreters fällt die Kompetenz der Fortführung einer rechtshängigen Schadensersatzklage, die bis *dato* vom Sondervertreter geführt wurde, zurück auf die originär zuständigen Verwaltungsorgane. Im Gegensatz zu § 148 Abs. 3 AktG im Rahmen der Aktionärsklage ist die Gesellschaft während der Geltendmachung von Ersatzansprüchen durch den Sondervertreter nicht berechtigt diesen Ersatzanspruch selbst gerichtlich geltend zu machen. Dies gilt auch für den Fall

personeller Veränderungen der von der Verfolgung betroffenen Verwaltungsorgane.

30. Die jüngsten Entwicklungen in der Gesetzgebung, vermehrt auf die Stärkung der grundsätzlichen aktienrechtlichen Struktur zu setzen und Probleme bei der Geltendmachung von Ansprüchen bereits bei den originären zuständigen Leitungsorganen zu bekämpfen, sind begrüßenswert.
31. Im Sinne der aktienrechtlichen Struktur ist die außerordentliche Geltendmachung von Ersatzansprüchen durch den besonderen Vertreter bei mangelnder Substantiierung der Ansprüche letztlich von einer vorangehenden Sonderprüfung abhängig zu machen.

Literaturverzeichnis

Altmeppen, Holger, Gibt es Stimmverbote in der Einmann-GmbH?, in: Neue Juristische Wochenschrift 2009, S. 3757–3759 (zit. *Altmeppen*, NJW 2009).

Bachmann, Gregor: Die Einmann-AG, in: Neue Zeitschrift für Gesellschaftsrecht 2001, S. 961–971 (zit. *Bachmann*, NZG 2001).

Bachmann, Gregor: Reform der Organhaftung? – Materielles Haftungsrecht und seine Durchsetzung in privaten und öffentlichen Unternehmen, in: Gutachten E für den 70. Deutschen Juristentag Hannover 2014, Thesen der Gutachter und Referenten, http://www.djt.de/fileadmin/downloads/70/djt_70_Thesen_140804.pdf, letzter Zugriff 25.11.2016, S. 53–55 (zit. *Bachmann*, 70. DJT)

Baumbach, Adolf (Hrsg.)/Hueck, Alfred (Hrsg.): GmbH-Gesetz, 20. Auflage, München 2013 (zit. Baumbach/Hueck-*Bearbeiter*)

Baums, Theodor: Empfiehlt sich eine Neuregelung des aktienrechtlichen Anfechtungs- und Organhaftungsrechts, insbesondere der Klagemöglichkeiten von Aktionären?, in: Gutachten F für den 63. Deutschen Juristentag, München 2000 (zit. *Baums*, 63. DJT).

Bayer, Walter: Aktionärsklagen de lege lata und de lege ferenda, in: Neue Juristische Wochenschrift 2000, S. 2609–2619 (zit. *Bayer*, NJW 2000).

Bayer, Walter/Hoffmann, Thomas: Der „Besondere Vertreter" i.S.v. § 147 Abs. 2 AktG, in: Die Aktiengesellschaft 2018, S. 337–355 (zit. *Bayer/Hoffmann*, AG 2018).

Bayer, Walter/Lieder, Jan: Die Lehre vom fehlerhaften Bestellungsverhältnis, in: Neue Zeitschrift für Gesellschaftsrecht 2012, S. 1–9 (zit. *Bayer/Lieder*, NZG 2012).

Benders, Rolf: Lehman Brothers muss Konkurs anmelden, in: Handelsblatt vom 15.9.2008, URL: http://www.handelsblatt.com/unternehmen/banken/us-bankensektor-im-umbruch-lehman-brothers-muss-konkurs-beantragen/3021126.html, letzter Zugriff 08.08.2016 (zit. *Benders*, HB v. 15.9.2008).

Beneke, Moritz: Der Besondere Vertreter nach § 147 AktG, Der Geltendmachungsbeschluss in Hauptversammlung und Prozess und das Informationsrecht des Besonderen Vertreters, 2017 (zit. *Beneke*, Der Geltendmachungsbeschluss).

Bernau, Falk: Konzernrechtliche Ersatzansprüche als Gegenstand des Klageerzwingungsrechts nach § 147 Abs. 1 S. 1 AktG, in: Die Aktiengesellschaft 2011, S. 894–900 (zit. *Bernau*, AG 2011).

Beuthien, Volker: Das fehlerhafte Arbeitsverhältnis als bürgerlich-rechtliches Abwicklungsproblem, in: Recht der Arbeit 1969, S. 161–174 (zit. *Beuthien*, RdA 1969).

Binder, Jens-Hinrich: Das Informationsstatut des besonderen Vertreters (§ 147 Abs. 2 AktG), in: Zeitschrift für das gesamte Handels- und Wirtschaftsrecht 2012, S. 380–411 (zit. *Binder*, ZHR 2012).

Böbel, Thomas: Die Rechtsstellung der besonderen Vertreter gemäß § 147 AktG, Frankfurt am Main 1999 (zit. *Böbel*, Rechtsstellung).

Bosch, Nikolaus/Lange, Knut Werner: Unternehmerischer Handlungsspielraum des Vorstandes zwischen zivilrechtlicher Verantwortung und strafrechtlicher Sanktion, in: Juristenzeitung 2009, S. 225–237 (zit. *Bosch/Lange*, JZ 2009).

Brommer, Andreas: Folgen einer reformierten Aktionärsklage für die Vorstandsinnenhaftung, in: Die Aktiengesellschaft 2013, S. 121–130 (zit. *Brommer*, AG 2013).

Brüggemeier, Gert: Die Einflussnahme auf die Verwaltung einer Aktiengesellschaft, in: Die Aktiengesellschaft 1988, S. 93–102 (zit. *Brüggemeier*, AG 1988).

Bumiller, Ursula (Hrsg.)/Harders, Dirk (Hrsg.)/Schwamb, Werner (Hrsg.): FamFG – Freiwillige Gerichtsbarkeit, 11. Auflage, München 2015 (zit. Bumiller/Harders/Schwamb-*Bearbeiter*).

Bürgers, Tobias (Hrsg.)/Körber, Torsten (Hrsg.): Heidelberger Kommentar zum Aktiengesetz, 3. Auflage, Heidelberg 2014 (zit. Bürgers/Körber-*Bearbeiter*).

Dauner-Lieb, Barbara/Winnen, Armin: Der besondere Vertreter nach § 147 AktG – Ein effektives Instrument des Anlegerschutzes?, in: Festschrift für Rainer Kanzleiter zum 70. Geburtstag, Köln 2010, S. 119–141 (zit. *Dauner-Lieb/Winnen*, FS Kanzleiter).

Dettmer, Markus/Kurbjuweit, Dirk/Reiermann, Christian: Zocken im Morgengrauen, in: Der Spiegel vom 17.8.2009, URL: http://www.spiegel.de/spiegel/print/d-66436856.html, letzter Zugriff 29.11.2016 (zit. *Dettmer/Kurbjuweit/Reiermann*, Der Spiegel v. 17.8.2009).

Däubler, Wolfgang (Hrsg.)/Hjort, Jens Peter (Hrsg.)/Schubert, Michael (Hrsg.)/Wolmerath, Martin (Hrsg.): Arbeitsrecht, 3. Auflage, Baden-Baden 2013 (zit. Däubler ArbR-*Bearbeiter*).

Emmerich, Volker/Habersack, Mathias: Aktien- und GmbH-Konzernrecht, 8.Auflage, München 2016 (zit. Emmerich/Habersack-*Bearbeiter*).

Fabritius, Andreas: Der besondere Vertreter gemäß § 147 Abs. 2 S. 1 AktG, in: Gedächtnisschrift für Michael Gruson, Berlin 2009, S. 133–149 (zit. *Fabritius*, GS Gruson).

Florstedt, Tim: „Kompensation statt Kassation“ – ein freigaberechtlicher Grundsatz?, in: Zeitschrift für Wirtschaftsrecht 2018, S. 1661–1669 (zit. *Florstedt*, ZIP 2018).

Flume, Werner: Allgemeiner Teil des Bürgerlichen Rechts – Die juristische Person, Band 1, Berlin 1983 (zit. *Flume*, Die juristische Person).

Frentz v., Clemens: Die Chronik einer Kapitalvernichtung, in: Manager Magazin vom 1.6.2003, URL: http://www.manager-magazin.de/finanzen/artikel/0,2828,186368,00.html, letzter Zugriff 29.11.2016 (zit. *Frentz v.*, ManagerMag. v. 1.6.2003).

Fuchs, Andreas/Rozynsik, Tobias: Anmerkung zu OLG München, Urteil vom 27.8.2008 – 7 U 5678/07, in: Wirtschafts- und Bankrecht II A. § 147 AktG 2.09, S. 149–252 (zit. *Fuchs/Rozynski*, WuB II A. § 147 AktG 2.09).

Gärtner, Olaf/Daghles Murad: Kommentar zum LG München I, Beschl. v. 2.6.2009 – 5 HK O 2836/08, Betriebs Berater 2009, S. 2393–2394 (zit. *Gärtner/Daghles*, BB 2009).

Gehrlein, Markus (Hrsg.)/Ekkenga, Jens (Hrsg.)/Simon, Stefan (Hrsg.): GmbHG, 2. Auflage, Köln 2015 (zit. Gehrlein GmbHG-*Bearbeiter*).

Geibel, Stephan (Hrsg.)/Süßmann, Rainer (Hrsg.): Wertpapiererwerbs- und Übernahmegesetz, 2. Auflage, München 2008 (zit. Geibel/Süßmann-*Bearbeiter*).

Goette, Wulf (Hrsg.)/Habersack, Mathias (Hrsg.): Münchener Kommentar zum Aktiengesetz, Band 2, §§ 76–117, 4. Auflage, München 2014 (zit. MüKo AktG-*Bearbeiter*).

Goette, Wulf (Hrsg.)/Habersack, Mathias (Hrsg.): Münchener Kommentar zum Aktiengesetz, Band 3, §§ 118–178, 3. Auflage, München 2013 (zit. MüKo AktG-*Bearbeiter*).

Goette, Wulf (Hrsg.)/Habersack, Mathias (Hrsg.): Münchener Kommentar zum Aktiengesetz, Band 4, §§ 179–277, 4. Auflage, München 2016 (zit. MüKo AktG-*Bearbeiter*).

Goette, Wulf (Hrsg.)/Habersack, Mathias (Hrsg.): Münchener Kommentar zum Aktiengesetz, Band 5, §§ 278–328, 4. Auflage, München 2015 (zit. MüKo AktG-*Bearbeiter*).

Goslar, Sebastian: Anmerkung zum LG Heidelberg, Urteil vom 21.3.2017 – 11 O 11/16 KfH, in: Entscheidungen zum Wirtschaftsrecht 2017, S. 397–398 (zit. *Goslar*, EWiR 2017).

Goslar, Sebastian: Anmerkung zum OLG Köln, Beschluss vom 14.12.2017 – 18 AktG 1/17, in: Entscheidungen zum Wirtschaftsrecht 2018, S. 139–140 (zit. *Goslar*, EWiR 2018).

Goslar, Sebastian/von der Linden, Klaus: Zum Stimmverbot des § 136 Abs. 1 S. 1 AktG in der Einmann-AG, in: Entscheidungen zum Wirtschaftsrecht 2010, S. 305–306 (*Goslar/von der Linden*, EWiR 2010).

Hachenburg, Max (Hrsg.): GmbHG, Band 2, §§ 35–84, 6. Auflage, Berlin 1959 (zit. Hachenburg-*Bearbeiter*).

Happ, Wilhelm: Zur Wirksamkeit von Rechtshandlungen eines fehlerhaft bestellten Aufsichtsrats – Ein Plädoyer für die Erweiterung der Lehre vom fehlerhaften Organverhältnis, in: Festschrift für Uwe Hüffer zum 70. Geburtstag, München 2010, S. 295–308 (zit. *Happ*, FS Hüffer).

Haußleiter, Martin (Hrsg.): FamFG, 1. Auflage, München 2011 (zit. Haußleiter-*Bearbeiter*).

Heeg, Volker: Zum Verlangen einer Aktionärsminderheit auf Einberufung einer Hauptversammlung, in: Neue Zeitschrift für Gesellschaftsrecht 2012, S. 1056–1059 (zit. (*Heeg*, NZG 2012).

Heermann, Peter W.: Wie weit reicht die Pflicht des Aufsichtsrats zur Geltendmachung von Schadensersatzansprüchen gegen Mitglieder des Vorstands?, in: Die Aktiengesellschaft 1998, S. 201–211 (zit. *Heermann*, AG 1998).

Heidel, Thomas (Hrsg.): Aktienrecht und Kapitalmarktrecht, 4. Auflage, Baden-Baden 2014 (zit. Heidel-*Bearbeiter*).

Henssler, Martin (Hrsg.)/Strohn, Lutz (Hrsg.): Gesellschaftsrecht, 3. Auflage, München 2016 (zit. Henssler/Strohn-*Bearbeiter*).

Hirte, Heribert/Mock, Sebastian: Abberufung des besonderen Vertreters durch den Alleinaktionär, in: Betriebsberater 2010, S. 775–777 (zit. *Hirte/Mock*, BB 2010).

Hoffmann-Becking, Michael (Hrsg.): Münchener Handbuch des Gesellschaftsrechts, Band 4, Aktiengesellschaft, 4. Auflage, München 2015 (zit. MünchHdb-AG-*Bearbeiter*).

Hommelhoff, Peter (Hrsg.)/Hopt, Klaus (Hrsg.)/v. Werder, Axel: Handbuch Corporate Governance, 2. Auflage, Köln 2010 (zit. Hommelhoff/Hopt/v. Werder-*Bearbeiter*, HCG).

Hopt, Klaus J. (Hrsg.)/Wiedemann, Herbert (Hrsg.): Aktiengesetz Großkommentar, Band 4, §§ 95–117, 4. Auflage, Berlin 2006 (zit. GroßKomm. AktG-*Bearbeiter*).

Hopt, Klaus J. (Hrsg.)/Wiedemann, Herbert (Hrsg.): Aktiengesetz Großkommentar, Band 5, §§ 118–149, 4. Auflage, Berlin 2009 (zit. GroßKomm. AktG-*Bearbeiter*).

Hölters, Wolfgang (Hrsg.): Aktiengesetz, 2. Auflage, München 2014 (zit. Hölters-*Bearbeiter*).

Hölters, Wolfgang: Zur Durchsetzung von Schadensersatzansprüchen durch eine Aktionärsminderheit, in: Festschrift für Herbert Wiedemann, München 2002, S. 975–998 (zit. *Hölters*, FS Wiedemann).

Hueck, Alfred: Die Vertretung von Kapitalgesellschaften im Prozeß, in: Festschrift für Eduard Bötticher zum 70. Geburtstag, Berlin 1969, S. 197–218 (zit. *Hueck*, FS Bötticher).

Humrich, Hendrik: Der besondere Vertreter im Aktienrecht, Berlin 2013 (zit. *Humrich*, Der besondere Vertreter).

Humrich, Hendrik: Die (vermeintlichen) Informationsrechte des besonderen Vertreters nach § 147 II AktG, in: Neue Zeitschrift für Gesellschaftsrecht 2014, S. 441–447, (zit. *Humrich*, NZG 2014).

Hüffer, Uwe/Koch, Jens: Aktiengesetz, 12. Auflage, München 2016 (zit. Hüffer/Koch-*Bearbeiter*).

Hüffer, Uwe: Verwaltungskontrolle und Rechtsverfolgung durch Sonderprüfer und besondere Vertreter (§§ 142, 147 Abs. 2 AktG), in: Zeitschrift für das gesamte Handels- und Wirtschaftsrecht 2010, S. 642–682 (zit. *Hüffer*, ZHR 2010).

Jauernig, Othmar (Hrsg.): Bürgerliches Gesetzbuch, 16. Auflage, München 2015 (zit. Jauernig-*Bearbeiter*).

Jänig, Ronny: Anmerkung zu LG München I, Urteil vom 28.7.2008 – 5 HK O 12504/08, in: Wirtschafts- und Bankrecht II A. § 147 AktG 1.09, S. 115–118 (zit. *Jänig*, WuB II A. § 147 AktG 1.09).

Jäger, Axel: Die Entwicklung der Judikatur zur AG im Jahr 2010, in: Neue Zeitschrift für Gesellschaftsrecht 2011, S. 210–217 (zit. *Jäger*, NZG 2011).

Just, Clemens: Kommentar zum LG München I, Urteil vom 15.4.2004 – 5 HK O 10813/03, in: Entscheidungen zum Wirtschaftsrecht 2004, S. 521–522 (zit. *Just*, EWiR 2004).

Karrer, Götz: Der besondere Vertreter im Recht der Personengesellschaften, in: Neue Zeitschrift für Gesellschaftsrecht 2008, S. 206–210 (zit. *Karrer*, NZG 2008).

Karrer, Götz: Bestellung und Rechtsstellung des besonderen Vertreters im Recht der Personengesellschaften, in: Neue Zeitschrift für Gesellschaftsrecht 2009, S. 932–937 (zit. *Karrer*, NZG 2009).

Keidel, Theodor (Begr.): Kommentar zum Gesetz über das Verfahren in Familiensachen und in den Angelegenheiten der freiwilligen Gerichtsbarkeit, 18. Auflage, München 2014 (zit. FamFG/Keidel-*Bearbeiter*).

Keyßner, Hugo/Simon, Veit: Reichsgesetz betreffend die Kommanditgesellschaften auf Aktien und die Aktiengesellschaften vom 18. Juli 1884 – Textausgabe mit Anmerkungen und Sachregister, 4. Auflage, Berlin 1895 (zit. *Keyßner/ Simon*, Art. Anm.).

Klaaßen-Kaiser, Kristina/Bünten, Tobias: Pflicht des Mehrheitsaktionärs zur Abwahl des Hauptversammlungsleiters bei TOP über Geltendmachung von Schadensersatzansprüchen gegen diesen („Strabag"), in: Entscheidungen zum Wirtschaftsrecht 2017, S. 393–394 (zit. *Klaaßen-Kaiser/Bünten*, EWiR 2017).

Kling, Michael: Der besondere Vertreter im Aktienrecht, in: Zeitschrift für Unternehmens- und Gesellschaftsrecht 2009, S. 190–230 (zit. *Kling*, ZGR 2009).

Kling, Michael: Die Innenhaftung des Aufsichtsratsmitglieds in der Aktiengesellschaft, in: Zeitschrift für Unternehmens- und Gesellschaftsrecht 2005, S. 45–56 (zit. *Kling*, DZWIR 2005).

Konzen, Horst: Der besondere Vertreter in Kapital- und Personengesellschaften, in: Festschrift für Peter Hommelhoff zum 70. Geburtstag, Köln 2012, S. 565–582 (zit. *Konzen*, FS Hommelhoff).

König, Max: Der Umfang der Berichterstattung über die aktienrechtliche Sonderprüfung, Berlin 1970 (zit. *König*, Umfang der Berichterstattung).

Krieger, Gerd (Hrsg.)/Schneider, Uwe (Hrsg.): Handbuch Managerhaftung, 2. Auflage, Köln 2010 (zit. Krieger/Schneider-*Bearbeiter*).

Kropff, Bruno: Aktiengesetz 1965, neuaufgelegt von *Thölke*, Ulrich, Berlin 2005 (zit. *Kropff*, AktG, Begr. RegE).

Kropff, Bruno: Der konzernrechtliche Ersatzanspruch – ein zahnloser Tiger?, in: Festschrift für Gerold Bezzenberger zum 70. Geburtstag, Berlin 2000, S. 233–253 (zit. *Kropff*, FS Bezzenberger).

Krüger, Wolfgang (Hrsg.)/Rauscher, Thomas (Hrsg.): Münchener Kommentar zur Zivilprozessordnung, Band 1, §§ 1–354, 4. Auflage, München 2013 (zit. MüKo ZPO-*Bearbeiter*).

Küting, Karlheinz (Hrsg.)/Weber, Claus-Peter (Hrsg.): Handbuch der Rechnungslegung, Band 4; §§ 142–146 AktG, 5. Auflage, Stuttgart 2003 (zit. Küting/ Weber-*Bearbeiter*).

Langenbucher, Katja: Vorstandshandeln und Kontrolle, in: Deutsches Steuerrecht 2005, S. 2083–2090 (zit. *Langenbucher*, DStR 2005).

Larenz, Karl: Methodenlehre der Rechtswissenschaft, 6. Auflage, Berlin 1991 (zit. *Larenz*, Methodenlehre).

Länderarbeitsgruppe Managerverantwortlichkeit: Bericht, Stand 19.05.2009, URL: http://www.justiz.bayern.de/media/bericht_arbeitsgruppe_managerverantwortung_190509.pdf, letzter Zugriff 29.11.2016, S. 1–12 (zit. Bericht der Arbeitsgruppe „Managerverantwortlichkeit").

Leyens, Patrick: Information des Aufsichtsrats, Tübingen 2006 (zit. *Leyens*, Information des Aufsichtsrats).

Lieder, Jan: Die Lehre von unwirksamen Rechtsscheinträger, in: Archiv für die civilistische Praxis 2010, S. 857–912 (zit. *Lieder*, AcP 2010).

Linnerz, Markus: Vom Anfechtungs- zum Haftungstourismus, in: Neue Zeitschrift für Gesellschaftsrecht 2004, S. 307–313 (zit. *Linnerz*, NZG 2004).

Lochner, Daniel: Auskunftsanspruch des besonderen Vertreters auch ohne Anfangsverdacht für das Bestehen der geltend zu machenden Ersatzansprüche, in: Entscheidungen zum Wirtschaftsrecht 2016, S. 169–170 (zit. *Lochner*, EWiR 2016).

Lochner, Daniel: Kommentar zum LG Stuttgart, Urteil vom 27.10.2009 – 32 O 5/09 KfH, in: Entscheidungen zum Wirtschaftsrecht 2010, S. 3–4 (zit. *Lochner*, EWiR 2010).

Lochner, Daniel: Kommentar zum LG Duisburg, Urteil vom 9.6.2016 – 22 O 50/16, in: Entscheidungen zum Wirtschaftsrecht 2016, S. 625–626 (zit. *Lochner*, EWiR 2016).

Lochner, Daniel: Besonderer Vertreter, in: Der Aufsichtsrat 2008, S. 58 (zit. *Lochner*, Der Aufsichtsrat).

Lochner, *Daniel/Beneke, Moritz*: Der besondere Vertreter in Hauptversammlung und Prozess: aktuelle Praxisfragen, in: Zeitschrift für Wirtschaftsrecht 2015, S. 2010–2016 (zit. *Lochner/Beneke*, ZIP 2015).

Löbbe, Marc: Die Rechtsstellung des besonderen Vertreters nach § 147 AktG, in: Gesellschaftsrecht in der Diskussion 2016, S. 25–54 (zit. *Löbbe*, GiD).

Lutter, Marcus: Anmerkung zum LG München I, Urt. v. 27.8.2009 – 5 HK O 21656/08, in: Zeitschrift für Wirtschaftsrecht 2009, S. 2198–2203 (zit. *Lutter*, ZIP 2009).

Lutter, Marcus/Krieger, Gerd/Verse, Dirk Axel: Rechte und Pflichten des Aufsichtsrats, 6. Auflage, Köln 2014 (zit. *Lutter/Krieger/Verse*, Rechte und Pflichten des Aufsichtsrats).

Mai, Christine: Managerhaftung ist kaum durchsetzbar, in: Financial Times Deutschland vom 7.10.2008, URL: http://www.ftd.de/politik/deutschland/:bei-versagen-managerhaftung-ist-kaum-durchsetzbar/422769.html, letzter Zugriff 30.07.2012 (zit. *Mai*, FTD v. 7.10.2008).

Matthießen, Volker: Stimmrecht und Interessenskollision, Köln 1989 (zit. *Matthießen*, Stimmrecht).

Merk, Beate: Managerverantwortung – weiterer Reformbedarf, in: Rede auf dem Hamburger Forum der Bucerius Law School am 25.06.2010 in Hamburg, URL: http://www.justiz.bayern.de/imperia/md/content/stmj_internet/ministerium/ministerium/reden/2010/2010_06_25_managerverantwortung.pdf, letzter Zugriff 29.11.2016 (zit. *Merk*).

Michalski, Lutz (Hrsg.): GmbHG, Band 2, 2. Auflage, München 2010 (zit. Michalski-*Bearbeiter*).

Mock, Sebastian: Berichts-, Auskunfts- und Publizitätspflichen des besonderen Vertreters, in: Die Aktiengesellschaft 2008, S. 839–850 (zit. *Mock*, AG 2008).

Mock, Sebastian: Der besondere Vertreter zwischen gesetzlicher Vertretung, eigener Klagebefugnis und Nebenintervention, in: Die Aktiengesellschaft 2015, S. 652–659 (zit. *Mock*, AG 2015).

Mock, Sebastian: Die Entdeckung des besonderen Vertreters, in: Der Betrieb 2008, S. 393–397 (zit. *Mock*, DB 2008).

Mock, Sebastian: Informationsbeschaffung durch den besonderen Vertreter, in: Zeitschrift für das gesamte Handels- und Wirtschaftsrecht 2017, S. 688–730 (zit. *Mock*, ZHR 2017).

Mock, Sebastian: Inhalt und Reichweite der Ersatzansprüche in den § 147 f. AktG, in: Neue Zeitschrift für Gesellschaftsrecht 2015, S. 1013–1018, (zit. *Mock*, NZG 2015).

Mock, Sebastian: Kommentar zum LG Duisburg, Urteil vom 16.4.2013 – 22 O 12/13, in: Entscheidungen zum Wirtschaftsrecht 2013, S. 701–702 (zit. *Mock*, EWiR 2013).

Musielak, Hans-Joachim (Hrsg.)/Voit, Wolfgang: Kommentar zur Zivilprozessordnung, 13. Auflage, München 2016 (zit. Musielak/Voit-*Bearbeiter*).

Müller, Hans-Friedrich: Die Durchsetzung konzernrechtlicher Ersatzansprüche nach dem UMAG, in: Der Konzern 2006, S. 725–730 (zit. *Müller*, Der Konzern 2006).

Müller-Glöge, Rudi (Hrsg.)/Preis, Ulrich (Hrsg.)/Schmidt, Ingrid (Hrsg.): Erfurter Kommentar zum Arbeitsrecht, 16. Auflage, München 2016 (zit. ErfK-*Bearbeiter*).

Nietsch, Michael: Klageinitiative und besondere Vertretung in der Aktiengesellschaft, in: Zeitschrift für Unternehmens- und Gesellschaftsrecht 2011, S. 589–637 (zit. *Nietsch*, ZGR 2011).

Nikoleyczik, Tobias/Graßl, Bernd: Zum Informationsverlangen des besonderen Vertreters gegenüber der Gesellschaft im einstweiligen Rechtsschutz („Strabag“), in: Entscheidungen zum Wirtschaftsrecht 2016, S. 135–136 (zit. *Nikoleyczik/Graßl*, EWiR 2016).

Paul, Carsten A.: Kommentar zum LG Heidelberg, Urteil vom 21.3.2017 – 11 O 11/16 KfH, in: Betriebs Berater 2018, S. 980–980 (zit. *Paul*, BB 2017).

Paul, Magdalena Sophia: Der besondere Vertreter und die Gelantine, in: Betriebs Berater 2018, S. 908–909 (zit. *Paul*, BB 2018).

Pelzer, Martin: Die Haftung des Aufsichtsrats bei Verletzung der Überwachungspflicht, in: Wertpapiermitteilungen 1981, S. 346–352 (zit. *Pelzer*, WM 1981).

Pelzer, Martin: Verschärfung der Haftung von Vorstand und Aufsichtsrat und dadurch entstehende Zielkonflikte, eine Mahnung die Nebenfolgen zu bedenken, in: Festschrift für Walther Hadding zum 70. Geburtstag, Berlin 2004, S. 593–606 (zit. *Pelzer*, FS Hadding).

Peters, Marc/Hecker, Andreas: Keine Anfechtungsbefugnis eines durch Squeeze-Out ausgeschlossenen Aktionärs gegen Hauptversammlungsbeschluss – Hypo Vereinsbank, in: Neue Zeitschrift für Gesellschaftsrecht 2010, S. 503–507 (zit. *Peters/Hecker*, NZG 2010).

Peters, Marc/Hecker, Andreas: Last Man Standing – Zur Anfechtungsklage des besonderen Vertreters gegen den Hauptversammlungsbeschluss über seine Abberufung, in: Neue Zeitschrift für Gesellschaftsrecht 2009, S. 1294–1296 (zit. *Peters/Hecker*, NZG 2009).

Radlmayr, Ulrich: Kommentar zum BGH, Urteil vom 21.7.2003 – II ZR 109/02 (KG), in: Entscheidungen zum Wirtschaftsrecht 2003, S. 1113–1114 (zit. *Radlmayr*, EWiR 2003).

Raiser, Thomas (Hrsg.)/Veil, Rüdiger (Hrsg.): Recht der Kapitalgesellschaften, 6. Auflage, München 2015 (zit. *Raiser/Veil*).

Rauscher, Thomas (Hrsg.): Münchner Kommentar zum FamFG, 2. Auflage, München 2013 (zit. MüKo FamFG-*Bearbeiter*).

Rubner, Daniel/Leuering, Dieter: Der besondere Vertreter der AG, in: Neue Juristische Wochenschrift-Spezial 2014, S. 399–400 (zit. *Rubner/Leuering*, NJW-Spezial 2014).

Ritter, Carl/Ritter, Justus: Aktiengesetz, 2. Auflage, Berlin 1939 (zit. *Ritter/Ritter*, AktG 1937).

Rollin, Felix: Die Aktionärsklage in England und Deutschland, 1. Auflage, Baden-Baden 2001 (zit. *Rollin*, Die Aktionärsklage).

Roth, Günter (Hrsg.)/Altmeppen, Holger (Hrsg.): GmbHG, 8. Auflage, München 2015 (zit. Roth/Altmeppen-*Bearbeiter*).

Saenger, Ingo (Hrsg.): Zivilprozessordnung, 6. Auflage, Baden-Baden 2015 (zit. Saenger-*Bearbeiter*).

Säcker, Jürgen (Hrsg.)/Rixecker, Roland (Hrsg.): Münchener Kommentar zum Bürgerlichen Gesetzbuch, 6. Auflage, Band 4, §§ 611–704, München 2012 (zit. MüKo BGB-*Bearbeiter*).

Schäfer, Carsten: Die Lehre vom fehlerhaften Verband, Tübingen 2002 (zit. *Schäfer*, Die Lehre vom fehlerhaften Verband).

Schiessl, Maximilian: Auf der Suche nach dem „Ankeraktionär" – „PIPE"-Transaktionsmodelle und Organpflichten, in: Die Aktiengesellschaft 2009, S. 385–392 (zit. *Schiessl*, AG 2009).

Schlegelberger, Franz (Hrsg.)/Quassowski, Leo (Hrsg.)/Schmölder, Karl (Hrsg.): Verordnung über Aktienrecht, Berlin 1932 (zit. Schlegelberger/Quassowski/Schmölder).

Schmidt, Karsten: Verfolgungspflichten, Verfolgungsrechte und Aktionärsklagen: Ist die Quadratur des Zirkels näher gerückt?, in: Neue Zeitschrift für Gesellschaftsrecht 2005, S. 796–801 (zit. *Schmidt*, NZG 2005).

Schmidt, Karsten: Gesellschaftsrecht, 4. Auflage, Köln 2002 (zit. *Schmidt*, GesR).

Schmidt, Karsten (Hrsg.)/Lutter, Marcus (Hrsg.): Aktiengesetz Kommentar, Band 1, §§ 1–149, 3. Auflage, Köln 2015 (zit. Schmidt/Lutter-*Bearbeiter*).

Schmidt, Karsten (Hrsg.)/Lutter, Marcus (Hrsg.): Aktiengesetz Kommentar, Band 2, §§ 150–410, 3. Auflage, Köln 2015 (zit. Schmidt/Lutter-*Bearbeiter*).

Schmolke, Ulrich: Die Aktionärsklage nach § 148 AktG. Anreizwirkungen *de lege lata* und Reformanregungen *de lege ferenda*, in: Zeitschrift für Unternehmens- und Gesellschaftsrecht 2011, S. 398–442 (zit. *Schmolke*, ZGR 2011).

Schneider, Uwe: Der mühsame Weg der Durchsetzung der Organhaftung durch den besonderen Vertreter nach § 147 AktG, in: Zeitschrift für Wirtschaftsrecht 2013, S. 1985–1991 (zit. *Schneider*, ZIP 2015).

Scholz, Franz (Hrsg.): Kommentar zum GmbHG, Band 2, §§ 45–87, 9. Auflage, Köln 2002 (zit. Scholz-*Bearbeiter*).

Schubert, Werner (Hrsg.)/Hommelhoff, Peter (Hrsg.): Hundert Jahre modernes Aktienrecht, Berlin 1985 (zit. *Schubert/Hommelhoff*, Hundert Jahre modernes Aktienrecht).

Schürnbrand, Jan: Organschaft im Recht der privaten Verbände, Tübingen 2007 (zit. *Schürnbrand*, Organschaft im Recht der privaten Verbände).

Schürnbrand, Jan: Zur fehlerhaften Bestellung von Aufsichtsratsmitgliedern und fehlerhaften Abberufung von Vorstandsmitgliedern, in: Neue Zeitschrift für Gesellschaftsrecht 2008, S. 609–612 (zit. *Schürnbrand*, NZG 2008).

Seibert, Ulrich: Berufsopponenten – Anfechtungsklage – Freigabeverfahren – Haftungsklage: Das UMAG, eine Rechtsfolgenanalyse, in: Neue Zeitschrift für Gesellschaftsrecht 2007, S. 841–846 (zit. *Seibert*, NZG 2007).

Semler, Johannes/Asmus, Thomas: Der stimmlose Beschluss, in: Neue Zeitschrift für Gesellschaftsrecht 2004, S. 881–892 (zit. *Semler*, NZG 2004).

Semler, Johannes: Zur aktienrechtlichen Haftung der Organmitglieder einer Aktiengesellschaft, in: Die Aktiengesellschaft 2005, S. 321–336 (zit. *Semler*, AG 2005).

Semler, Johannes (Hrsg.)/v. Schenk, Kersten (Hrsg.): Arbeitshandbuch für Aufsichtsratsmitglieder, 4. Auflage, München 2013 (zit. Semler/v.Schenk-*Bearbeiter*).

Siems, Mathias: Welche Auswirkung hat das neue Verfolgungsrecht der Aktionärsminderheit, in: Zeitschrift für Vergleichende Rechtswissenschaft 2005, S. 376–394 (zit. *Siems*, ZVglRWiss 2005).

Spindler, Gerald (Hrsg.)/Stilz, Eberhard (Hrsg.): Aktiengesetz Kommentar, Band 1, §§ 1–149, 3. Auflage, München 2015 (zit. Spindler/Stilz-*Bearbeiter*).

Spindler, Gerald (Hrsg.)/Stilz, Eberhard (Hrsg.): Aktiengesetz Kommentar, Band 2, §§ 150–410, 3. Auflage, München 2015 (zit. Spindler/Stilz-*Bearbeiter*).

Stallknecht, Alexander: Der besondere Vertreter nach § 147 AktG – Bestandsaufnahme und Zukunftsprognose zu einem aktienrechtlichen Rechtsinstitut, 1. Auflage, Baden-Baden 2015 (zit. *Stallknecht*, Der besondere Vertreter).

Stein, Ursula: Das faktische Organ, Köln 1984 (zit. *Stein*, Das faktische Organ).

Teichmann, Arndt: Strukturüberlegungen zum Streit zwischen Organen in der Aktiengesellschaft, in: Festschrift für Otto Mühl zum 70. Geburtstag, Stuttgart 1981, S. 663–686 (zit. *Teichmann*, FS Mühl).

Theisen, Manuel R.: Haftung und Haftungsrisiko des Aufsichtsrats, in: Die Betriebswirtschaft 1993, S. 295–318 (zit. *Theisen*, DBW 1993).

Thum, Alexander J./Klofat, Daniel: Der ungetreue Aufsichtsrat – Handlungsmöglichkeiten des Vorstands bei Pflichtverletzungen des Aufsichtsrats, in: Neue Zeitschrift für Gesellschaftsrecht 2010, S. 1087–1091 (zit. *Thum/Klofat*, NZG 2010).

Thümmel, Roderich C.: Aufsichtsräte in die Pflicht? – Die Aufsichtsratshaftung gewinnt Konturen, in: Der Betrieb 1999, S. 885–888 (zit. *Thümmel*, DB 1999).

Trescher, Karl: Aufsichtsratshaftung zwischen Norm und Wirklichkeit, in: Der Betrieb 1995, S. 661–665 (zit. *Trescher*, DB 1995).

Tschöpe, Ulrich (Hrsg.): Anwalts-Handbuch Arbeitsrecht, 9. Auflage, Köln 2015 (zit. Tschöpe-*Bearbeiter*).

Verhoeven, Thomas: Der besondere Vertreter nach § 147 AktG: Erwacht ein schlafender Riese?, in: Zeitschrift für Wirtschaftsrecht 2008, S. 245–255 (zit. *Verhoeven*, ZIP 2008).

Verhoeven, Thomas: Kommentar zum LG München I, Urteil vom 28.7.2008 – 5 HK O 12504/08, in: Entscheidungen zum Wirtschaftsrecht 2009, S. 65–66 (zit. *Verhoeven*, EWiR 2009).

Wachter, Thomas (Hrsg.): Kommentar zum Aktiengesetz, 2. Auflage, Köln 2014 (zit. Wachter-*Bearbeiter*).

Wadewitz, Sabine: Interview mit Dr. Michael Arnold, , in: Börsenzeitung vom 10.3.2010, S. 2 (zit. *Wadewitz*, Börsenzeitung 2010).

Walker, Wolf-D.: Der Vollzug des Arbeitsverhältnisses ohne wirksamen Arbeitsvertrag, in: Juristische Arbeitsblätter 1985, S. 138–149 (zit. *Walker*, JA 1985).

Westermann, Harm Peter: Der besondere Vertreter im Aktienrecht, in: Die Aktiengesellschaft 2009, S. 237–247 (zit. *Westermann*, AG 2009).

Wilsing, Hans-Ulrich: Voraussetzungen und Folgen der Nichtgeltendmachung von Haftungsansprüchen gegen Vorstandsmitglieder aus übergeordneten Gründen des Unternehmenswohls, in: Festschrift für Georg Maier-Reimer zum 70. Geburtstag, München 2010, S. 889–919 (zit. *Wilsing*, FS Maier-Reimer).

Wilsing, Hans-Ulrich/Heidel, Thomas: Interview „Unternehmen würden lahmgelegt", in: Juve Rechtsmarkt, Heft Nr. 3, Köln 2010, S. 64–68 (zit. Interview *Wilsing/Heidel*, Juve Rechtsmarkt 2010).

Wilsing, Hans-Ulrich/Ogorek, Markus: Kommentar zum LG München I, Urteil vom 6.9.2007 – 5 HK O 12570/07, in: Entscheidungen zum Wirtschaftsrecht 2007, S. 611–612 (zit. *Wilsing/Ogorek*, EWiR 2007).

Wirth, Andreas/Pospiech, Lutz: Der besondere Vertreter gemäß § 147 Abs. 2 Satz 1 AktG als Organ der Aktiengesellschaft, in: Der Betrieb 2008, S. 2471–2475 (zit. *Wirth/Pospiech*, DB 2008).

Wirth, Gerhard: Der „besondere Vertreter" nach § 147 Abs. 2 AktG. Ein neuer Akteur auf der Bühne?, in: Festschrift für Uwe Hüffer zum 70. Geburtstag, München 2010, S. 129–1151 (zit. *Wirth*, FS Hüffer).

Wolff, Hans J.: Organschaft und Juristische Person, Band 1: Juristische Person und Staatsperson, Berichtigter Nachdruck der Ausgabe Berlin 1933, Aalen 1968 (zit. *Wolff*, Organschaft und Juristische Person, Bd. 1).

Wolff, Hans J.: Organschaft und Juristische Person, Band 2: Theorie der Vertretung, Berichtigter Nachdruck der Ausgabe Berlin 1934, Aalen 1968 (zit. *Wolff*, Organschaft und Juristische Person, Bd. 2).

Zöllner, Wolfgang: Schranken mitgliedschaftlicher Stimmrechtsmacht bei den privatrechtlichen Personenverbänden, München 1963 (zit. *Zöllner*, Schranken mitgliedschaftlicher Stimmrechtsmacht).

Zöllner, Wolfgang (Hrsg.)/Noack, Ulrich (Hrsg.): Kölner Kommentar zum Aktiengesetz, Band 3/2, §§ 142–178, Köln 2015 (zit. KK AktG-*Bearbeiter*).

Zöllner, Wolfgang (Hrsg.)/Noack, Ulrich (Hrsg.): Kölner Kommentar zum Aktiengesetz, Band 6, §§ 15–22, §§ 291–328 AktG, 3. Auflage, Köln 2004 (zit. KK AktG-*Bearbeiter*).

Zieglmeier, Christian: Die Systematik der Haftung von Aufsichtsratsmitgliedern gegenüber der Gesellschaft, in: Zeitschrift für Unternehmens- und Gesellschaftsrecht 2007, S. 144–166 (zit. *Zieglmeier*, ZGR 2007).

www.ingramcontent.com/pod-product-compliance
Ingram Content Group UK Ltd.
Pitfield, Milton Keynes, MK11 3LW, UK
UKHW021939290926
8980IPUK00016B/1707

9 783631 800515